集人文社科之思　刊专业学术之声

集 刊 名：青年哲学论丛
主办单位：四川省社会科学院
承办单位：四川省社会科学院哲学研究所
　　　　　成都贺麟教育基金会
协办单位：中国共产党金堂县委员会宣传部

编委会

编委会主任：刘立云　杨　颖
编委会副主任：胡学举

编　委（以姓氏笔画为序）

文兴吾　王让新　江　怡　刘世强　汝　信　任剑涛
李　刚　李远国　李学林　李建廷　张学智　张　彦
陈　波　范　进　陈　来　洪汉鼎　高全喜　夏　莹
徐开来　黄裕生　崔发展　曾　敏　彭　华　蔡方鹿
熊　林　薛　华

主　编：邓　真
副主编：徐　惠（执行主编）　陈　云　苏茂林
编　辑：刘媛媛　李仁君　胡惊雷

第一辑

集刊序列号：PIJ-2024-528
中国集刊网：www.jikan.com.cn/青年哲学论丛
集刊投约稿平台：www.iedol.cn

集刊全文数据库（www.jikan.com.cn）收录

邓 真 / 主编

青年哲学论丛

Youth Philosophy Anthology

（第一辑）

社会科学文献出版社
SOCIAL SCIENCES ACADEMIC PRESS (CHINA)

贺麟故居是当代中国著名哲学家、黑格尔哲学专家、教育家、翻译家贺麟出生和少年时代生活、学习的祖屋。

贺麟故居位于成都市金堂县五凤镇金箱村，始建于清乾隆八年，距今已有近三百年的历史。故居原占地近 20 亩，房屋 80 余间，总建筑面积约 3400 平方米，左边为居住区，右边为作坊区，是典型的川西宅院。贺麟故居纪念馆馆舍面积 1800 平方米，展陈面积 1500 平方米，常设 9 个基本陈列，现有备案藏品 936 件（套）。

2016 年 1 月，贺麟故居被成都市政府列入"成都市第五批历史建筑保护名录"，2018 年被列入成都市文物保护单位。

卷首语

　　哲学是时代精神的精华，是人们认识世界、改造世界的系统化理论化观念和方法。中华民族是有着古老哲学传统的民族，正因为拥有独傲世界的哲学，中华民族才造就独特的精神气质和五千年辉煌的中华文明。学哲学、用哲学是中国共产党的一个"好传统"，中国共产党正因为不断研究、学习、运用马克思主义哲学提供的基本立场、观点和方法，才团结带领中国各族人民不断走向民族复兴之路，创造了举世瞩目的辉煌成就！青年是国家的希望、民族的未来，青年哲学人才的培养是造就学哲学、用哲学、研哲学后备军、主力队的关键，这正是我们创办《青年哲学论丛》集刊的直接动因。

　　哲学是一门深邃的学问，同时也是一门发展的学问、历史的学问，探索哲学问题不仅需要深厚的学术定力，而且需要高质量的学术对话。随着新时代中国特色哲学社会科学的繁荣发展，哲学研究正迸发出新的活力，但全国哲学专业学术刊物数量不多，而且刊文数量有待增加，这既不利于青年学者发表研究成果进而快速成长，也不利于青年学者发挥自身能力促进哲学繁荣。因此，《青年哲学论丛》集刊将支持青年哲学人才成长、培养未来哲学研究队伍作为办刊宗旨，拟长期设立"中国式现代化的哲学阐释""马克思主义哲学""中国哲学""科技哲学""薪火相传"等专栏，欢迎哲学名家赐稿以为广大青年哲学学者提供学术借鉴，鼓励青年学者赐稿以供交流，实现共同进步。

青年哲学论丛

· **中国式现代化的哲学阐释** ·

以马克思主义哲学实践观理解新质生产力 …………… 刘立云　徐　惠　姚玉杰 / 1
数字技术赋能中华民族现代文明建设的内在机理与实践路径 ………… 杨　颖 / 15

· **马克思主义哲学** ·

马克思主义信仰诞生的历史性节点 ………………………… 付　超　王让新 / 30
存在论视域下《巴黎手稿》共产主义思想再思考 … 陈名财　张　琳　丁　文 / 42
青年马克思是如何批判私有财产的
　　——以《论犹太人问题》为中心的考察 …………………………… 孙子豪 / 56

· **中国哲学** ·

真德秀的荀学观 ……………………………………………… 蔡方鹿　郑建松 / 66
"不违"
　　——颜回对孔子之"仁"的体悟与践行 …………… 李仁君　刘明华　钟弘扬 / 83
熊十力对佛教"心所"学说的诠释与重构 ……………………………… 陈　佩 / 91

· **科技哲学** ·

从技术理性到主体的塑造：意识形态在社会再生产中的构成性作用
　　……………………………………………………………… 江任平　夏　莹 / 101
生成式人工智能对文化安全法治体系的挑战及应对 ………… 薛志华　梁学贤 / 119

· **薪火相传** ·

使自己的学科有所进展
　　——读费希特的《论学者的使命》 ………………………………… 谢桃坊 / 130

哲学之路：对谈周翰森教授 ………………………………… 周翰森　杨怡静 / 136

·贺麟研究·

会通中西的道德理想主义
　　——吴宓与贺麟对儒家思想的现代化建构 ……………………… 邵友伟 / 145
贺麟故居
　　——精神家园构筑者的家园 ……………………………… 成都贺麟教育基金会 / 157

·附录·

贺麟故居大事记 ……………………………………………………………………… / 164

·中国式现代化的哲学阐释·

以马克思主义哲学实践观理解新质生产力

刘立云　徐　惠　姚玉杰*

摘　要：实践观是马克思主义哲学的核心内容之一，对我国生产力的发展具有重要指导意义。马克思主义哲学实践观认为"实践是人类能动地改造世界的客观物质性活动"，这一观点指引我国在新中国成立初期的建设活动。改革开放后，基于实践是检验真理的唯一标准的观点，"科学技术是第一生产力"的观点被提出；新时代以来，面对科技发展的迅猛浪潮，基于推进实践的理论创新，发展"新质生产力"的观点进一步被提出。新质生产力的特征体现了马克思主义哲学实践观关于实践与认识的辩证关系；新质生产力的特性蕴含了马克思主义哲学实践观的价值追求；新质生产力的内涵彰显了马克思主义哲学实践观的任务要求。马克思主义哲学实践观，不仅提供了把握新质生产力的理论遵循，也为新质生产力的发展明确了方法路径：科教兴国与人才强国战略，为发展新质生产力提供人才保障；因地制宜，从实际出发保障新质生产力的协调发展；坚持实现高水平科技自立自强，为发展新质生产力提供动力支撑。

关键词：实践观　新质生产力　科技创新

马克思在《关于费尔巴哈的提纲》中指出"全部社会生活在本质上是实践的"，[1]"哲学家们只是用不同的方式解释世界，问题在于改变世界"，[2] 表明马克思将实践作为人类认识和改造世界的基础，这是马克思主义哲学实践观形成的重要标志。在《德意志意识形态》等经典著作中，马克思、恩格斯对物质生产实践进行了更为深入的探讨，强调实践在社会发展中的核心作用。马克思主义哲学实践观认为，"实践是人类能动地改造世界的客观物质性活动"。[3] 实践是推动生产关系变革的动力，是创造物质

---

* 刘立云，四川省社会科学院党委书记、教授，主要研究方向为马克思主义中国化、艺术学理论；徐惠，四川省社会科学院哲学研究所副研究员，主要研究方向为马克思主义哲学；姚玉杰，四川省社会科学院马克思主义哲学专业硕士研究生。

[1] 《马克思恩格斯文集》第1卷，人民出版社，2009，第501页。
[2] 《马克思恩格斯文集》第1卷，人民出版社，2009，第502页。
[3] 张军、童萍：《马克思主义经典著作导读》，新华出版社，2021，第334页。

财富的基础，是推动社会变革的力量。

马克思主义哲学实践观对中国生产力的发展影响深远，随着马克思主义基本原理与中国具体实际相结合，中国共产党不断深化对马克思主义哲学实践观的理解和应用。2023年，习近平总书记在黑龙江考察时强调要"整合科技创新资源，引领发展战略性新兴产业和未来产业，加快形成新质生产力"。[1] 这是习近平总书记首次提出"新质生产力"这一表述，此后又在多个重要场合做了深入论述。"新质生产力是马克思主义理论在中国丰富实践基础上的创新和发展。"[2] 新质生产力作为一种新的生产力质态，是马克思主义哲学实践观的时代要求，以马克思主义哲学实践观为理论遵循才能正确把握新质生产力的科学内涵与特征及发展路径，确保新质生产力在马克思主义哲学实践观的指引下推动中国式现代化发展。

一 马克思主义哲学实践观为中国生产力发展指引了方向

实践是推动生产关系变革的动力，是创造物质财富的基础，是推动社会变革的力量。新中国成立以来，我们党带领全国人民不断探索建设中国特色社会主义，发展社会生产力，取得举世瞩目的进步。

（一）新中国成立初期，基于物质生产实践是人类最基本的实践，"解放生产力""发展生产力"被提出

在《实践论》中，毛泽东指出"人类的生产活动是最基本的实践活动，是决定其他一切活动的东西"，[3] 明确了生产活动在人类实践活动中的核心地位，"生产实践是人类认识世界和改造世界的基础"。[4] 抗战时期，在"自力更生、生产自给""发展经济、保障供给"等财政经济工作总方针指导下，八路军359旅在南泥湾积极军垦屯田，推动大生产运动，改善了边区困难局面。

新中国成立初期，我国生产力水平极低，经济基础薄弱，"我们的基本情况就是一穷二白"。[5] 这些困难为新中国的建设和发展带来巨大压力。为了恢复和发展国民经济，在马克思主义哲学实践观的指导下，新中国将发展生产力作为首要任务，一方面积极推行农田水利设施建设、深化农村改革等措施；另一方面逐步建立起独立的、比

---

[1] 《政府工作报告（2024）》，人民出版社，2024，第22页。
[2] 柴雅欣：《以新质生产力推进高质量发展》，《中国纪检监察报》2024年3月5日。
[3] 《毛泽东选集》第1卷，人民出版社，1991，第282页。
[4] 陶德麟：《实践论浅释》，江苏人民出版社，2015，第67页。
[5] 《毛泽东文集》第8卷，人民出版社，1999，第216页。

较完整的工业体系。经过三年的努力，全国工农业生产达到历史最高水平。同时，制定并实施"一五"计划，开创了实现社会主义工业化的伟大实践。1957年底，"一五"计划超额完成了规定的任务，极大地推动了我国生产力的快速发展，为我国经济建设奠定了坚实基础。

1956年，毛泽东指出，"社会主义革命的目的是为了解放生产力"。[①] "解放生产力"的构想，正是我国对社会主义革命建设实践的深刻认识，旨在改变旧有的生产和生活模式，代之以现代分工合作为基础的生产、生活模式，确立新的社会制度和生产关系，为生产力的发展创造更好的环境和条件。基于社会主要矛盾的转变，1956年9月中共八大确立党和全国人民的主要任务是集中力量发展社会生产力，尽快将我国从落后的农业国转变为先进的工业国。在解放生产力的基础上，进一步推动生产力的快速发展，以达到增加物质财富和提高人民生活水平的目的。1966年9月，《人民日报》发表了题为《抓革命，促生产》的社论，该社论提出一手抓革命，一手抓生产，保证革命和生产两不误。这一方针是在当时中国社会主义建设的具体实践中基于对中国社会、经济、政治等实际情况的认识，在马克思主义哲学实践观的指导下对当时社会主要矛盾和发展趋势的把握。

（二）改革开放后，基于实践是检验真理的唯一标准，"科学技术是第一生产力"被提出

"脱离实际的理论是空洞的理论"，[②] "理论与实践的统一，是马克思主义的一个最基本的原则"。[③] 1978年5月，《光明日报》发表特约评论员文章《实践是检验真理的唯一标准》，"实践是检验真理的唯一标准"是马克思主义哲学实践观的核心内容之一，表明真理不是先验的或纯理论的东西，而是在实践中被证明和确立的。

1963年12月，毛泽东提出"不搞科学技术，生产力无法提高"[④] 的论述，科学技术对发展生产力的重要性被提了出来。"两弹一星"等科学技术成就标志着我国在空间技术、电子工程、航空航天等领域取得了重大突破，为生产力的发展注入了新的动力。这是科技发展理念在实践中的印证，为我国后来科学技术的发展奠定了基础。

在1978年召开的全国科学大会上，邓小平重申马克思主义的观点"科学技术是生产力"[⑤]，强调科学技术在生产过程中的作用，确定加大我国对科技创新的投入和支持

---

① 《毛泽东文集》第7卷，人民出版社，1999，第1页。
② 《毛泽东选集》第3卷，人民出版社，1991，第817页。
③ 《毛泽东文集》第7卷，人民出版社，1999，第90页。
④ 《毛泽东文集》第8卷，人民出版社，1999，第351页。
⑤ 《邓小平文选》第2卷，人民出版社，1994，第87页。

力度。1980年1月，邓小平正式提出"以经济建设为中心，大力发展生产力"。[①] 1981年召开的十一届六中全会指出，我国社会的主要矛盾是"人民日益增长的物质文化需要同落后的社会生产之间的矛盾"。我国科学技术的发展，特别是自动化、智能化技术的应用，极大地提高了生产效率。此外，科学技术的发展为教育事业的进步提供了有力支持，同时还推动了文化产业的繁荣，满足了人民日益增长的精神文化需求。

在大力发展生产力的进程中，我国在高科技领域取得一系列重大突破，科学技术对推动我国社会经济发展、维护国家长治久安的作用有目共睹。1988年9月5日，邓小平提出"科学技术是生产力"[②]的重要论断，进一步突出了科学技术在推动经济社会发展中的核心和引领作用。改革开放时期的经济发展战略和政策为我国经济腾飞打下了坚实基础，也为实现中华民族伟大复兴做出了重要贡献，这是对马克思主义哲学实践观关于"实践是检验真理的唯一标准"的最好印证。

（三）新时代，基于推进实践基础上的理论创新，"新质生产力"的概念被提出

"人类总是不断发展的，自然界也总是不断发展的，永远不会停止在一个水平上"，[③] "我们党既要善于坚持和运用在长期实践中积累的成功经验，又要在新的实践中大胆进行新的探索和创造"。[④] 马克思主义哲学实践观认为，实践是认识的源泉，也是理论创新的源泉。我党基于新中国成立以来取得的发展成果，总结与反思实践经验，创造性提出"新发展理念"，注重创新、协调、绿色、开放、共享发展，注重高质量、高效率、公平以及可持续的发展之路。

马克思主义哲学实践观认为，人民群众是社会实践的主体力量，只有深入了解人民群众的需求和期望，才能推动理论创新和实践发展的良性互动。面对新时代我国社会的主要矛盾——"人民日益增长的美好生活需要和不平衡不充分的发展之间的矛盾"，2017年党的十九大首次提出"高质量发展"，这是新时代我国经济社会发展的必然要求。新发展理念为高质量发展提供理论指导，而高质量发展则是新发展理念在实践中的具体体现。其中，"协调"作为高质量发展的内在要求，旨在解决发展不平衡的问题，是对我国社会主要矛盾的准确把握；"创新"是引领发展的第一驱动力，是我国未来生产力发展的支撑和保障。

---

① 崔矗：《以经济建设为中心，大力发展生产力，是社会主义的根本任务》，《湖南大学社会科学学报》1992年第2期。
② 《邓小平文选》第3卷，人民出版社，1993，第274页。
③ 《毛泽东文集》第8卷，人民出版社，1999，第325页。
④ 朱冬菊、唐维红：《努力推进党的理论创新和实践创新》，《人民日报》2001年3月2日。

2017年9月，习近平总书记在新兴市场国家与发展中国家对话会上的发言中强调，"抓住这个机遇，新兴市场国家和发展中国家就可能实现'弯道超车'"。① 要实现"弯道超车"，创新是关键，在面对全球经济挑战和行业变革时显得尤为重要，只有不断创新，才能突破传统束缚，实现超越性发展。"弯道超车"体现了人们在特定历史时期或发展阶段通过创新、改革等手段实现生产力跨越式发展的智慧。2022年12月，习近平总书记在中央经济工作会议上指出，要"抓住全球产业结构和布局调整过程中孕育的新机遇，勇于开辟新领域、制胜新赛道"。② "开辟新领域"为生产力的发展提供了更广阔的空间和更多的机遇，"制胜新赛道"有助于抢占市场先机、推动产业链协同发展和促进经济转型升级。"新领域"和"新赛道"是实践中的新探索和新开拓，是新质生产力的重要载体。2023年9月，习近平总书记在黑龙江考察时提出，要"整合科技创新资源，引领发展战略性新兴产业和未来产业，加快形成新质生产力"。③ 新质生产力概念的提出，是实践中生产力变革的生动体现。高质量发展需要新的生产力理论来指导，而新质生产力正是符合高质量发展要求的先进生产力质态。

从"大力发展生产力"到"科学技术是第一生产力""高质量发展"再到"新质生产力"，尽管不同时期生产力发展的侧重点有所不同，但不变的是以科技创新为动力，以人民幸福生活为目标。"发展为了人民，发展依靠人民，发展成果由人民共享"④ 是我们党始终践行马克思主义哲学实践观以人民为中心的发展思想的集中体现。"新质生产力本质是先进生产力"，⑤ "新质生产力是马克思主义理论在中国丰富实践基础上的创新和发展"。⑥ 中国共产党在推动生产力发展的过程中，在马克思主义哲学实践观的指导下，持续推动理论创新，确保新理论能够引导新的实践。

二 马克思主义哲学实践观为把握新质生产力的特征、特性和内涵提供了理论遵循

新质生产力作为一种新的生产力质态，其产生和发展都是基于实践的，要准确把握新质生产力的特征、特性和内涵，就必须坚持实践的观点，深入探索新质生产力在实践中的表现形式和发展规律，在实践中不断检验和修正对新质生产力的认识，确保

---

① 《习近平外交演讲集》第2卷，中央文献出版社，2022，第71页。
② 科学技术部编写组：《深入学习习近平关于科技创新的重要论述》，人民出版社，2023，第129页。
③ 《政府工作报告（2024）》，人民出版社，2024，第22页。
④ 《习近平著作选读》第2卷，人民出版社，2023，第407页。
⑤ 《习近平论新质生产力》，《中共太原市委党校学报》2024年第2期。
⑥ 柴雅欣：《以新质生产力推进高质量发展》，《中国纪检监察报》2024年3月5日。

其发展的正确性和科学性。

（一）新质生产力的特征体现了马克思主义哲学实践观实践与认识的辩证关系

马克思主义哲学实践观认为实践决定认识，"人的思维是否具有对象的真理性，这并不是一个理论的问题，而是一个实践的问题"①；认识对于实践具有能动的反作用，"从感性认识而能动地发展到理性认识，又从理性认识而能动地指导革命实践，改造主观世界和客观世界"。② 马克思主义哲学实践观实践与认识的辩证关系，为我们认识和发展新质生产力提供了科学指导。

1. 新质生产力的特征体现了实践决定认识的原理

第一，新质生产力具有高科技的特征。在社会主义生产力发展的实践中，我们深刻认识到科技创新在推动生产力发展中的重要作用，只有通过科技创新，才能不断突破传统生产力的局限，推动生产力向更高层次发展。当前，全球正处于新一轮科技革命和产业变革之中，这种变革带来了许多颠覆性技术，实现了重大前沿科技创新，传统的生产方式、产业结构以及经济增长模式已经难以适应新的发展需求。在这种背景下，新质生产力的提出是对全球科技发展趋势的积极回应。应对这些挑战，抓住发展机遇，加快科技创新和产业升级的步伐，要求新质生产力具有高科技的特征，这一特征，是科技实践不断深化的产物，是马克思主义实践决定认识原理的体现。

第二，新质生产力具有高效能的特征。改革开放以来，我国引进外资、学习国外先进技术和管理经验，生产力快速发展。高效能管理、高效能生产有助于提升产业竞争力、促进经济持续增长，有助于进一步解放和发展生产力。党的十八届三中全会提出"全面深化改革的总目标是完善和发展中国特色社会主义制度、推进国家治理体系和治理能力现代化"③。这一目标的提出，标志着我国的战略思维从追求速度向追求质量、从追求规模向追求效能转变。以中国商飞运用"工业元宇宙"等 AR 技术进行多人协作的远程试验和检查为例，这种高效能的生产方式不仅降低了成本，还提高了试验和检查的效率和准确性，充分展示了高效能在生产力发展中的重要作用。因此，根据对我国发展生产力实践经验的总结与分析，新质生产力具有高效能的特征。

第三，新质生产力具有高质量的特征。推动高质量发展不仅是为了满足人民日益增长的美好生活需要，更是为了切实提升人民群众的生活品质和幸福感。同时，中国

---

① 《列宁选集》第 2 卷，人民出版社，2012，第 78 页。
② 《毛泽东选集》第 1 卷，人民出版社，1991，第 296 页。
③ 《中共中央关于全面深化改革若干重大问题的决定》，人民出版社，2013，第 3 页。

经济发展面临内部结构性问题，以及国际贸易保护主义、全球化逆转等外部压力，这些问题和压力要求中国必须加快转变经济发展方式。只有坚持高质量发展，才能实现经济社会持续健康发展，全面建成社会主义现代化强国，实现第二个百年奋斗目标。

2. 围绕新质生产力特征所采取的举措体现了认识对实践的反作用

认识的最终目的是指导实践，推动经济社会的发展，正确的认识对新质生产力的发展起着积极的促进作用。通过深入研究和分析新质生产力，正确认识把握新质生产力特征，可以帮助我们更好地制定科学的发展战略和政策措施，推动新质生产力的快速发展。同时，正确的认识也可以帮助我们更好地应对新质生产力发展过程中的各种挑战和风险，确保新质生产力的健康发展。

高科技对于新质生产力发展具有重要作用，我国加快创新能力建设，实施一批重大科技项目，强化企业科技创新主体地位，加强原创性、颠覆性科技创新，打好关键核心技术突破攻坚战。这些举措直接体现了对新质生产力高科技特征的认识，并将这一认识转化为具体的实践行动。

在加快改造传统行业方面，我国推动制造业高端化、智能化、绿色化发展。在加快培育壮大新兴产业和加快布局未来产业方面，打造新的经济增长引擎，开辟新赛道，确保生产力的高质量和持续发展。此外，通过完善市场基础制度和优化营商环境，为新质生产力的发展提供良好的市场条件和制度保障，这体现了对新质生产力高质量特征认识的实践应用。

从上述举措可以看出，基于对新质生产力特征的认识，我国将理论认识转化为具体的实践行动，推动了新质生产力的发展。

（二）新质生产力的特性蕴含了马克思主义哲学实践观的价值追求

"过去的一切运动都是少数人的，或者为少数人谋利益的运动。无产阶级的运动是绝大多数人的，为绝大多数人谋利益的独立的运动。"① 这句话表明马克思主义哲学实践观的价值追求是为绝大多数的无产者谋利益。

中国共产党"为中国人民谋幸福，为中华民族谋复兴"的初心和使命，具有鲜明的人民立场，并深刻贯穿于党的理论体系、发展路线、政策纲领、具体方针及各项实际工作中。

马克思主义哲学实践观强调人是实践的主体。实践的成果是人民创造的，实践的成果必须为人民享有。我们党始终坚持以人民为中心的发展思想，践行人民至上的价

---

① 《马克思恩格斯文集》第 2 卷，人民出版社，2009，第 42 页。

值观。"江山就是人民,人民就是江山"① 这句话体现了党始终坚守全心全意为人民服务的宗旨,秉持执政为民的理念。"坚持一切为了人民、一切依靠人民"② "中国式现代化是全体人民共同富裕的现代化"③ 等表述,彰显了党始终把"人民对美好生活的向往"作为奋斗的目标。

"新质生产力突出的创新驱动、绿色低碳、开放融合、人本内蕴四个主要特性……是区别于传统生产力的鲜明标识",④ "发展新质生产力的根本目的是为了人民",⑤ 因而,新质生产力的特性必然蕴含着马克思主义哲学实践观的价值追求。"创新驱动"强调通过科技创新推动产业发展,提高全要素生产率。这种创新不仅有助于提升经济效益,更能促进社会的整体进步和人的全面发展,符合马克思主义哲学实践观"为绝大多数人谋利益"的价值追求。"绿色低碳"是为了保障人类未来的可持续发展。在全球气候变化和资源环境问题日益突出的背景下,坚持绿色低碳发展,既有利于保护生态环境,也有利于提高人民的生活质量和幸福感,进一步体现了"为绝大多数人谋利益"的价值追求。"开放融合"是促进经济发展的必然选择。在经济全球化趋势不断加强的今天,坚持对外开放和合作,不仅可以引进先进技术和管理经验,推动我国产业结构优化升级,还能提升我国的国际竞争力,进而提升广大人民群众的幸福感和安全感。"人本内蕴"即新质生产力的人民性。发展新质生产力正是为了满足人民群众对美好生活的向往和需求,通过提高生产力水平,实现经济社会的全面发展,为人民群众创造更多的福祉和利益。

(三)新质生产力的内涵彰显了马克思主义哲学实践观的任务要求

马克思主义生产力理论以劳动者、劳动资料、劳动对象为生产力的三个实体性要素,它们各自在生产力系统中发挥着不同作用。新质生产力的核心标志是全要素生产率的提升,包括劳动者、劳动资料和劳动对象及其优化组合的跃升,这是生产力发展的高级阶段。⑥

马克思主义哲学实践观认为,人是劳动的产物,劳动不仅创造了维持生命所需的物质,还孕育了推动社会进步的精神文化,劳动是实现个人价值和社会价值的重要途径。劳动者是实践的主体,是推动社会历史发展的根本力量,劳动者通过劳动改造自

---

① 《习近平谈治国理政》第 4 卷,外文出版社,2022,第 63 页。
② 《习近平谈治国理政》第 4 卷,外文出版社,2022,第 101 页。
③ 《习近平著作选读》第 1 卷,人民出版社,2023,第 19 页。
④ 黄群慧:《新质生产力具有四大特性》,《乡音》2024 年第 5 期。
⑤ 张育广:《人民性是发展新质生产力的价值遵循》,《半月谈》2024 年第 5 期。
⑥ 毛艳:《让我们一起"读懂"新质生产力》,《新华日报》2024 年 3 月 22 日。

然，从大自然中获取生活资料，同时也在劳动过程中体现自己的主观能动性。"新质生产力以劳动者、劳动资料、劳动对象及其优化组合的跃升为基本内涵，具有强大发展动能，能够引领创造新的社会生产时代。"① 这句引文彰显了马克思主义哲学实践观改造客观世界与改造主观世界相统一的要求、促进人的全面发展的目的以及"改变世界"的终极任务。

1. 新质生产力彰显了改造客观世界与改造主观世界相统一的要求

在《关于费尔巴哈的提纲》中，马克思提出，"环境的改变和人的活动或自我改变的一致，只能被看作是并合理地理解为革命的实践"。② 这标志着马克思的思想观念超越环境决定人和人改变环境的对立，强调实践活动的双重作用，即实践不仅改变环境，同时塑造人类自身。在《德意志意识形态》中，马克思和恩格斯阐述了人与环境之间存在着相互作用的关系，得出"人创造环境，同样，环境也创造人"③ 的论断，并将人类活动概括为"人改造自然"和"人改造人"两个方面，这进一步强调了马克思主义哲学实践观改造客观世界与改造主观世界相统一的要求。通过实践，人们不仅能够改造外部环境，还能改造包括自身的思维方式、价值观念等在内的主观世界。

"新质生产力以劳动者、劳动资料、劳动对象及其优化组合的跃升为基本内涵"，④ 这彰显了马克思主义哲学实践观改造客观世界与改造主观世界相统一的要求。这是因为，劳动者是生产力中的主体，他们的素质、技能和创造力直接影响生产力的发展。新质生产力的发展需要高素质人才作为支撑，通过教育和培训提升人的科学文化素质、思想道德素质和创新能力等，为改造客观世界提供人才保障，人的素质提升也促进了对主观世界的改造。劳动资料是劳动者在劳作中用以影响并改变劳动对象的各类物质资料或物质条件。随着生产力的发展，劳动资料不断更新，如机器设备更加智能化、自动化，这极大地提高了生产效率，推动了生产力的跃升，体现了马克思主义哲学实践观中通过改造生产工具来改造客观世界的观点。劳动对象是人们在劳动过程中直接加工的对象。科技进步推动了人们对劳动对象的不断探索，新发现的劳动对象的潜在价值不断被揭示，这拓展了劳动对象的范畴，使生产力得到跃升，这体现了马克思主义哲学实践观中通过认识和利用自然规律来改造客观世界的观点。优化劳动组合是指通过科学的方法，使劳动者、劳动资料和劳动对象之间达到最合理的配置，从而实现生产力的最大化。这要求人们不断调整和优化自己的思维方式和行为方式，

---

① 《新质生产力的内涵特征和发展重点》，《人民日报》2024年3月1日。
② 《马克思恩格斯选集》第1卷，人民出版社，1995，第55页。
③ 《马克思恩格斯选集》第1卷，人民出版社，1995，第92页。
④ 施娴丽、杨俊：《深刻把握新质生产力的科学内涵与实现路径》，《新华日报》2024年4月19日。

以适应生产力发展的需要，体现了马克思主义哲学实践观中人在改造客观世界的同时，也在改造自己的主观世界的观点。改造客观世界与改造主观世界是相互联系、相互促进的，共同推动了新质生产力的发展和进步。

2. 新质生产力彰显了促进人的全面发展的目的

马克思和恩格斯强调了无产阶级革命的目的是实现全人类的解放和全面发展，指出"代替那存在着阶级和阶级对立的资产阶级旧社会的，将是这样一个联合体，在那里，每个人的自由发展是一切人的自由发展的条件"。① 这句话直接体现了马克思主义哲学实践观中的促进人的全面发展的最终目的。马克思和恩格斯进一步深刻阐述人的全面发展思想："个人的全面性不是想象的或设想的全面性，而是他的现实联系和观念联系的全面性。"② 这句话强调了人全面发展的现实维度，包括人实践活动的多样性、社会关系的丰富性、素质的提高和个性发展等多个方面。

根据马克思主义的观点，发展生产力是实现人全面发展的物质基础。新质生产力以科技创新为核心动力，推动了科学技术的发展和应用，科技进步不仅提高了生产效率，也为人的全面发展提供了更多的可能性。例如，新质生产力意味着数字化、网络化、智能化等新一代信息技术的应用，由此，人们可以更加便捷地获取知识和信息，从而推动自身的全面发展。通过革命性突破技术瓶颈、创新性配置生产要素以及产业的深度转型升级，劳动者、劳动资料和劳动对象等生产要素的组合和配置不断得到优化，更多的物质财富生产出来。新质生产力为人的全面发展提供了坚实的物质基础。新质生产力的发展推动了知识经济的兴起和发展，人们通过学习和掌握新知识、新技能，拓宽自己的知识视野，改变思维方式，提升自身的综合素质和竞争力，促进了自身的全面发展。新质生产力的发展促进了人与人之间的交流和合作，增强了社会的凝聚力和向心力，人们通过共同参与社会实践活动，不仅能够增进彼此之间的了解和信任，还能够形成共同的价值观念和文化认同。这种社会凝聚力的增强为人的全面发展提供了强大的精神支撑。

总之，新质生产力通过提升劳动者素质、优化劳动资料和劳动对象等方式，为人的全面发展奠定了物质基础，提供了技能支持和精神动力，彰显了马克思主义哲学实践观促进人全面发展的任务要求，实现了新质生产力发展与人的全面发展的良性循环。

3. 新质生产力彰显了"改变世界"的终极任务

"哲学家们只是用不同的方式解释世界，而问题在于改变世界"③ 的著名论断明确

---

① 《马克思恩格斯选集》第4卷，人民出版社，2012，第647页。
② 《马克思恩格斯文集》第8卷，人民出版社，2009，第172页。
③ 《马克思恩格斯文集》第1卷，人民出版社，2009，第506页。

指出了哲学的任务不仅仅是解释世界，更重要的是通过人的实践活动去改变世界，创造新的社会形态。这一理念是马克思主义哲学的重要组成部分，对后来的无产阶级革命和社会变革产生了深远的影响。马克思指出"社会生活在本质上是实践的"，① 进一步强调社会生活的实践性，认为社会生活的变迁和发展是通过人的实践活动来实现的，指出了变革旧世界和创造新世界的可能性。马克思和恩格斯在他们的著作和实践中，始终强调人的实践活动在推动社会变革和创造新世界中的核心作用。他们积极投身工人运动，通过《新莱茵报》等宣传无产阶级观点，指导德国革命，展现了通过实践活动来推动社会变革的决心和能力。

新时代的中国对马克思主义哲学实践观"改变世界"的终极任务做出了积极回应。2013年，习近平总书记提出了建设"丝绸之路经济带"和"21世纪海上丝绸之路"的合作倡议，② 积极推动和相关国家之间的经济合作与文化交流，共同打造经济融合、文化互鉴的命运共同体，开创互利共赢新篇章。"一带一路"倡议得到了众多国家的积极响应和支持，汇聚了各国人民的智慧和力量，形成了广泛的国际合作共识。"一带一路"倡议通过实际行动改变了世界，促进了区域经济一体化和全球化进程，充分体现了马克思主义哲学实践观"改变世界"的终极任务。

2015年，习近平总书记提出"同心打造人类命运共同体"的理念。③ 该理念凸显了全球紧密相连、休戚与共的特质，面对全球性的挑战，任何国家都难以独善其身，因此我们必须在追求本国利益的同时，也要考虑到其他国家的合理关切，促进全球各国的共同发展。构建人类命运共同体所倡导的"同舟共济""共克时艰"的精神，正是马克思主义哲学实践观"改变世界"的终极任务在现实中的应用和体现。

三 马克思主义哲学实践观为新质生产力的发展明确了方法路径

马克思主义哲学实践观强调，人们的实践活动总是在一定的社会历史条件下进行的，受到具体社会环境和历史条件的制约。时代是思想之母，实践是理论之源，这就要求生产力发展必须与时俱进，适应时代发展的需要。"加快形成新质生产力，是一个复杂的系统工程，需要从科技、产业、绿色、制度、人才等五大路径全面推进。"④ 习近平总书记强调："高质量发展需要新的生产力理论来指导，而新质生产力已经在

---

① 《马克思恩格斯文集》第1卷，人民出版社，2009，第505页。
② 习近平：《携手推进"一带一路"建设——在"一带一路"国际合作高峰论坛开幕式上的演讲》，人民出版社，2017，第5页。
③ 《习近平谈治国理政》第2卷，外文出版社，2017，第521页。
④ 陈龙：《新质生产力的出场逻辑、核心内涵与实现路径》，《人文杂志》2024年第5期。

实践中形成并展示出对高质量发展的强劲推动力、支撑力，需要我们从理论上进行总结、概括，用以指导新的发展实践。"① 在马克思主义哲学实践观的指导下，我们可以从人才保障、协调发展和动力支撑三个方面为新质生产力发展明确方法路径。

（一）坚持科教兴国、人才强国战略，为发展新质生产力提供坚实的人才保障

马克思主义哲学实践观认为，人是实践的主体。在发展新质生产力的过程中，需要充分发挥人的主观能动性和创造性。2024 年，习近平总书记在主持中共中央政治局第十一次集体学习时强调："要按照发展新质生产力要求，畅通教育、科技、人才的良性循环，完善人才培养、引进、使用、合理流动的工作机制。"② "人是生产力中最活跃的因素，也是最具有决定性的力量。发展新质生产力，归根到底要靠人才，人才越多越好，本事越大越好。"③ 劳动者是生产力中最活跃的因素，人才是劳动者中的优秀代表，他们的知识体系结构、技能水平、应用创新能力等都直接影响新质生产力的发展水平。

科教兴国和人才强国战略是中国在科技和教育领域的重要策略，旨在通过加强科技创新和提高人才培养质量推动国家的经济社会发展。新质生产力核心是创新，人才作为创新要素集成、创新成果转化的主力军，是技术应用的实践者、制度变革的推动者。例如，在人工智能、新能源、生物科技等战略性新兴产业以及未来产业中，人才是推动产业升级和转型的关键力量。人才供给的模式、质量和数量直接影响着新质生产力的发展速度和质量。通过科技创新和科技成果转化，推动新质生产力发展，助力新产业、新技术成为未来经济增长的新引擎。通过与世界各国合作，分享知识、技术和资源，对内提高自主创新能力，对外应对全球性挑战。发展新质生产力，必须坚持科教兴国、人才强国战略不动摇，在实践中进行创新和探索，充分发挥人才的主动性和创造性。

"劳动过程结束时得到的结果，在这个过程开始时就已经在劳动者的表象中存在着，即已经观念地存在着。"④ 这句话表明人们是根据一定的目的进行劳动的，强调了劳动实践需要有理论作为指导。"一个民族要想站在科学的最高峰，就一刻也不能没

---

① 习近平：《发展新质生产力是推动高质量发展的内在要求和重要着力点》，《求是》2024 年第 11 期。
② 《习近平在中共中央政治局第十一次集体学习时强调：加快发展新质生产力 扎实推进高质量发展》，中国政府网，https://www.gov.cn/yaowen/liebiao/202402/content_6929446.htm。
③ 《钟华论：做好发展新质生产力这篇大文章》，中国政府网，https://www.gov.cn/yaowen/liebiao/202404/content_6943960.htm。
④ 《马克思恩格斯文集》第 5 卷，人民出版社，2009，第 208 页。

有理论思维。"① 这句话虽然没有直接提到人才在生产力发展中的作用，但强调了科学理论在民族发展中的重要地位。在新质生产力的发展过程中，科学理论的指导和支撑同样不可或缺，不仅要培养科技人才，也要培养理论人才。

（二）坚持因地制宜的发展原则，从实际出发保障新质生产力的协调发展

马克思指出："大工业把巨大的自然力和自然科学并入生产过程，必然大大提高劳动生产率，这一点是一目了然的。"② 这里的自然力指的是"生活资料的自然富源，例如土壤的肥力，鱼产丰富的水域等等；劳动资料的自然富源，如奔腾的瀑布、可以航行的河流、森林、金属、煤炭等等"，③ 是一个地区发展生产力的重要自然力量。习近平总书记在参加十四届全国人大二次会议江苏代表团审议时提出因地制宜发展新质生产力的观点："要牢牢把握高质量发展这个首要任务，因地制宜发展新质生产力。"④ "发展新质生产力不是忽视、放弃传统产业，而是要防止一哄而上、泡沫化，也不要搞一种模式。"⑤ 因地制宜发展新质生产力的首要前提是顺应自然，遵循自然规律，即"合理利用自然力"，根据当地的自然条件来选择最合适的发展方式。

"不要搞一种模式"即要求各地在推动新质生产力发展时，必须坚持从实际出发，深入调查研究，根据本地的资源禀赋、产业基础、科研条件等实际情况，制定符合当地特点的发展策略。例如，东北地区可以利用其工业基础和农业资源发展先进制造业和先进农业，沿海地区可以利用其地理位置和港口优势发展先进海洋科技等。因地制宜是发展新质生产力的重要原则，充分体现了马克思主义哲学实践观一切从实际出发、理论联系实际的观点，有助于实现资源的优化配置和高效利用，推动经济社会的持续健康发展。"协调"是高质量发展的内生特点，"发展新质生产力是推动高质量发展的内在要求和重要着力点"，⑥ 这就要求新质生产力的发展必须协调。在马克思主义哲学实践观的指导下，制定因地制宜的发展策略，从实际出发保障新质生产力的协调发展。

---

① 《马克思恩格斯选集》第3卷，人民出版社，2012，第875页。
② 《马克思恩格斯选集》第2卷，人民出版社，2012，第218页。
③ 《马克思恩格斯文集》第5卷，人民出版社，2009，第586页。
④ 《习近平在参加江苏代表团审议时强调：因地制宜发展新质生产力》，中国政府网，https://www.gov.cn/yaowen/liebao/202403/content_6936752.htm。
⑤ 《习近平在参加江苏代表团审议时强调：因地制宜发展新质生产力》，中国政府网，https://www.gov.cn/yaowen/liebao/202403/content_6936752.htm。
⑥ 习近平：《发展新质生产力是推动高质量发展的内在要求和重要着力点》，《求是》2024年第11期。

(三)坚持实现高水平科技自立自强，为发展新质生产力提供动力支撑

马克思论述了科技对生产力发展的重大作用，例如"科学获得的使命是：成为生产财富的手段，成为致富的手段"①。此外，马克思指出："随着大工业的发展，现实财富的创造较少地取决于劳动时间和已耗费的劳动量……而是取决于科学的一般水平和技术进步，或者说取决于这种科学在生产上的应用。"② 这些话语揭示了科技在生产力发展中的核心作用。

马克思主义哲学实践观强调，实践是认识的来源和动力，创新则是推动实践发展的重要力量。"新质生产力本质是高新科技驱动的生产力"，③ 新质生产力要求通过科技创新、产业创新等方式，实现生产力的飞跃发展，这正是马克思主义哲学实践观在实践活动中的具体体现。我国在新质生产力的发展过程中，始终把科技创新摆在核心位置，重视实现高水平科技自立自强对于发展新质生产力的关键作用。"以科技创新引领现代化产业体系建设。要以科技创新推动产业创新，特别是以颠覆性技术和前沿技术催生新产业、新模式、新动能，发展新质生产力。"④ 应遵循以科技创新引领产业创新，进而推动新质生产力发展的战略思路。

2024年1月，习近平总书记在主持中共中央政治局第十一次集体学习时强调，"科技创新能够催生新产业、新模式、新动能，是发展新质生产力的核心要素"⑤。这再次表明科技创新是新质生产力发展的动力源，打好关键核心技术攻坚战、加快实现高水平科技自立自强，是培育发展新质生产力的重要保障。在2024年1月"国家工程师奖"首次评选表彰之际，习近平总书记作出重要指示，"希望全国广大工程技术人员坚定科技报国、为民造福理想，勇于突破关键核心技术，锻造精品工程，推动发展新质生产力，加快实现高水平科技自立自强……"⑥ 实现高水平科技自立自强，意味着在科技领域通过实践不断探索和创新，形成自主可控的科技创新体系，掌握科技话语权和规则制定权，使国家在全球科技竞争中占据有利地位，为新质生产力的发展提供动力支撑。

---

① 《马克思恩格斯文集》第8卷，人民出版社，2009，第357页。
② 《马克思恩格斯选集》第2卷，人民出版社，2012，第782页。
③ 韩永军：《新质生产力本质是高新科技驱动的生产力》，《人民邮电》2023年9月13日。
④ 王政：《以科技创新引领现代化产业体系建设》，《人民日报》2024年1月3日。
⑤ 《习近平在中共中央政治局第十一次集体学习时强调：加快发展新质生产力 扎实推进高质量发展》，中国政府网 https://www.gov.cn/yaowen/liebiao/202402/content_6929446.htm。
⑥ 《习近平在"国家工程师奖"首次评选表彰之际作出重要指示强调：坚定科技报国为民造福理想 加快实现高水平科技自立自强服务高质量发展》，中国政府网，https://www.gov.cn/yaowen/liebiao/202401/content_6927121.htm。

数字技术赋能中华民族现代文明建设的内在机理与实践路径[*]

杨 颖[**]

摘 要：数字技术已深度内嵌在中华民族现代文明建设的全过程中，中华民族现代文明议题需要紧扣数字时代的前沿。本文从数字时代的演进历程与数字技术的基本表征出发，解析数字技术对现代生产生活的革新与塑造作用。从物质文明的数字化转型、政治文明的数字化治理、精神文明的数字化传播、社会文明的数字化进步和生态文明的数字化保护五个维度阐释数字技术赋能中华民族现代文明建设的内在机理。提出应辩证看待数字技术，树立以人为本的发展理念，加快数字基础设施建设，健全政策与制度体系，培养多元复合型人才，推进中华民族现代文明的整体性构建。

关键词：数字技术　中华民族现代文明　内在机理　整体性构建

引　言

在2023年6月2日举行的"文化传承发展座谈会"上，习近平总书记明确提出"共同努力创造属于我们这个时代的新文化，建设中华民族现代文明"的宏伟目标。[①]"中华民族现代文明"这一重大命题，深刻反映了人类文明演进发展趋势，具有深邃的理论意蕴与极强的实践引领性。此后，学界不仅围绕中华民族现代文明的基本内涵、历史演进过程、时代特质与建设路径等方面形成了众多理论成果，同时也深入探讨了

---

[*] 本文系2024年四川省软科学研究计划"数字赋能宣传文化工作高质量发展研究"的阶段性成果。
[**] 杨颖，四川省社会科学院院长、教授，主要研究方向为马克思主义中国化时代化。
[①] 习近平：《在文化传承发展座谈会上的讲话》，人民出版社，2023，第12页。

创新性、伟大复兴、非物质文化遗产保护等与中华民族现代文明建设的互动关系。[①]数字技术作为现代社会的核心驱动力,其在中华民族现代文明建设中的作用不容忽视。然而,尽管数字技术早已成为学术热点,但在"中华民族现代文明与数字技术结合"这一主题下的研究却并不多见。中华民族现代文明是中华文明的现代形态,是中华文明现代转型的历史产物。建设中华民族现代文明,需要把握时代脉搏,在基于数据、面向数据和经由数据的全球数字化转型整体态势中寻求发展机遇。故本文从数字技术的基本表征与影响出发,探讨数字技术赋能中华民族现代文明建设的内在机理,并据此提出相应的实践路径。

一 数字时代的出场与数字技术的基本表征

"数字时代"已成为当下理论与实践中的显性话语,数字时代产生了数字文明。在社会的不同发展阶段,人们会根据其显著特征对其进行描述,并冠以相应的称号。1978年,西蒙·诺拉提出人类已经步入"信息化社会"。美国麻省理工学院媒体实验室创始人尼古拉斯·尼葛洛庞帝于1995年提出"数字化生存理论",主张"后信息化社会"是人类社会的新阶段。帕特里克·邓利则以"数字时代"[②]进行表述。狭义上的数字时代则是指以大数据、区块链、人工智能等数字基础设施全面革新,数字技术创新持续涌现为特征的社会发展阶段。2013年中国移动互联网进入4G时代,可视作我国进入数字时代的标志性事件。[③] 简单来看,数字时代是指社会诸领域在数字技术普及与革新的影响下发生深刻变化,信息化、网络化与智能化的数字社会逐渐形成的社会发展阶段。

数字技术是数字时代的基本表征。从早期的微电子技术、多媒体数据库技术、数字压缩技术等到大数据、物联网、云计算等,数字技术的更新推动发掘了数字时代的无限潜能。数字技术与人工智能、机器学习、智慧城市战略等进一步融合,是当前发

---

① 何星亮:《中华民族现代文明是什么样的文明——中华民族现代文明的基本内涵》,《人民论坛》2023年第14期;黄旭:《历史、理论、实践:建设中华民族现代文明的三重逻辑》,《重庆社会科学》2023年第11期;陈金龙:《中华民族现代文明的生成、特质与价值》,《中国社会科学》2023年第8期;杨颖:《牢牢把握五个突出特性 努力建设中华民族现代文明》,《光明日报》2023年7月17日;李红权、赵忠璐:《建设中华民族现代文明的三重进路》,《湖南社会科学》2023年第4期;刘同舫:《建设中华民族现代文明的唯物史观阐释》,《社会科学战线》2023年第12期;何星亮:《创新性与中华民族现代文明建设》,《思想战线》2023年第5期;项久雨:《伟大复兴与中华民族现代文明》,《理论与改革》2023年第5期;林继富:《非物质文化遗产保护传承与建设中华民族现代文明》,《中南民族大学学报》(人文社会科学版)2024年第7期。

② P. Dunleavy et al., *Digital Era Governance: IT Corporations, the State, and E-Government* (Oxford: Oxford University Press, 2006), p. 2.

③ 李斐飞:《价值重构:数字时代广告公司商业模式创新研究》,武汉大学出版社,2017,第15页。

展的大趋势。① 数字技术应用的效应是逐层显现的：首先是信息数字化与数据化，强化信息的流通速度与分析能力；其次是数字网络化，遍布在社会中的网络设施将生活中的方方面面纳入网络范围；最后是数字智能化，数字化、数据化与网络化对社会活动信息进行了转换，人们借助智能分析系统形成更有效的决策。面对数字技术发展大潮，世界各国纷纷颁布相应的发展政策，如德国于2016年颁布《数字化战略2025》，英国于2017年颁布《政府转型战略（2017—2020）》，我国则于2015年首次提出"国家大数据战略"，并于2017年开始实施《大数据产业发展规划（2016—2020）》。

数字技术的普及意味着人们生产、生活方式的重新构建。一方面，在如今的生产过程中，数据已扮演生产要素的角色。数字时代，人们的各项实践与活动均可以数据的形式记录下来，以往针对市场的生产可通过数据分析、数据挖掘的形式进行。通过收集数据、分析用户特征与消费习惯进行客制化生产成为新的生产逻辑。同时，由于数据具有巨大的价值，数据本身也可作为一种资本进行市场交易，数据生产因此成为一种全新的价值创造方式。另一方面，数字技术还引起生活方式的变革。第一，数字技术与数字平台的普及，使普通公众能更加便捷地与世界相联系并获取更多信息，信息交换网络由以往的金字塔式变为扁平式。第二，网络逐渐成为人们工作、交往与实践的第一选择。在网络技术的影响下，通过网络获取信息、传播信息将成为人们下意识的行为习惯。以往现场交互的办事方式会因耗费时间与精力而被人们有意避免。第三，个人对于社会公共事务的观点在网络的帮助下能够迅速扩散到公共空间，继而可能造成广泛的社会讨论与影响。② 基于此，个人的能力通过网络得以展现，个人参与公共事务的热情也被有效激发，推动个人参与文化的形成。可以说，数字技术与生产、生活和个人发展紧密结合，赋能中华民族现代文明发展。

二 数字技术赋能中华民族现代文明建设的内在机理

习近平总书记在庆祝中国共产党成立100周年大会上指出："我们坚持和发展中国特色社会主义，推动物质文明、政治文明、精神文明、社会文明、生态文明协调发展，创造了中国式现代化新道路，创造了人类文明新形态。"③ 对数字技术赋能中华民族现代文明建设的内在机理的探求可从五个方面展开。

---

① 翁士洪：《数字时代治理理论——西方政府治理的新回应及其启示》，《经济社会体制比较》2019年第4期。
② 王天夫：《数字时代的社会变迁与社会研究》，《中国社会科学》2021年第12期。
③ 《习近平著作选读》第2卷，人民出版社，2023，第483页。

(一)物质文明的数字化转型

一个国家的物质文明水平直接关系到国家在国际社会中的地位和影响力，也反映了国家的整体竞争力和可持续发展能力。大力发展物质文明不仅是提升人民生活水平的必然要求，更是筑牢中华民族现代文明物质根基的关键。数字技术的应用催生了数据这一新型生产要素，不仅助力传统产业释放活力，还推动了科学技术研发的范式更迭。

1. 数据成为新型生产要素

数据是数字化、网络化、智能化的基础。数据作为一种新型生产要素，已快速融入生产、分配、流通、消费和社会服务管理等各环节。我们的生产方式、生活方式和社会治理方式也会随之产生深刻的变化。同时，数据还具有边际报酬递增和网络效应、规模效应的特性。[①] 2022 年 12 月，中共中央、国务院印发《关于构建数据基础制度更好发挥数据要素作用的意见》，要求建立保障权益、规范数据使用的数据产权制度，合规高效、场内外结合的数据要素流通和交易制度，体现效率、促进公平的数据要素收益分配制度，安全可控、弹性包容的数据要素治理制度。这都表明数据在数字时代的物质文明建设中占据中枢地位。

从"数据+算法+算力"的视角来看，数据对社会生产力具有改造和重塑的作用。[②] 程序员、数据分析师、算法工程师等是数字生产力环境下的主要劳动者，他们生产基于数据的软、硬件工具，提供数字内容，其劳动成果以数字化产品的形式呈现。[③] 一方面，中国的人口数量优势集聚了独特的数据资源禀赋。人口规模巨大有助于产生基于人口规模效应的数字红利。智能设备使用越广泛、场景越丰富、人群越多样，产生的数据也会更加复杂且立体，这为数字生产的创新提供了源源不断的宝贵资源。另一方面，数据驱动型企业往往以大平台的形式出现，其扁平化的组织结构、灵活高效的生产模式、极富创意的劳动形式都有利于集聚更多的数字技术人才，对数字化生产起到积极的促进作用。

2. 传统产业释放数字活力

产业数字化转型是推动资源要素自由流动、经济高质量发展的新动能，也是传统产业的必经之路。第一，数字化生产对象驱动产业结构调整。数字经济时代可以通过

[①] 翟云、程主、何哲等：《统筹推进数字中国建设全面引领数智新时代——〈数字中国建设整体布局规划〉笔谈》，《电子政务》2023 年第 6 期。
[②] 张立榕：《数据生产要素化的历史进程：生产力与生产关系的视角》，《东南学术》2023 年第 5 期。
[③] 余斌：《"数字劳动"与"数字资本"的政治经济学分析》，《马克思主义研究》2021 年第 5 期。

产品与商业模式创新等形式，充分利用各类既有资源，为传统产业赋能，创造价值增值的空间，实现传统产业结构转型升级。① 第二，数字化转型促进产业效率提升。自动化技术与人工智能的深度融合，使企业对简单人工劳动力的依赖大幅度降低。同时，通过获取与分析客户数据，产品生产、销售、售后等流程均可实现智能化与精准化，减少了不必要的成本与时间投入，提升了生产与服务的效率。制造业智能化改造数字化转型，加快了新质生产力的发展。例如，东方汽轮机有限公司已率先将新一代信息技术与先进制造技术深度融合，其生产经营效率得到显著提升。以叶片加工数字化车间为例，人均效率提升650%，能源利用率提升47%。② 第三，数字化转型加快产业跨界融合。随着现代产业结构变得愈加复杂，产业链条分工更加细化，企业间的协同合作成为维持产业生态正常运转的必然选择。数字技术通过网络化联合，将同类企业或业务交叉型企业串联成多边合作的伙伴，在降低信息沟通成本的同时形成数字生态的规模经济。③

3. 科学技术研发范式更迭

科学技术的进步是社会物质文明发展的核心驱动力，不仅能提高生产效率和生活质量，还能为经济发展提供新的动力和机遇。科学研究是科学技术的摇篮，数字技术正在推动数据密集型科研范式的形成。数据范式不同于经验、理论与计算机模拟的范式，其侧重对经验科学和计算机科学中产生的大量数据进行挖掘和处理。数据范式为科学研究提供新的观念与思维模式，新一代人工智能的兴起与应用，不仅使科研周期明显缩短，也推动了重大突破性创新成果的生成。同时，数字技术还可强化前沿技术和颠覆性技术的感知响应。通过对多来源、多类型科技信息进行整合、挖掘，依靠情境推演与全景分析，助力重点领域科技研发提高效率，缩短周期。如中国中信集团有限公司所承担建设的颠覆性技术的感知响应平台，已初步实现对多个重点领域前沿技术和颠覆性技术的实时监测、感知、评估、预判、响应与服务。④

（二）政治文明的数字化治理

在数字技术的加持下，一种全新的政治生态逐渐形成。一方面，更广泛且便捷的政治参与因网络的普及而成为现实，社会公众的政治主体性凸显；另一方面，数字政府的建设与迭代推动"管理"向"治理"转变，高质量的数字政务服务成为评价政府

---

① 丁守海、徐政：《新格局下数字经济促进产业结构升级：机理、堵点与路径》，《理论学刊》2021年第3期。
② 《"智改数转"促进四川制造业降本增效》，https://www.gov.cn/lianbo/difang/202406/content_6959738.htm。
③ 肖旭、戚聿东：《产业数字化转型的价值维度与理论逻辑》，《改革》2019年第8期。
④ 赵志耘：《"十四五"科技情报创新的思考》，《信息资源管理学报》2021年第6期。

工作的关键指标。同时，数字技术还表现出较强的工具理性，成为网格化权力监督的重要依托。

1. 数字政府建设与数字治理的展开

政府是国家和社会治理的主导力量，数字政府建设在改变政府形态的同时，也提升了政府治理能力。数字政府是指政府以新一代信息技术为支撑，综合运用云计算、大数据、区块链和人工智能等新兴互联网技术，以数字化形式自动采集、整合、储存、管理、交流和分析治理过程中所需的各种数据和信息，提升政府行政效率与决策水平的新型政府运行模式。[①] 此中，政府借助新一代信息技术对政府组织架构进行重组，对行政流程进行再造，表现为一种系统与全局性的变革。我国数字政府建设经历了从"信息化起步阶段"、"政务行业数字化"到"数字政府1.0"的三个发展阶段，目前正处于以数据与智能化引领的"立体全方位应用—业务与技术融合重构"为核心的"数字政府2.0"建设阶段[②]，呈现一体化发展态势。

数字政府所要转变的不仅是政府现有的工作方式，更根本的是要重塑政府的公共服务理念，加强政府与公众之间的联系，形成全民参与、数字协商的治理机制，真正实现政府以民为本、以人为中心的社会公共服务价值。[③] 利用数字技术重建政府结构，转变政府运行思路，打造知识型与平台型政府。建设知识型政府是大势所趋。数据是政府行政实践及与公众交互的产物，在数字技术的支持下，数据可直接转化为知识，可借此优化政府的决策目标，完善政府决策流程，并提升政府决策质量，从而使公共服务符合社会所需。平台型政府可以借鉴"前台、中台、后台"的运行机制。在前台端，加强服务界面重构，解决专业化分工和民众需求一体化之间的矛盾，地方政府基层实践中的"一网、一门、一次"均是界面重构和整合的体现。[④] 浙江省在国内率先开展了数字政府建设的相关探索，2016年，浙江省最早实施"最多跑一次"改革，旨在实现"让数据多跑路，群众少跑腿"。2017年，广东省率先启动数字政府改革建设，以集约化、系统化思路全面推进数字政府改革建设，打造出以"粤省事""粤商通""粤政易"为代表的一系列颇具广东特色的热门应用。近年来，四川省人民政府网站持续强化数字政府专区建设，构建"一网通办""一网监管""一网公开""一网协

---

① 江文路、张小劲：《以数字政府突围科层制政府——比较视野下的数字政府建设与演化图景》，《经济社会体制比较》2021年第6期。
② 《2023中国数字政府建设与发展白皮书》，https://www.digitalelite.cn/h-nd-6514.html。
③ 江文路：《数字文明新时代背景下的数字政府建设：规划图景、改革路径与实践经验》，《武汉科技大学学报》（社会科学版）2023年第1期。
④ 李文钊：《界面政府理论：理解互联网时代中国政府改革的新视角》，《中国人民大学学报》2021年第4期。

同"四大专区,在政府信息公开、群众办事引导、在线互动等方面取得突破性成果。①政府以服务平台为依托,将就业、婚姻、医疗、教育等信息提供给公众,在便利其社会活动的同时,保障其合法权利,从而实现社会数据的全民普惠。

2. 公众政治参与的广泛与深入

数字技术具有发掘民主潜能、推动民主发展的潜力,公众政治参与的广度、透明度与主动性凭借数字技术的支撑而得以提升。一是渠道拓宽,门槛降低。数字技术既为公民提供了一个新的政治参与工具,又使政府官员能够更好地理解公民的政治主张。② 互联网与智能设备因使用成本较低得到广泛普及,公民既可以在诸如"人大公开征求意见平台""数字民意直通车""数字新闻发布台"等官方平台反映社情民意,也可以在日常的社交媒体平台如"微博""抖音"等表达自身诉求。二是过程透明,全程追踪。目前多数数字政务平台都开发有留言、投诉、评价板块,议题的确定、解释、执行、反馈等环节均以可视化的方式呈现,政府部门的反应可为公众全程追踪。三是数据分析,精准识别。面对公众"急难愁盼"的各类问题,一方面,通过数据汇集、关联分析、用户画像等技术手段,政府部门可为特定人群提供更为精准、适切的解决方案。另一方面,通过对问题相关数据进行建模分析,了解其内在规律与发展趋势,在实时评估和预测问题的发生概率及影响的基础上,预测未来可能会出现的社会问题。③ 四是沉浸体验,提升素养。政治素养是广大人民群众在社会主义民主制度下应当具备的一种基本能力。随着数字技术的下沉,通过网络参政、议政并合理表达自身诉求成为公众日常生活的一部分。在此过程中,不仅公众的政治参与主动性被调动起来,其渠道选择能力及信息获取、辨别与整合能力也在数字技术的支撑下得到提升。同时,网络上丰富的政治教育资源也以短视频等易于接受的形式潜移默化地塑造着公众认知,为他们更理性参与政治生活提供支持。

3. 公权力运行的全面数字监督

公权力运行的过程必须受到有效监督才能保证符合规定的价值向度。制度是对权力进行规制的一般方式,但单纯依靠制度设计的权力监督往往缺乏有效性。④ 国务院早在2015年8月颁发的《促进大数据发展行动纲要》中就要求完善大数据监督和技术反腐体系。制度与技术各有其特点,它们在权力规制与监督中所起的作用也各不相同,

---

① 《数字政府建设的现实机遇、方法路径和典型案例》,http://www.legaldaily.com.cn/fxjy/content/2024-04/15/content_8984498.html。
② 郑永年:《技术赋权:中国的互联网、国家与社会》,邱道隆译,东方出版社,2013,第125页。
③ 陈亮:《数字技术赋能全过程人民民主的逻辑、机理与路径》,《内蒙古社会科学》2024年第3期。
④ 叶常林:《信息技术在权力监督中的作用》,《中国行政管理》2004年第11期。

制度刚性较强，但存在时效性与细节性不足的问题，技术较为灵活，但缺乏法律支持的技术很可能被滥用。因此，使制度与技术互为补充、互相促进，有效的权力监督才能真正实现。① 一方面，数字技术赋予公众对权力进行监督的能力。通过网络即时反馈、评价等，公众的监督权能得到一定程度的维护。通过落实"互联网+档案监管"的新举措和新机制，充分发挥数字技术在权力约束方面的作用。以直播审判等方式公开处理违法违规事件，有效提升了公众的知情权与参与权。在媒介融合的新态势下，对权力的监督容易形成社会舆论热点，从而倒逼相关主体落实责任。另一方面，作为各级政务信息集散地，各类政府服务平台不仅通过对违法违规行为进行集成整合，使社会公众知晓权力运行的具体过程，还开通了监督部门与社会的网络交流渠道，方便公众投诉与发表建议。

（三）精神文明的数字化传播

"人无精神则不立，国无精神则不强。"② "物质富足、精神富有是社会主义现代化的根本要求。"③ 提高人们的精神境界和文明素养，关乎个人的修养和素质，更关乎整个社会的和谐发展。数字技术不仅使传统文化焕发新生，还推动文化产业发展，为立体化与全民普惠化的公共文化服务提供助益。

1. 数字保护与传承，传统文化焕发新生

习近平总书记指出"中华民族五千多年文明历史所孕育的中华优秀传统文化，积淀着中华民族最深沉的精神追求，代表着中华民族独特的精神标识，是中华民族生生不息、发展壮大的丰厚滋养"，要"传承好、弘扬好中华优秀传统文化，守正创新、推陈出新，让中华文化绽放出新的时代光彩"。④ 习近平总书记又特别强调"把马克思主义基本原理同中华优秀传统文化相结合"。⑤ 优秀传统文化让中国特色社会主义道路有了更加宏阔的发展前景，夯实了中国特色社会主义道路的文化根基。

数字技术的应用为传统文化的保护与传承打开了新的思路。第一，数字化采集与建档为传统文化完整留存提供保障。通过征集、接收非物质文化遗产档案，为非遗以及有关保护实践活动建立档案，并将承载传统文化的档案、文物古籍、美术作品、民间曲艺剧种、农耕文明遗址等转化为数字信息，以数据形态将其存储进数据库，实现传统文化的永久性留存。第二，数字复原与展示为传统文化再现提供支撑。对传统文

---

① 黄其松：《权力监督的类型分析——基于"制度—技术"的分析框架》，《中国行政管理》2018年第12期。
② 《习近平谈治国理政》第2卷，外文出版社，2017，第47页。
③ 《习近平著作选读》第1卷，人民出版社，2023，第19页。
④ 《〈中共中央关于党的百年奋斗重大成就和历史经验的决议〉辅导读本》，人民出版社，2021，第283页。
⑤ 《习近平著作选读》第1卷，人民出版社，2023，第14页。

化数据进行有效关联、组织，遵循人、地、时、事、物的基本构建逻辑，通过场景搭建、知识建模和虚拟现实等技术，再现传统文化的丰富内涵。第三，轻量化技术工具为传统文化开发、转化创造机遇。年轻的互联网用户拥有旺盛的创作精力与热情，通过使用轻量化的音频、视频与动画软件对传统文化内容进行转化、处理，传统文化在结构性变化中实现创新。第四，媒体融合为传统文化传播提供平台。抖音等短视频平台可使传统文化借助热点事件或网络爆梗实现全国甚至全球范围内的传播。

2. 数字媒介与创意，文化产业异军突起

国家文化数字化战略要求培育以文化体验为主要特征的文化新业态，创新呈现方式，推动中华文化瑰宝传承。同时要培育一批新型文化企业，引领文化产业数字化建设。培育新型文化业态，加快文化产业结构调整。据调查，数字技术对文化产业结构存在影响，数字文化产品和服务因其极为丰富、极易获取和极低成本的特点，使文化消费在消费者时间分配中的地位明显跃升。数字文化产业是一个巨大平台与小微企业相互依存共同发展的产业，众多小型微型团队和个人提供的文化服务造成长尾效应。数字文化平台占据较高市场份额，具有竞争性特征。[1]

数字化转型已成为文化产业降本增效、实现高质量发展的必然选择，关键在于数字技术可与文化产业实现深度互嵌。一是与产业要素紧密贴合。中华文化源远流长，博大精深，文化知识存量巨大。可供数字文化产业发掘、萃取、转化创造的文化资源是海量多元的。而数字技术本身便具有文化属性，选取适宜的技术工具，可对中华文化进行巧妙表达与输出，从而实现对文化数据要素的"多次循环利用"。二是与产业链条深度结合。数字技术正在不断向"创意—生产—传播—体验"的数字文化产业生产全链条渗透，赋能思维创造、产品生产和情绪服务等环节。[2] 数字技术的全程结合，使数字文化产业不易出现断链现象。三是与产业人才深度融合。数字文化产业不仅有少数头部平台型企业，也有大量分散的小微企业和团队。数字技术无差别地面向文化创作者，极大降低了数字文化生产成本。凭借这一特性，数字技术对广大文化产业或相关人才而言无疑具有强大的吸引力。

3. 数字整合与联通，公共文化立体普惠

文化建设与发展需与人对接才能体现出其最广泛意义上的价值，服务则是其中的重要一环，而将简单的文化信息服务升级成内涵更为丰富、覆盖面更广的公共文化服务，则成为数字技术赋能精神文明建设的重要一环。在以往的公共文化服务中，经常

---

[1] 江小涓：《数字时代的技术与文化》，《中国社会科学》2021年第8期。
[2] 宋洋洋、刘一琳、陈璐等：《国家文化数字化战略背景下数字文化产业的生态系统、技术路线与价值链条思考》，《西安交通大学学报》（社会科学版）2024年第5期。

出现文化内容供给不足、质量较低、同质化严重的问题。同时，受制于传统思维，公共文化服务多以政府主导的自上而下的方式进行，不仅公众的真实文化需求未被充分了解和满足，分散的群体智慧也未能被有效整合。另外，城乡之间的现实发展差距也导致公共文化服务均等性不足的问题。

数字技术全面革新了公共文化服务的思路与方式。一是以数字技术构建虚实结合的文化空间。传统文化事业单位如档案馆、图书馆、博物馆、美术馆等通过数字技术的改造迎来了形象重塑的契机。除了强化传统公共文化活动外，还可充分发挥数字信息技术力量，实现其传统优势在虚拟化空间中的拓展[1]，形成虚实结合的文化空间。二是可构建协同合作的文化平台。数字技术将分布在各处的文化主体紧密联系起来，在精准捕捉、分析公众文化需求的同时，通过"众包"等方式实现官方机构与群体智慧的连接，真正让社会公众参与到公共文化服务中来。三是搭建均等互惠的文化网络。数字文化资源具有可异地调阅、远程传输的优势，可以有效解决不同区域之间的文化资源不均衡问题，同时也能实现精准化服务。

（四）社会文明的数字化进步

习近平总书记指出："现代化的本质是人的现代化。"[2] 社会文明是与人的现代化联系最为紧密的文明体系，与人的社会生活和全面发展有着最为密切的联系。社会文明水平是衡量一个国家现代化水平的基础性指标。[3]

1. 数字记录推动社会和谐稳定

社会和谐稳定是指社会各成员、各阶层、各群体之间在物质利益和精神利益上达到一种平衡，社会关系协调，社会秩序井然，社会发展健康有序。它是衡量一个国家或地区社会发展水平的重要指标，也是人民幸福生活的基础。信任、秩序与安全是关乎社会和谐稳定的三个关键词，指向人自身，以及人与人之间的相互关系，数字化记录的全面展开为社会和谐稳定开辟了新路径。

随着数字化的推进，社会个体的活动痕迹也均以数据形式保留下来，个人成为"数据人"，人与人、人与组织之间的关系变成了一种显象的数据关系。与此同时，信任也逐渐由简单的人际信任衍生出制度信任、专家信任等多种形式。在数字技术的改造与支配下，信任的谱系又发生了显著变化，形成了一种混合了技术信任与系统信任的整体结构。数字环境下，因机器与算法相对理性与客观，以往受挫的人际信任因各

---

[1] 周林兴、何卓立、苏龙高娃：《档案馆公共文化空间的SWOT分析及优化策略》，《档案学通讯》2014年第5期。
[2] 《习近平关于城市工作论述摘编》，中央文献出版社，2023，第98页。
[3] 张海明：《新时代社会文明程度的理论意涵与提升路径》，《探索》2021年第5期。

类数字符号得以重新建构与联结，如通过支付宝的芝麻信用、电商平台的交易记录等来判断对方的可信任度。这种信任结构的转变不仅会影响人际关系，还对社会稳定产生深远影响。通过对社会稳定形势进行分析和预测，设立预警机制，能够及时发现并应对可能导致社会不稳定的因素，采取有效措施防范和化解社会矛盾。在社会安全方面，数字技术通过全景治理、敏捷治理和回应治理的方式，可实现对潜在风险的实时监测、对社会矛盾的线上调解和对公共服务的技术响应①，从而造福人类社会。

2. 数字教育提升全民道德素养

健康向上的社会文明能够激发民族的自豪感和凝聚力，形成强大的精神动力，推动民族不断前进。良好的社会文明能够培养公民的法治意识、道德观念和社会责任感，减少社会矛盾和冲突，维护社会秩序。多层级的数字教育格局对全民道德素养的提升效应明显。第一，优秀传统文化的浸润。优秀传统文化的数字化叙事与立体展陈，使其所蕴含的价值观也随着多媒体传播而被广大人民群众所接受。第二，图书馆、博物馆、档案馆通过构建文化空间与设立文化讲堂，帮助社会公众在文化休闲中默会新的时代风尚。第三，随着城市文化治理与乡村文化治理的相继推进，优质的数字文化资源逐渐取代落后的观念，虚实结合的文化体验缩短了文化资源获取时限，使城乡居民能一同享受到丰富的精神盛宴。第四，互联网中丰富的数字教育资源拓展了学生群体的课堂空间、优化了师生课堂。

3. 数字法治维护社会公平正义

社会公平正义是指社会成员在享有社会资源、权利和机会方面的平等性、合理性和公正性。② 数字技术通过构建新型法治方式为维护社会公平正义拓宽道路。其一，数字化转型可以通过改善制度环境、优化制度安排、强化制度执行等方式促进制度创新和制度变革，从而提高资源配置效率，促进社会财富增加。③ 其二，数字化转型通过强化政府的社会治理能力，提高其服务水平和质量，使社会福利分配更加均衡。其三，数字技术使政务信息更为公开透明，一定程度上保障了公众的知情权和监督权，限制了公权力的滥用。其四，数字法治平台的产生与数字化工具的普及，不仅拓宽了社会成员参与公共事务的渠道，还培养了他们的反思和辩论能力，这对他们维护自身权益、积极参与公共事务具有重要意义。

---

① 戴康、陈鼎祥：《数字技术赋能城市社会安全治理的过程与机制分析——以上海市智慧社区为例》，《湖北社会科学》2024年第1期。
② John Rawls, *A theory of justice* (Cambridge, Mass. Belknap Press of Harvard University Press, 1971), pp. 150-200.
③ 李秋烟、鄢奋：《数字化转型如何促进中国社会公平正义？——基于中国省级面板数据的实证检验》，《常州大学学报》（社会科学版）2023年第5期。

(五）生态文明的数字化保护

生态文明建设是关系中华民族永续发展的大计，关乎人类生存与发展。习近平总书记强调，要"深化人工智能等数字技术应用，构建美丽中国数字化治理体系，建设绿色智慧的数字生态文明"。[①] 在生态文明建设的进程中，数字技术正发挥着越来越重要的作用，实现了生态文明保护的全面革新。

1. 环境治理的智慧升级

环境治理是生态文明建设的关键组成部分。环境治理并非亡羊补牢式的环境修复，而是涉及环境问题防范、环境问题产生、环境治理效果评估的完整链条。数字技术介入环境治理体系，使生态文明建设变得更加有效。首先，实现环境问题自动化预警。依托数字技术所具有的状态感知、实时分析等技能搭建起智能化的生态环境保护服务平台和监管平台，对生态环境数据进行自动采集与分析[②]，配合迭代开发的智能模型，对环境问题的发展态势进行精准预判，为相关部门提供预警信息。其次，实现对环境问题的网格化协同治理。数字技术能针对突出环境问题进行数据分析，依据既往数据得出较为科学的决策，并配合机器精准执行。基于数字技术的共建共享，能帮助实现多方联动、互联互通和协同治理，提高综合治理突出环境问题的能效。[③] 最后，实现对环境治理成效的科学评估。传统生态问题监管中存在的问题、执法人员不足和监管效果难以量化的问题也被数字技术所破解。通过数据系统建立环保信用评价体系、强制性信息披露制度，可提升环境治理评估的科学水平，倒逼环境治理工作水平的提升。

2. 资源利用的智能优化

随着全球人口的增长和经济的快速发展，人类社会对自然资源的需求日益增长，而资源的再生速度往往难以满足这种增长需求，导致资源短缺的风险加剧。这种约束不仅影响当前的经济发展，也对后代的生存和发展构成威胁。提高资源利用效率意味着在生产过程中减少资源的浪费。一方面，数字技术参与生产制造，驱动了产业智能化升级，减少了能源与资源消耗，全面提升了产业绿色发展效能。例如，泸州老窖通过应用 AI、数字孪生、云计算、工业物联网等一系列智能制造技术，能耗降低了

[①] 《中共中央国务院关于全面推进美丽中国建设的意见》，人民出版社，2024，第 22 页。
[②] 王丹、王闻萱：《数字生态文明建设现实功效、卡点瓶颈及因应路径》，《哈尔滨工业大学学报》（社会科学版）2024 年第 4 期。
[③] 李怡、宋何萍：《生态文明建设中的数字技术赋能及价值研究》，《学术研究》2023 年第 10 期。

10%，出酒率提高了10%。① 另一方面，数字技术在生活中的广泛应用，能够提升公众在日常生活中的资源节约和低碳环保意识。例如，电子支付、共享经济等的兴起都在潜移默化中改变公众的消费习惯，绿色生活成为数字环境下的新时尚。

三　数字技术赋能中华民族现代文明建设的实践路径

中华民族现代文明是一个总体性理念，包含了当代中国社会生产和社会生活的各个领域、各个方面和各个层次，是一个有机的整体。② 数字技术以其价值塑造与工具应用的双重角色融入中华民族现代文明建设的各个角落，其赋能作用的发挥需要从以下几个方面扎实推进。

（一）辩证看待数字技术，树立以人为本发展理念

技术本身具有两面性，因此，在其赋能中华民族现代文明建设的过程中需要对其进行辩证看待。诚然，数字技术推动了我国生产力体系的整体更新，实现了劳动者、劳动资料和劳动对象的优化组合，同时还革新了生产与生活方式的基本面貌。然而，算法的构建与模型的产生等仍是以人为主导的，在此过程中不可避免地存在偏见，甚至形成数字技术"异化"、"数字压迫"、"数字剥削"的反常局面。因此，数字技术的发展同样需要价值引领，以达到"数字向善"的目的。

"以人为本"作为当代中国科学发展观和社会经济管理的基本理念在各个领域都得到广泛的认同。③ "以人为本"意味着数字技术"善"的释放。其一，数字技术的使用能为社会公众平等地享受社会资源与福利创造条件，为其日常生活、信息交流、权益维护等提供便捷的平台，使社会成员成为中华民族现代文明的共同创建者与享受者。其二，数字技术应用还应特别关注数字鸿沟、城乡之间的发展差距以及个人隐私侵害等问题，避免技术应用不当损害公众利益。其三，应从总体国家安全的高度审视数字技术，注重数字技术的自主化与安全可靠性，消除国外势力对我国数字文明发展的威胁。

（二）重视优势资源积累，加快数字基础设施建设

数据资源是数字文明的"新石油"，数字资源规模与质量深刻关系到中华民族现

---

① 寇敏芳：《四川制造业"智改数转"催生转型升级新动能》，https://epaper.scdaily.cn/shtml/scrb/20240511/310634.shtml。
② 欧阳康：《以新质生产力构建中华民族现代文明》，《理论与改革》2024年第4期。
③ 张奎良：《"以人为本"的哲学意义》，《哲学研究》2004年第5期。

代文明建设的时代根基。数据来源于数字基础设施的广泛铺设，因此需要夯实数据要素基础设施，探索建设全国一体化数据要素登记存证平台，推进数据要素领域创新平台布局，立体化推动"东数西算"工程，形成"算力"和"数据"相结合的数据产业生态体系。[①] 同时，要加快对文化遗产的数字化建档保护，推动文化遗产的数据化存储与故事化开发，尽早通过典型文化数据库的建立，将传统文化保护传承转移到数字空间，为其创造性转化与创新性发展创造条件。图书馆、档案馆、博物馆等文化事业单位应尽快从传统的物理实体转变为虚实相依的文化空间，成为承载文化数据、传播社会主义精神文明的新的数字基座。此外，高质量与高价值数字资源仍大量保存在政府机构中，应按照《中华人民共和国政府信息公开条例》《中华人民共和国档案法》等法律法规有序推进政府数据开放，让政府数据真正在社会中流通，使公众、组织、企业等均能通过对政府数据的再利用创造价值。

（三）健全政策顶层设计，锻造科学理性制度框架

中华民族现代文明建设是一项系统工程，为保证数字技术真正发挥理论上的赋能作用，需以健全的政策设计为前瞻，以科学理性的制度体系为保障。一是要在中华民族现代文明建设所涉及的领域，围绕数字技术的内嵌效应与作用方式，制定相应政策，把握数字技术应用的关键点。二是数字环境与社会环境的快速变迁使制度系统所要应对的问题更加纷繁复杂，制度设计应继续朝体系化的方向着力，做好制度系统的查漏补缺，避免短板效应的出现。在单项制度设立的同时，注重与多项档案制度间形成"互补关系"。三是以数字化改革推动制度体系的重塑，用数字思维规划制度内容，同时在建立数字化的制度体系时，尽可能将传统约束对象囊括进去。维护社会数字转型的整体秩序并建立有效的激励机制。四是要积极采用新技术与新手段，拓宽社会公众的监督参与渠道，优化参与方式。探索技术本身监督效用的发挥方式以弥补制度灵活性方面的短板。五是政府部门应深化制度创新意识，扩大创新主体范围，并应为制度创新提供相应的"孵化"条件。

（四）着眼可持续内驱力，聚焦多元复合人才培养

人是文明的创造者，也是文明的落脚点。中华民族现代文明的建设有赖于人本身的发展，只有人的素养和能力得到提高，文明才能获得长久的滋养与可持续的内驱力量。首先，应充分利用数字技术突破时空局限，联结多元主体，将社会公众真正纳入

---

① 《国家发展改革委负责同志深度解读"数据二十条"》，中国发展网，http://www.chinadevelopment.com.cn/fgw/2022/12/1814701.shtml。

中华民族现代文明建设的伟大实践中来，使其在实践中学习，在学习中提高。其次，应着重培养一批掌握先进数字技术的软件与算法工程师，加大对人工智能通识与专业教育的投入力度，使社会大众也能具备基本的数字素养。再次，应重视与国际社会的交流协作，同步推进"走出去"与"引进来"战略实施，吸收国外的先进经验，拓展技术人才的全球视野，增强中国自主知识体系的影响力。最后，应注重人才结构的丰富性，以开放的观念重塑现代教育体系，尊重学科差异，鼓励学科融合，促进人才储备的多元化与多样性。

·马克思主义哲学·

马克思主义信仰诞生的历史性节点*

付超 王让新**

摘 要：马克思明确指出对宗教的批判是其他一切批判的前提。马克思对宗教的批判本质是对传统宗教信仰体系的理论性批判。《〈黑格尔法哲学批判〉导言》在理论层面完成了对宗教的批判，铸造了信仰领域中批判的武器，形成了批判的信仰，是从旧信仰体系到新信仰体系的历史性节点。马克思在《〈黑格尔法哲学批判〉导言》中深刻地批判了、全面地披露了、历史性地揭示了旧的信仰立场、信仰目标、信仰对象和信仰主体，展示了新信仰的基本样貌，呈现了马克思主义信仰的整体轮廓。虽然批判的武器不能代替武器的批判，但批判的信仰是信仰的批判之必然前提。

关键词：《〈黑格尔法哲学批判〉导言》 宗教信仰 马克思主义信仰

《〈黑格尔法哲学批判〉导言》基本全面地呈现了马克思关于宗教的本质、根源、特征、发展规律、社会作用的内容，简洁有力地在理论层面对宗教信仰体系进行了系统性的批判。但围绕宗教的论述和批判之目的并不在于宗教本身，马克思强调"对宗教的批判是其他一切批判的前提"[①]。对于宗教的批判不能单纯地看作宗教的批判，而是对宗教信仰的批判，根本上是对旧信仰体系的批判，对信仰的批判才是对其他一切进行批判的前提。信仰在马克思主义理论中的重要地位首次凸显出来。正如马克思所说："就德国来说，对宗教的批判基本上已经结束；而对宗教的批判是其他一切批判的前提。"[②] 在完成对宗教的批判之后，马克思明确指出，"随导言之后将要作的探讨——这是为这项工作尽的一份力——首先不是联系原本，而是联系副本即联系德国

---

* 本文系四川省教育厅、高校思想政治工作队伍培训研修中心（西南交通大学）思想政治教育研究课题（高校辅导员专项）"大学生马克思主义宗教观教育模式创新路径研究"（CJSFZ23-14）成果；国家社科基金重大项目 "'全人类共同价值'的马克思主义理论基础研究"（22&ZD009）阶段性成果。
** 付超，电子科技大学马克思主义学院博士研究生、中国民用航空飞行学院副教授，主要研究方向为马克思主义哲学；王让新，电子科技大学马克思主义学院教授、博士生导师，主要研究方向为马克思主义哲学。
① 《马克思恩格斯文集》第1卷，人民出版社，2009，第3页。
② 《马克思恩格斯文集》第1卷，人民出版社，2009，第3页。

的国家哲学和法哲学来进行的"①。马克思下一步进行批判的哲学和哲学的批判，批判的政治和政治的批判是首要的、必要的、紧迫的甚至是核心的，但在这个首要之前，在这个核心之中，还有更必要、更紧迫的任务，那就是必须形成批判的信仰。"在对政治的批判之前还有一项必须完成的任务，那就是对哲学信仰的批判。"②因为信仰是其他一切哲学社会科学以及黑格尔法哲学的先导和灵魂，只有先驳倒旧的信仰才能驳倒依托于旧信仰的一切，才能确保之后所有批判的方向是对的、立场是对的、结论是对的，进而才能保证实践是对的，这是保证一切工作正确性的前提。因为信仰不仅是黑格尔法哲学的灵魂，更是一切哲学社会科学的灵魂。所以本质上对宗教信仰的批判才是批判法哲学的前提，是实践的前提，是革命的前提，是解放全人类的前提，总之"是其他一切批判的前提"。从《〈黑格尔法哲学批判〉导言》来看，马克思想要表达的不仅是对宗教的观点，还有对传统信仰的观点，批判旧的信仰树立新的信仰的观点。马克思显然希望人民放弃的仅仅是宗教，而不是信仰。《〈黑格尔法哲学批判〉导言》呈现了对宗教的观点，且更多地表达了对宗教信仰的批判，进一步表达了批判的信仰的重要意义，毕竟《〈黑格尔法哲学批判〉导言》重点强调"对宗教的批判是其他一切批判的前提"③。而宗教只是对整个旧信仰系统的批判，而非最终结论，相对于批判整个信仰体系，马克思要树立的不只是马克思主义宗教观，而是一种新的信仰，一个新的信仰体系，而这才能与之前的批判相对应，并且自然而然地形成新的信仰体系。

一 批判的信仰立场

不同的信仰有着不同的立场，立场从根本上确立了信仰的性质、特征和服务对象，确立批判的信仰立场是形成批判的信仰之首要前提，是展开之后所有批判的前提。

（一）所有信仰都有着鲜明的立场

所有信仰都有着鲜明的立场。虽然统治阶级、资产阶级极力掩饰信仰立场，但信仰立场却实实在在地存在，之所以统治阶级、资产阶级会极力地掩饰信仰的立场是因为他们不想让人民大众知道，信仰是他们欺骗、奴役、压迫、剥削无产阶级人民大众的重要工具，他们不想让人民知道真相。"中间阶级还不敢按自己的观点来表达解放的思想，而社会形势的发展以及政治理论的进步已经说明这种观点本身陈旧过时了，

---

① 《马克思恩格斯全集》第3卷，人民出版社，2002，第200页。
② 罗忠荣、张雅光：《马克思共产主义信仰构建的逻辑理路及当代启示》，《广西社会科学》2014年第8期。
③ 《马克思恩格斯全集》第3卷，人民出版社，2002，第199页。

或者至少是成问题了。"① 不仅如此,宗教信仰从诞生的那一刻就是为统治阶级服务的。就已有的研究成果来看,在马克思主义信仰之前的所有信仰,尤其是发展系统化的宗教信仰,都是站在统治阶级的立场。尽管信仰也有凝聚社会共识、抚慰国民、组织管理社会的功能,但本质上仍是为统治阶级服务的思想工具,其是隐藏于所有统治行为背后的超级工具。信仰不像政府具体,不像哲学抽象,不像政治强力,不像文化温婉,其渗透于方方面面,既有力控制着关键要害,又广泛影响着经络毫末。

(二)"对宗教批判的前提"是选定批判的信仰立场

"对宗教的批判是其他一切批判的前提",而对宗教批判的前提是选定批判的信仰立场。批判的信仰关键是站在什么立场,不同的立场决定了用何种信仰理论对何种信仰理论进行批判。马克思显然是站在无产阶级人民大众的立场,因此其批判是无产阶级人民大众的信仰理论对资产阶级、统治阶级、旧势力极力维护的信仰理论的批判。然而在《〈黑格尔法哲学批判〉导言》完成之时,站在无产阶级人民大众立场上的信仰在实践层面还没有诞生,所以之前的以无产阶级为主力的革命之胜利果实都被资产阶级窃取了,关键之一在于旧的信仰的立场依然站在人民大众的对立面。而《〈黑格尔法哲学批判〉导言》只是新信仰的萌芽,是理论层面的新信仰,但通过《〈黑格尔法哲学批判〉导言》我们可以看到新信仰的基本样貌。"无产阶级宣告迄今为止的世界制度的解体,只不过是揭示自己本身的存在的秘密,因为它就是这个世界制度的实际解体。"② 所以马克思站在无产阶级人民大众的立场,也就站在了资产阶级、统治阶级的对立面,对传统宗教信仰的批判就是对资产阶级、统治阶级的批判。

(三)无产阶级人民大众的立场是"一切批判的前提"

无产阶级人民大众的立场既是对宗教批判的前提,也是批判信仰立场的前提,更是"其他一切批判的前提"。只要立场不对,一切批判都是徒劳的,一切革命终究注定失败;只要立场是对的,所进行的批判才能有价值,所进行的革命才可能彻底胜利。信仰立场的批判不仅是理论的批判,更是实践的批判。尽管在《〈黑格尔法哲学批判〉导言》及马克思的其他著作中,马克思站在无产阶级人民大众的立场对资产阶级、统治阶级所谓的宗教信仰体系进行了深刻、全面的批判,但那也只是理论的批判,因为"批判的武器当然不能代替武器的批判"。③ 所以批判的信仰也不能代替信仰的批判,

---

① 《马克思恩格斯全集》第3卷,人民出版社,2002,第212页。
② 《马克思恩格斯全集》第3卷,人民出版社,2002,第213页。
③ 《马克思恩格斯全集》第3卷,人民出版社,2002,第207页。

批判的信仰更需要信仰的批判，实践的批判才是最终目的。所以批判还远没有结束，马克思本人在批判的信仰中也积极地参与了信仰的批判，进行了实践的批判，然而总体极为有限，所以《〈黑格尔法哲学批判〉导言》的价值在于改变了世人对信仰的认知，尤其是对宗教信仰的认识。思想是行动的先导，改变对旧信仰的认知必然会带来行动的改变，带来具体的实践。列宁站在无产阶级人民大众的立场，以马克思主义为理论指导，领导了"十月革命"并建立了苏维埃共和国，击溃了沙皇政权，通过实践证明了"批判的信仰"的科学性。

显然马克思是站在唯物主义无产阶级人民大众的立场对唯心主义统治阶级宗教信仰进行批判，同步地完成了对统治阶级立场的批判，无产阶级人民大众的立场才是最终且唯一正确的立场，其不仅是马克思信仰的立场更是整个马克思主义体系的立场。

二　批判的信仰目标

马克思对宗教的批判，直指宗教信仰的目标，对宗教信仰目标的批判集中体现在对天国的批判，天国既是所有信众的目标，也是统治阶级的目的，天国是宗教信仰体系一切苦难的真正原罪。信仰本应是精神的粮食，信仰本应提供精神动力，但"宗教里的苦难既是现实的苦难的表现，又是对这种现实的苦难的抗议。宗教是被压迫生灵的叹息，是无情世界的心境，正像它是无精神活力的制度的精神一样"，①宗教信仰最终彻底地沦为了人民的"鸦片"。

（一）"天国"的真相在人间

"谬误在天国为神祇所作的雄辩［oratio pro aris et focis］一经驳倒，它在人间的存在就声誉扫地了。"②统治阶级维护宗教信仰的目标，即统治阶级让人们信仰宗教的目的是让人们服从统治阶级的统治，并不断地为统治阶级创造财富，为统治阶级服务，不仅接受统治阶级的压迫、剥削，还要感激统治阶级对他们无情的压迫、剥削和统治，因为统治阶级宣扬这是上帝对他们的试炼，只有通过这些试炼，"受苦受难"的人才有机会进入天国。然而马克思已经揭露谬误在天国，使天国的真相在人间彻底暴露。宗教信仰只是统治阶级的工具，彼岸世界便是统治阶级编织的梦幻泡影和海市蜃景，信徒接受再多苦难也换不来进入天国的门票，更去不了极乐世界，因为天国并不存在。

---

① 《马克思恩格斯全集》第3卷，人民出版社，2002，第200页。
② 《马克思恩格斯全集》第3卷，人民出版社，2002，第199页。

（二）此岸的苦难与彼岸的幸福

在宗教的信仰体系中，人们之所以向往天国，是因为天国是所有人信仰宗教的终极目标，死后进入天堂，人在此岸世界的一切向往终将在彼岸世界兑现。前提是在此岸世界受苦受难、积善行德。人们选择一种信仰是出于某种目的，信仰目标和具体的人的现实目的吻合是人民选择该信仰的根本依据。在马克思之后我们知道诸多旧信仰目标只是对人民的欺骗，是人民的"鸦片"，正如马克思所说："谬误在天国为神祇所作的雄辩［oratio pro aris et focis］一经驳倒，它在人间的存在就声誉扫地了。"① 马克思对天国的批判就是对宗教信仰目标的批判，人们信仰宗教的终极目标是死后进入天堂，但是马克思明确揭示"一个人，如果想在天国这一幻想的现实性中寻找超人，而找到的只是他自身的反映，他就再也不想在他正在寻找和应当寻找自己的真正现实性的地方，只去寻找他自身的映象，只去寻找非人了"②。

（三）真正的"原罪"不是臣民，亦非天国，而是统治阶级

马克思深刻揭露了宗教信仰目标是对人民的欺骗，是人民的"鸦片"。宗教以"原罪说"强行让每一个无辜的人背负所谓的与生俱来的"罪"，让人们心甘情愿地在现实世界受苦受难，接受来自统治阶级的压迫、剥削，并对此感激涕零。因为只有如此，才能洗脱"罪孽"。所以，每一个生而无辜的人，不是真的天生有罪，而是统治阶级为了自己的统治，让普通百姓任劳任怨，甘愿被其驱使。不仅如此，宗教中自杀者不可进天堂的观念，实际带有统治阶级的强烈意志，因为太多无产阶级劳苦大众无法忍受非人的生活而选择自杀来了结残破的生活，在欧洲中世纪有非常多的人自杀，造成劳动力的缺失，统治阶级为此失去了劳动力，失去了剥削的对象，也就失去了财富的来源，为了维持财富的来源，便将自杀者不可进天堂写进教义，迫使底层劳动者不得不苟活于世，专供统治阶级剥削，以求死后进入天堂。最终我们发现自杀者不可进天堂的观念看似是对生命的敬畏、上帝对臣民的爱，其实是统治阶级对自己利益的保护。与此同时，宗教首领假借"清除异教徒"等名义滥杀无辜。可见所有人生而无辜，所谓"原罪"都是统治阶级强加给人民的，他们才是"原罪"的源头，才是真正的"原罪"。

"反宗教的斗争间接地就是反对以宗教为精神抚慰的那个世界的斗争。"③ 通过

---

① 《马克思恩格斯全集》第3卷，人民出版社，2002，第199页。
② 《马克思恩格斯全集》第3卷，人民出版社，2002，第199页。
③ 《马克思恩格斯全集》第3卷，人民出版社，2002，第199~200页。

马克思的批判我们可以发现，人民的信仰目标只是统治阶级的目的，所谓天国是统治阶级编织的用于欺骗和统治被统治阶级的谎言。而"原罪说"和所谓的"地狱"是对"天国"的补充，"原罪说"无疑是要告诉世人进入天国"没有捷径"，"自杀"不是捷径，而是地狱。这是一个严密的信仰体系，但最终目的却简单明确，即欺骗、麻痹、统治人民，毕竟"宗教是人民的鸦片"。①

三　批判的信仰对象

凡是信仰都有信仰对象，尤其是唯心主义信仰，其信仰对象以宗教为主且具有体系化特征，体系化的宗教信仰对象具体包括宗教理论、典籍、具象化的"神"。马克思批判的宗教，其典型的理论包括"三位一体""最后审判和永生""上帝的计划"等；理论化的典籍便是《圣经》；信仰对象具象化的表现是"基督""造物主""圣父""圣子""圣灵"。马克思对信仰对象的批判集中体现在对宗教的批判上，同时批判了宗教信仰对象的具象化表现——"神"，其目的是将人彻底从宗教中解放出来。

（一）"人创造了宗教，而不是宗教创造了人"

马克思对宗教的批判的根据是"人创造了宗教，而不是宗教创造人"。②"宗教是还没有获得自身或已经再度丧失自身的人的自我意识和自我感觉"。③ 这是对宗教信仰最根本的批判，非常明确地告诉世人是人创造了宗教，而不是宗教创造了人。马克思没有逐一地批判宗教信仰对象，而是从总体指出"宗教是这个世界的总理论，是它的包罗万象的纲要，它的具有通俗形式的逻辑，它的唯灵论的荣誉问题［Point-d´honneur］"④，并进一步揭示宗教信仰对象的功能："它的狂热，它的道德约束，它的庄严补充，它借以求得慰藉和辩护的总根据。"⑤可见宗教在世俗社会起到了"道德约束""庄严补充""慰藉和辩护"作用，然而这一切不过是"人的创造"。

---

① 《马克思恩格斯全集》第3卷，人民出版社，2002，第200页。
② 《马克思恩格斯全集》第3卷，人民出版社，2002，第199页。
③ 《马克思恩格斯全集》第3卷，人民出版社，2002，第199页。
④ 《马克思恩格斯全集》第3卷，人民出版社，2002，第199页。
⑤ 《马克思恩格斯全集》第3卷，人民出版社，2002，第199页。

(二)神不过是"人的自我异化的神圣形象"

"路德战胜了虔信造成的奴役制,是因为他用信念造成的奴役制代替了它"①,而马克思揭穿了神不过是"人的自我异化的神圣形象"②。马丁·路德是宗教新教的创立者、宗教改革家,在神学上强调因信称义,反对罗马教廷出售赎罪券,但马丁·路德终究还是基督的信徒,所以马克思认为"他破除了对权威的信仰,是因为他恢复了信仰的权威,他把僧侣变成了世俗人,是因为他把世俗人变成了僧侣"。③虽然对传统宗教进行了严厉的批判,但终究没有跳出"人的自我异化的神圣形象",④没有否定"神"的存在,所以对宗教信仰对象进行批判,就要对其具象化的核心"神"进行彻底的批判,而对神的批判的根据是人创造了神而非神创造了人,上帝不过是人的内在本性向外的投射。也就是"人的自我异化的神圣形象"。马克思从根本上否定了"神",即强调了"神"是人造物,又说明了神的根源在于人,神不过是"人的自我异化"并具体呈现为"神"。

(三)宗教既是肉体的锁链亦是心灵的锁链

马克思认为马丁·路德把人从外在宗教解放出来就不应该再把宗教作为人的内在世界。马克思强调马丁·路德"把人从外在的宗教笃诚解放出来,是因为他把宗教笃诚变成了人的内在世界。他把肉体从锁链中解放出来,是因为他给人的心灵套上了锁链"⑤。但马克思对马丁·路德在宗教理论上的进步意义还是给予了肯定,认为"新教即使没有正确解决问题,毕竟正确地提出了问题"。⑥现在的问题在于"同他自己内心的僧侣进行斗争,同他自己的僧侣本性进行斗争"。⑦因为新教把德国俗人变成僧侣,"正像解放不应停留于王公的解放,财产的收归俗用也不应停留于剥夺教会财产,而这种剥夺是由伪善的普鲁士最先实行的"⑧,而不是彻底地解放全体人民,问题的关键在于"哲学把无产阶级当作自己的物质武器,同样,无产阶级也把哲学当作自己的精神武器;思想的闪电一旦彻底击中这块素朴的人民园地,德国人就会解放成为人"。⑨

---

① 《马克思恩格斯全集》第3卷,人民出版社,2002,第208页。
② 《马克思恩格斯全集》第3卷,人民出版社,2002,第200页。
③ 《马克思恩格斯全集》第3卷,人民出版社,2002,第208页。
④ 《马克思恩格斯全集》第3卷,人民出版社,2002,第200页。
⑤ 《马克思恩格斯全集》第3卷,人民出版社,2002,第208页。
⑥ 《马克思恩格斯全集》第3卷,人民出版社,2002,第208页。
⑦ 《马克思恩格斯全集》第3卷,人民出版社,2002,第208页。
⑧ 《马克思恩格斯全集》第3卷,人民出版社,2002,第208页。
⑨ 《马克思恩格斯全集》第3卷,人民出版社,2002,第214页。

所以对德国而言，"在德国，不摧毁一切奴役制，任何一种奴役制都不可能被摧毁。彻底的德国不从根本上进行革命，就不可能完成革命"。①

马克思批判信仰对象的过程，既是批判的过程又是解构的过程，宗教的消解是旧事物消亡的必然结果。至此，西方世界的宗教信仰在理论层面彻底地崩塌了。马克思彻底地完成了对宗教信仰对象的批判，但也产生了两个关键问题：人到底该不该有信仰，到底该信仰什么。然而这些问题马克思没有给出答案，马克思本人并没有意识到旧的信仰在理论层面彻底覆灭之后，信仰真空会导致现实世界人类陷入史无前例的信仰混乱。新的信仰是时代的呼唤，符合旧事物消亡、新事物产生的历史趋势，生产力变革必然引发上层建筑的变革，而信仰是上层建筑的灵魂、文化领域的核心、精神世界的归宿，旧信仰在现实社会彻底消亡之前必然会有人构建新的符合时代、符合国家民族、符合全人类的新信仰。至少马克思对信仰对象的批判证明了人类能创造宗教信仰，也能批判宗教信仰，也必然能构建新的信仰。接下来的关键便是一个实践的问题，而不再是理论的问题。

四　批判的信仰主体

广义上所谓信仰主体即从事信仰活动的群体与个体。② 狭义上看信仰主体就是有信仰的个体或社会群体，是指对某一信仰对象极度信服并以此为追求的人。③ 马克思批判的信仰主体既有广义上所谓信仰主体的批判也有狭义上所谓信仰主体的批判，且所有的批判都指向了同一个目的：通过革命解放人，并最终"使人成为人"。

（一）信仰主体是"人造之人"而非"神造之人"

信仰主体是"人造之人"而非"神造之人"。马克思批判道："宗教是人的本质在幻想中的实现，因为人的本质不具有真正的现实性。"④ 人的本质在于"人就是人的世界，就是国家，社会"。⑤ 这是一个伟大的定义，伟大之处在于"人就是人的世界，就是国家，社会"⑥ 是对宗教进行批判的依据，是批判宗教信仰的有力武器。国家、社会均是由人构建的社会关系，而社会关系证明了"人造人"。人造就了人本身，人从

---

① 《马克思恩格斯全集》第3卷，人民出版社，2002，第214页。
② 冯天策：《信仰主客体析论》，《中国海洋大学学报》（社会科学版）2004年第4期。
③ 曹桂芝：《信仰三要素与信仰危机解析》，《湖湘论坛》2011年第6期。
④ 《马克思恩格斯全集》第3卷，人民出版社，2002，第199页。
⑤ 《马克思恩格斯文集》第1卷，人民出版社，2009，第3页。
⑥ 《马克思恩格斯文集》第1卷，人民出版社，2009，第3页。

物质层面造就了人的血肉之躯，人从社会层面成就了人之为人的属性。人和社会关系是双向的，相互影响，协同进步，彼此成就，不能否认任何一方的能动性，也不能夸大任何一方的历史性。而于宗教信仰构建的"神造人"而言，"神-世界-人"的关系是单向度的，神先创造了世界，在安息日又创造了人，单向度否定了人的能动性，夸大了神的历史性。马克思也明确表达了"废除作为人民的虚幻幸福的宗教，就是要求人民的现实幸福。要求抛弃关于人民处境的幻觉，就是要求抛弃那需要幻觉的处境"。① 这是一个伟大的过程，因为"对宗教的批判使人不抱幻想，使人能够作为不抱幻想而具有理智的人来思考，来行动，来建立自己的现实；使他能够围绕着自身和自己现实的太阳转动"。②

（二）无信仰的信仰主体

马克思批判了神权阶级和政权阶级，马克思显然认为两者都是"从事信仰活动的群体与个体"③，但并不是"对某一信仰对象极度信服并以此为追求的人"④。马克思认为宗教改革"破除了对权威的信仰，是因为他恢复了信仰的权威"，⑤ "他把人从外在的宗教笃诚解放出来，是因为他把宗教笃诚变成了人的内在世界。他把肉体从锁链中解放出来，是因为他给人的心灵套上了锁链"。⑥ 因为宗教信仰是难得好用的统治工具，"有个学派以昨天的卑鄙行为来说明今天的卑鄙行为是合法的"，⑦ 甚至想借助宗教信仰让人民大众"还必须承认和首肯自己之被支配、被统治、被占有全是上天的恩准"⑧。对此马克思的愤怒是显而易见的："向德国制度开火！一定要开火！"⑨ 虽然神权阶级已经被驳倒，但政权阶级后来居上并且迫切地继承宗教信仰为己所用。对此马克思强调，"涉及这个内容的批判是搏斗式的批判；而在搏斗中，问题不在于敌人是否高尚，是否旗鼓相当，是否有趣，问题在于给敌人以打击"⑩，但是困境在于，"一旦现代的政治社会现实本身受到批判，即批判一旦提高到真正的人的问题，批判就超出了德国现状"⑪。毕竟这种现象并不是德国的特例，众多国家都存在，对此

---

① 《马克思恩格斯全集》第 3 卷，人民出版社，2002，第 200 页。
② 《马克思恩格斯全集》第 3 卷，人民出版社，2002，第 200 页。
③ 冯天策：《信仰主客体析论》，《中国海洋大学学报》（社会科学版）2004 年第 4 期。
④ 曹桂芝：《信仰三要素与信仰危机解析》，《湖湘论坛》2011 年第 6 期。
⑤ 《马克思恩格斯全集》第 3 卷，人民出版社，2002，第 208 页。
⑥ 《马克思恩格斯全集》第 3 卷，人民出版社，2002，第 208 页。
⑦ 《马克思恩格斯全集》第 3 卷，人民出版社，2002，第 201 页。
⑧ 《马克思恩格斯全集》第 3 卷，人民出版社，2002，第 202 页。
⑨ 《马克思恩格斯全集》第 3 卷，人民出版社，2002，第 202 页。
⑩ 《马克思恩格斯全集》第 3 卷，人民出版社，2002，第 202 页。
⑪ 《马克思恩格斯全集》第 3 卷，人民出版社，2002，第 204 页。

马克思批判道:"当旧制度本身还相信而且也应当相信自己的合理性的时候,它的历史是悲剧性的。"① 因为"历史是认真的,经过许多阶段才把陈旧的形态送进坟墓"。② 马克思对统治阶级的批判发现了政权阶级既要借批判宗教之名推翻神权阶级又要借宗教改革之名继续宣传发扬宗教信仰,但政权阶级不是真正的信仰者,只是信仰的使用者,而真正的信仰者正是马克思所希望解放的人,马克思希望使之脱离精神的锁链,脱离宗教信仰,脱离被欺骗、被统治、被剥削的命运而真正地"成为人"。

(三)唯有彻底的解放才能使无产阶级"成为人"

如何真正地解放人,马克思以自己的祖国为例写道:"德国惟一实际可能的解放是以宣布人是人的最高本质这个理论为立足点的解放。"③ 因为"人是人的最高本质"是解放的关键,"彻底的德国不从根本上进行革命,就不可能完成革命"。④ 马克思同时强调"这个解放的头脑是哲学,它的心脏是无产阶级"。⑤ 所以必须摒弃宗教信仰这个旧的头脑,思想的解放才是真正的解放,而思想是要依托于哲学的,哲学必须依托于信仰,只有树立新的信仰,才能彻底地解放头脑。无产阶级是解放的心脏,只有无产阶级才能提供澎湃的核心动力进行强大有力的革命,才能推动历史的进步,毕竟所有的历史终究还是人民的历史。"哲学把无产阶级当作自己的物质武器,同样,无产阶级也把哲学当作自己的精神武器;思想的闪电一旦彻底击中这块素朴的人民园地,德国人就会解放成为人。"⑥ 批判的信仰之核心就在于对宗教所谓的"人"的批判,如马克思所言"德国理论的彻底性从而其实践能力的明证就是:德国理论是从坚决积极废除宗教出发的"。⑦

虽然马克思从理论上完成了对宗教的批判,但"批判的武器当然不能代替武器的批判,物质力量只能用物质力量来摧毁"。⑧ 更为关键的是实践,在现实世界的实践,毕竟社会生活在本质上是实践的。但在实践之前还有一个关键且艰巨的任务,重新构建一种新的信仰,新的信仰不仅要符合对宗教的批判,也要符合"批判的信仰",还要符合"信仰的批判",更要符合"实践的批判",并最终要符合人民的根本利益的需

---

① 《马克思恩格斯全集》第3卷,人民出版社,2002,第203页。
② 《马克思恩格斯全集》第3卷,人民出版社,2002,第203页。
③ 《马克思恩格斯全集》第3卷,人民出版社,2002,第214页。
④ 《马克思恩格斯全集》第3卷,人民出版社,2002,第214页。
⑤ 《马克思恩格斯全集》第3卷,人民出版社,2002,第214页。
⑥ 《马克思恩格斯全集》第3卷,人民出版社,2002,第214页。
⑦ 《马克思恩格斯全集》第3卷,人民出版社,2002,第207页。
⑧ 《马克思恩格斯全集》第3卷,人民出版社,2002,第207页。

要。"因此,真理的彼岸世界消逝以后,历史的任务就是确立此岸世界的真理。"① 历史的任务不只是此岸世界的真理,更要建立真理的信仰,符合时代和人民的信仰。

五 新信仰的基本样貌

批判的信仰孕育了新信仰的基本样貌。马克思主义理论虽然蕴含了马克思的信仰意志和信仰精神,但没有对马克思主义信仰进行直接的理论表述。马克思本人也没有刻意构建过其信仰体系。② 但马克思在对旧信仰的批判中潜移默化地展现了新的信仰。旧的事物消亡,新的事物诞生,马克思关于信仰的批判也只是顺应历史潮流,加速了历史的进程。具体来看,新的信仰具备以下特征。

首先,新信仰的信仰立场必然是人民的立场。从马克思主义的理论立场出发,马克思史无前例地站在了人民的立场、无产阶级的立场,完成了对旧的神权阶级和政权阶级之立场的批判,所以新信仰的立场不再是统治阶级的立场,而是人民的立场、无产阶级的立场。这从根本上保证了信仰属于人民,属于无产阶级,是真正的信仰,而不再是假借信仰之名的统治工具。

其次,新信仰的信仰目标必然是此岸世界的幸福。任何时代所有人都有对幸福美好生活的憧憬和向往,宗教信仰将这种对幸福美好生活的憧憬和向往放在了彼岸世界,马克思完成了对以欧洲宗教为代表的传统宗教信仰目标的批判,完成了对天国的揭露,人们追求的彼岸世界的梦幻泡影终究被戳破。因此新的信仰目标应该指向此岸世界,人对幸福美好生活的憧憬和向往终究变成了人对幸福美好生活的追求和奋斗,人在现实世界寻找并兑现当世的幸福与美好,这种幸福与美好是属于人尤其是属于人民的幸福和美好。

再次,新信仰的信仰对象必然是科学的理论和具体的实践。新信仰的信仰对象不是《圣经》,不是宗教及其具象化的神,新的信仰对象不同于以往任何信仰对象,不是唯心主义的理论体系,不是盲目的实践,而是辩证唯物主义和历史唯物主义,以及以此为指导的具体的历史的实践,今天我们将称之为以马克思主义为指导的实践。马克思主义就是科学理论,以马克思主义为理论指导的实践才是最有意义的具体实践。新的信仰对象不仅是"解释世界"的理论,更是"改变世界"的实践。

最后,新信仰的信仰主体必然是无产阶级。新信仰的信仰主体不再有统治阶级,

---

① 《马克思恩格斯全集》第3卷,人民出版社,2002,第200页。
② 周涛:《马克思主义信仰:内涵、特性、体系》,《长江论坛》2015年第1期。

所有的信仰者都是狭义上的信仰者，不再有广义上的信仰者，每个信仰个体都是真挚虔诚的信仰主体，每个信仰组织都是彻底为信众服务的信仰主体，不会再有人或组织把信仰当作特权阶级的统治工具，只有极度信服马克思主义并以此为追求的人。

  马克思是马克思主义信仰关键点的构建者，构建新的信仰不可能一蹴而就，在完成批判的信仰之后，才是全面构建新信仰的开始。《〈黑格尔法哲学批判〉导言》是构建新信仰的关键点，信仰立场的确立、信仰目标的明确、信仰对象的构建、核心主体在理论层面的建立等关于新信仰的基本要素已经呈现。这些关键点的呈现使后人能够在马克思完成全面批判之后进行全面构建。可以认为共产国际和巴黎公社构建了现实的信仰主体，虽然这批最早的马克思主义信仰主体转瞬即逝，但是列宁很快继承了他们的衣钵，并全面开启了马克思主义信仰的构建。中国共产党全面继承了马克思主义信仰，完成了信仰主体的传承。一切信仰的传承不是理论的传承而是人的传承、信仰主体的传承。有信仰主体的信仰才是鲜活的信仰，如果只有信仰的理论而没有信仰的主体，便不是真正的信仰。马克思强调："历史是认真的，经过许多阶段才把陈旧的形态送进坟墓。"[①] 马克思主义信仰与一切旧信仰的交替也必然如此，所以作为马克思主义信仰者一定，也必然持有必胜的信念，马克思告诉世人"这是为了人类能够愉快地同自己的过去诀别"[②]。想必在马克思看来"也正是这样一个愉快的历史结局"[③]：马克思主义信仰成为全世界最终且唯一的符合时代和人民的信仰！

[①] 《马克思恩格斯全集》第3卷，人民出版社，2002，第203页。
[②] 《马克思恩格斯全集》第3卷，人民出版社，2002，第204页。
[③] 《马克思恩格斯全集》第3卷，人民出版社，2002，第204页。

存在论视域下《巴黎手稿》共产主义思想再思考

陈名财　张　琳　丁　文[*]

摘　要：《巴黎手稿》是马克思哲学真正的"诞生地"和秘密所在，马克思在《巴黎手稿》中发动了一场存在论上的革命。这场革命从根本上终结了西方自柏拉图以来的理性形而上学传统，开启了存在论新路向。奠基于存在论革命，马克思从不同角度把人看作类存在物、对象性存在物、社会存在物、自然存在物，从而阐明了人的本质，把劳动确立为人的本质之一，把异化的扬弃确认为人的本质的复归。在此基础上，马克思认为未来共产主义是人的自我异化的积极扬弃，是对历史之谜的解答，阐明了未来共产主义社会是一个人与自身、人与自然、人与社会三者和谐统一的社会。当我们尝试对马克思的共产主义思想进行理解时，要特别注意强调自我异化的扬弃同自我异化走的是一条道路，共产主义是立足现实运动的人性的复归，是对人－自然存在之真的发现和重建。

关键词：《巴黎手稿》　存在论　共产主义　劳动异化

《巴黎手稿》是马克思哲学真正的诞生地和秘密所在。在《巴黎手稿》（以下简称《手稿》）中，马克思通过对国民经济学、黑格尔哲学和费尔巴哈哲学等的批判，发动了一场哲学变革，改变了西方哲学理性思辨的路向，用对现实社会生活发展过程的批判性反思替代了理性形而上学演绎，即马克思自己所说的用"原本"批判替代了"副本"批判。这场哲学变革实质上是一场存在论的革命。19世纪三四十年代，哲学意义上的共产主义学说已在德国成为一种颇具影响力的社会思潮，在恩格斯看来，共产主义是德国人从自己的哲学中得出的必然结论。他说："对抽象原则的偏好，对现实和私利的偏废，使德国人在政治上毫无建树；正是上述这些品质保证了哲学共产主

---

[*] 陈名财，中共四川省委党校（四川行政学院）教授，主要研究方向为马克思主义哲学；张琳，中共四川省委党校（四川行政学院）马克思主义哲学专业硕士研究生；丁文，四川省社会科学院马克思主义哲学专业硕士研究生。

义在这个国家的胜利。"① 马克思尽管也得出了共产主义是历史之谜的解答的结论,但很显然马克思确立了自己的新哲学基础,彻底改变了西方自柏拉图以来理念世界高于现实世界、现实世界不过是对理念不完善模仿的思辨哲学路向。在马克思视野中,"整个所谓世界历史不外是人通过人的劳动而诞生的过程"②。历史就是人的解放史,而要实现人的解放就必须消灭异化劳动、扬弃私有财产,而要消灭异化劳动、扬弃私有财产就必须实现共产主义。总之,马克思由于实现了存在论革命,必然引申出一套新的共产主义学说,而马克思之所以能提出一套新的共产主义学说,则有赖于实现了存在论革命。

一　从存在论视域阐明人的本质

《手稿》是马克思主义人学思想的一座高峰,马克思所发动的存在论革命从逻辑在先的角度来说,体现为在人的本质问题上的存在论革命。关于人的本质的研究一直是哲学研究的核心问题之一,近代以来,法国唯物主义、宗教神学、德国古典哲学都对人的本质进行过深入研究,提出过诸多见解。但这些见解大多从外部自然界或超人的绝对理念角度来确认人的本质,人的本质成为外在于人的抽象。费尔巴哈最先实现了人本学的转向,力图恢复人的主体地位,在他看来,"人的绝对本质、上帝,其实就是他自己的本质"③。但费尔巴哈只是从感性直观的角度来看待人,没有认识到感觉活动,即现实的社会实践活动对人的决定性意义。在对费尔巴哈人本主义扬弃的基础上,马克思从存在论视域阐明了人的本质。

(一)从人的存在来考察人的本质

首先,马克思把人看作"类存在物"。传统哲学包括费尔巴哈哲学,往往把人看作静止的"定在",由此人的本质被视为一种抽象的、超越现实的存在。马克思彻底改变了这种非存在论的思维,在马克思看来,人是"现实的、肉体的、站在坚实的呈圆形的地球上呼出和吸入一切自然力的人"④,人是一个"活"的生命体,而不是一个"死"的"实体",有生命的人是自然存在物,是自然的、肉体的、感性的、受限制的

---

① 《马克思恩格斯全集》第 3 卷,人民出版社,2002,第 493 页。
② 《马克思恩格斯文集》第 1 卷,人民出版社,2009,第 196 页。
③ 〔德〕路德维希·费尔巴哈:《费尔巴哈哲学著作选集》(下),荣震华、王大庆、刘磊译,商务印书馆,1984,第 30 页。
④ 《1844 年经济学哲学手稿》,人民出版社,2018,第 102 页。

存在物，但同时也是对象性的存在物。但人又不仅仅是一个像动物一样的自然存在物，而是一个"类存在物"。"一个种的整体特性、种的类特性就在于生命活动的性质，而自由的有意识的活动恰恰就是人的类特性。"① 这就是说，人作为类存在物是有意识的、自由的存在物。人作为自然存在物，是受自然限制和制约的存在物，但人可以自由面对自然，通过自身的实践活动改变自然，使自然对象成为自己所需要的对象。而且人们通过自己的实践活动不仅改变自在的自然，还改变人自身，现在这般的人的五官感觉是以往世界历史的产物。这样马克思就把人描述为一个在实践活动中不断生成的过程。可见，马克思不是从本体论思维，而是从存在论思维、生存论思维来考察人的本质。

其次，马克思把人看作对象性存在物。马克思把人描述为在实践活动中不断生成的存在物，也就必然会把人看作对象性存在物。生存着的人必然是通过对象性活动不断同外界进行物质、能量交换的人，在对象性活动中，人与自然、人与人得以相互连接，在世界中展示自己、外化自己，外在世界成为人自身的生存世界，自在世界成为人自为生存的境域。就人与自然的对象性存在关系来说，人作为肉体存在，没有自然界，没有感性的外部世界给劳动者提供生活资料，人就不能生存。但人与动物在生产上存在着本质的区别，人是普遍性存在物，动物的生产往往局限于满足其即时、直接的生存需求，因此显得较为片面，而人类的生产活动不仅仅是为了满足生存的即时基本需求，更是对自然界的深刻理解与改造。人类通过自身的活动再生产整个自然界，这也使得整个自然界成为人类活动的对象。"首先作为人的直接的生活资料，其次作为人的生命活动的对象（材料）和工具——变成人的无机的身体。"② 在理论上，人还把自然界作为自己意识的对象、艺术的对象，自然是人精神的无机界。人与人之间对象性存在关系的论述在《手稿》中较少，但在《穆勒评注》中，马克思在"论交换"特别是"论消费"中进行了深入阐述，我们可以把这一阐述看作对《手稿》内容的补充。在马克思看来，"人的本质是人的真正的社会联系"③，人的"社会本质不是一种同单个人相对立的抽象的一般的力量，而是每一个单个人的本质，是他自己的活动，他自己的生活，他自己的享受，他自己的财富"④。这就是说，人与人之间也存在着对象性关系。在《穆勒评注》中，马克思主要从生产和消费的角度来论述人与人之间的对象性存在，他认为人们在生产中使自己的个性和个性的特点对象化，而当"我"生

---

① 《1844年经济学哲学手稿》，人民出版社，2018，第53页。
② 《1844年经济学哲学手稿》，人民出版社，2018，第52页。
③ 《1844年经济学哲学手稿》，人民出版社，2000，第170页。
④ 《1844年经济学哲学手稿》，人民出版社，2000，第170~171页。

产的产品被另一个人享受和使用时,"我"就会感到自己的生产满足了另一个人的需要,也就是说,"我"创造了另一个人的生命表现。

最后,人的存在方式具有多样性,人的本质具有多维度性。在《手稿》中,马克思揭示了人的多种存在方式,马克思把人看作类存在物和对象性存在物,也就揭示了人存在方式的多样性。马克思把人看作活动性存在物,从人的活动特性,而不是从人的实体特性来看待人,这样就把人的活动方式的多样性转变成了人的存在方式的多样性。人类从事的活动不仅包括以物质生产活动为主的实践活动,还包括以认识活动为主的理论活动、审美活动和宗教活动等,人类的各种活动构成人类生活和人类历史的基本内容,人类的历史就是人类自身活动的历史。人是对象性存在物,也即在"关系"中的存在物,这些"关系"包括人与自然、人与人、人与群体、人与社会等关系,这些关系构成人的存在环境,人通过自身的活动,不断改变着自身所处的环境,也不断改变着自身。同时,人也在对象性关系存在中展示自身,使自己的丰富性得以外化。马克思把人看作有意识的存在物,这就意味着马克思从自由的角度来看待人的存在方式。作为自然存在物,人是受自然限制的,人是自然的一部分,但作为有意识的存在物,人则可以自由面对世界,通过实践活动改变自然世界,使自然人化,也使作为肉体的人不断进化。人在世界中多样的存在方式,揭示了人存在的历史性,无论是作为个体的人还是人类,无论是人的精神意识还是人的肉体,都永远处在"历史过程"中,是不断"生成"的存在。马克思揭示了人的存在方式的多样性,这也决定了马克思对人的本质的多角度、多维度思考。马克思超越了西方传统的本体论思维,不是用"实体"思维设定一个抽象的、凝固不变的"人的本质",而是多角度、多维度考察人的本质。在《手稿》中,马克思从不同的角度把人看成自然存在物、类存在物、有意识的存在物、对象性存在物、社会存在物。马克思通过人的存在来揭示人的本质,也就把人类的历史描述成人自身的历史,由此就必然把对人类历史之谜的解答看作人的解放,而共产主义就是真正实现人的解放的社会,因而,马克思深入剖析的人的存在论构成了共产主义理论坚实的人学基石。"共产主义是私有财产即人的自我异化的积极的扬弃,因而是通过人并且为了人而对人的本质的真正占有。"① 总之,马克思通过存在论革命,把社会进步与人的解放、经济发展与人自身发展统一起来。

(二)把劳动确立为人的本质之一

马克思在《手稿》中从多种角度深入探讨了人的本质,这些探讨有一个基本的立

---

① 《1844年经济学哲学手稿》,人民出版社,2018,第77~78页。

足点，即从"感性活动"而不是"感性直观"出发对人做生存论的考察。正因为马克思从感性活动来考察人，才能超越费尔巴哈进入生成论境域。从哲学上确定了感性活动的存在意义后，马克思进一步用感性活动来考察人类社会的发展过程。在马克思看来，感性活动最充分、最基础的就是人们的生产"劳动"，作为类存在物，人的生产劳动是自由而自觉的活动，劳动不仅是人类生存的必需，更是人类自由和创造性的表达。通过劳动，人类能够对自然界进行改造，创造出满足自身需要的物质条件和社会环境。

马克思强调，劳动是人区别于动物的根本标志。"动物和自己的生命活动是直接同一的。动物不把自己和自己的生命活动区别开来。它就是自己的生命活动。人则使自己的生命活动本身变成自己的意志和自己意识的对象。他具有有意识的生命活动。"① 也就是说，动物只能本能地适应自然，而人类的劳动活动是有意识的。人类的劳动不仅是对物质世界的改造，也是对人类自身的改造和发展，在劳动过程中，人类不断地学习、探索、创新，从而推动社会的进步和发展。通过劳动，人不仅生产物质财富，也生产社会关系和自身的社会存在。也就是说，在劳动过程中，人们的相互协作、交流和互助形成了人们社会关系的基础，家庭、朋友、社区等多种形式的人际关系奠基于劳动关系。人的本质通过这些社会关系展现出来。因而，马克思指出，劳动是人的本质。劳动不仅是人类生存的基本条件，更是人的本质力量的表现和实现途径。"这种生产是人的能动的类生活。通过这种生产，自然界才表现为他的作品和他的现实。"② 换言之，人的劳动就是人的能动的类生活。在劳动中，人把自己和自然区别开来，通过有意识、有目的的活动发挥自己的主观能动性，改造自然界，创造出满足人类需求的物质和精神财富。马克思进一步指出，"劳动的对象是人的类生活的对象化"，通过劳动人们"在他所创造的世界中直观自身"③。也就是说劳动的对象是人的劳动的物化，是人的能动的类生活的具体表现，劳动的对象化不仅是对自然界的改造，更是人的自我实现和社会关系的建立。通过劳动，人不仅能够满足自身的物质生活需求，还能够实现精神层面的自我表达和自我实现。劳动使人超越了自身的生理需求，追求更高层次的精神满足和社会认同。劳动不仅是为了生存，更是为了实现人的全面发展和社会的进步。

可见，马克思在《手稿》中，通过深刻剖析劳动的本质，开辟了历史唯物主义的

---

① 《1844年经济学哲学手稿》，人民出版社，2018，第53页。
② 《1844年经济学哲学手稿》，人民出版社，2018，第54页。
③ 《1844年经济学哲学手稿》，人民出版社，2018，第54页。

道路。正如马克思所述:"整个所谓世界历史不外是人通过人的劳动而诞生的过程。"①实际上黑格尔已经充分认识到劳动对人类历史的意义,黑格尔抓住了劳动的本质,把真正的人理解为自己劳动的结果,并且把人的存在视为一个动态发展的过程,但黑格尔所理解的劳动是抽象的精神的劳动,而马克思所理解的劳动是现实的物质生产活动。通过对人类劳动不同状况的描述,马克思在《手稿》中勾勒出了人类历史发展的三个阶段,即原始的自由劳动阶段、私有制下不自由和异化劳动阶段、未来社会自由劳动阶段。马克思把生产劳动作为最主要和最基本的感性活动,为哲学视域下的共产主义走向经济学视域下的共产主义找到了中介,因而《手稿》中的共产主义思想与《共产党宣言》中的共产主义思想本质上是相通的;同时,有劳动作为感性活动最坚实的内涵,《手稿》对共产主义的人道主义理解同对共产主义的科学理解本质上也是相通的。

(三)把异化的扬弃确认为人的本质的回归

马克思在《手稿》中提出,劳动是人的本质活动,是人与动物区别的根本特征,然而,在资本主义生产方式下,劳动过程被异化为一种商品,劳动者被剥夺了对自己劳动成果的控制权,劳动被异化。马克思深入分析了异化劳动的四个特征。

异化劳动的首要特征是劳动者与其生产的劳动产品的异化。马克思指出,"工人生产的财富越多,他的生产的影响和规模越大,他就越贫穷。工人创造的商品越多,他就越变成廉价的商品"。②这表明,劳动者在生产过程中创造了巨大的财富,但这些财富却不属于他们,反而成了压迫他们的工具。也可以说是劳动者与自己创造的产品之间的联系被切断。劳动者的劳动成果被资本家占有,他们无法从自己的劳动中获得物质和精神上的回报。异化剥夺了劳动者对劳动成果的认同感和满足感,使他们感到自己的劳动是无意义的,从而削弱了他们的工作动力和创造力。异化劳动的第二个特征是劳动者与劳动过程的异化。马克思进一步指出,"劳动的现实化就是劳动的对象化。在国民经济的实际状况中,劳动的这种现实化表现为工人的非现实化,对象化表现为对象的丧失和被对象奴役,占有表现为异化、外化"。③劳动过程本身应当是劳动者发挥创造力和技能的舞台。然而,在异化劳动中,劳动过程变得单调、重复,劳动者被迫执行单一、机械的任务,无法展现自己的个性和才能。这种异化使劳动变成了一种负担,而非一种享受,劳动者在劳动中找不到自我实现的机会。这说明劳动者在

---

① 《1844年经济学哲学手稿》,人民出版社,2018,第89页。
② 《1844年经济学哲学手稿》,人民出版社,2018,第47页。
③ 《1844年经济学哲学手稿》,人民出版社,2018,第47页。

劳动过程中不是自由地发挥自己的创造力，而是被迫按照资本的需求进行劳动，劳动过程本身也成了异己的力量。异化劳动的第三个特征是人与自己的类本质的异化。马克思认为，人是类存在物，其生命活动具有社会性，但在资本主义生产方式下，这种社会性被异化为孤立的个体竞争，"人则使自己的生命活动本身变成自己的意志的和自己意识的对象。他具有有意识的生命活动"。[1] 这种异化导致人的自我分裂和社会关系的异化。异化劳动的第四个特征是人与他人的社会关系的异化。在资本主义社会中，人与人之间的关系被金钱关系所取代。劳动者之间的团结和互助被削弱，社会关系变成了一种基于利益的交换关系。马克思指出，"私有财产是外化劳动即工人对自然界和对自身的外在关系的产物、结果和必然后果"。[2] 异化劳动直接导致私有财产关系的形成，它体现了人与人、人与社会之间的疏离和对立。这种异化破坏了社会的凝聚力，使人们在追求个人利益的过程中失去了对他人的关怀和责任感。

实际上英国古典经济学就已提出了劳动价值，把劳动看作价值的源泉，对此马克思无疑是认同的，但马克思发现了古典经济学劳动价值论存在的内在矛盾，为此，马克思从人道主义的角度，从人的生存论角度，不单纯从经济学即财富增长角度来思考劳动问题。在马克思看来，在资本主义私有制下，劳动固然创造了更为丰富的价值，但被异化。在《穆勒评注》中，马克思还进一步考察了社会关系的异化。总之，马克思描述了资本主义私有制导致的劳动异化，以及人的生存状态的异化。这样，马克思就从人道主义的角度把改变人的生存状态、扬弃异化确定为共产主义的目标。马克思指出，"共产主义是对私有财产即人的自我异化的积极的扬弃，因而是通过人并且为了人而对人的本质的真正占有；因此，它是人向自身、也就是向社会的即合乎人性的人的复归"。[3] 在此马克思确立了共产主义的价值目标。有学者依据马克思所用的"人性的复归"等词，确认马克思《手稿》没有超越费尔巴哈人本学，并由此认为《手稿》是马克思思想不成熟时期的作品。实际上，马克思在此尽管借用费尔巴哈的许多术语，但其基础已经是新的存在论，不再是抽象的人性论，正因为有新的存在论奠基，马克思在谈异化时已经深入到历史的本质性维度。在马克思之前，康德也确认了"人是目的"，但康德"人是目的"是理性的设定，马克思把共产主义确认为人性的复归是建立在人类历史活动的考察之上的，把人性的复归等同于人自身的全面发展，把人的全面发展同经济发展、社会进步统一起来。

---

[1] 《1844年经济学哲学手稿》，人民出版社，2018，第53页。
[2] 《1844年经济学哲学手稿》，人民出版社，2018，第57页。
[3] 《1844年经济学哲学手稿》，人民出版社，2018，第77~78页。

二 从存在论视角勾勒未来社会的发展目标

马克思在《手稿》中从存在论的视角出发，把共产主义当作未来社会中人与自身、人与自然和人与社会的矛盾的真正解决之道。他指出，"这种共产主义，作为完成了的自然主义，等于人道主义，而作为完成了的人道主义，等于自然主义，它是人和自然界之间、人和人之间矛盾的真正解决"。[1] 马克思认为，共产主义是真正解决上述三类矛盾的根本途径，也就是这三类关系的和谐统一。因此，马克思从存在论视角出发，发现了未来社会的发展目标，即人的关系的和谐。马克思的存在论革命和对人的本质的阐释，为我们理解人与自然、人与社会的关系提供了全新的视角。

（一）人与自身的和谐统一

马克思在《手稿》中深刻地探讨了人与自身的和谐统一理念，他认为这是人的本质实现的必要条件，也是未来社会的基本目标。马克思考察了实践的人的活动即劳动的异化行为。他指出，在资本主义社会中，异化劳动破坏了人与自身的和谐统一，使人沦为商品和劳动过程的一部分，而非自由自觉的主体。异化不仅剥夺了人的自由和创造性，还导致了人的自我异化和社会分裂。

在马克思看来，人与自身的和谐统一是人的内在自由和内在和谐的体现。这种和谐统一不仅仅是一种理想状态，更是人的本质得以实现和确认的必要条件。在这种状态下，人的存在与其本质相一致，个体的自由发展与社会的整体进步相协调。因而，人只有实现和呈现出这种内在自由与内在和谐的关系之后，才真正地意味着"存在和本质、对象化和自我确证、自由和必然、个体和类之间的斗争的真正解决"。[2] 然而，在资本主义社会中，异化劳动的存在使人无法实现这种状态。马克思批判道："工人在劳动中耗费的力量越多，他亲手创造出来反对自身的、异己的对象世界的力量就越强大，他自身、他的内部世界就越贫乏，归他所有的东西就越少。"[3] 也就是说，在劳动过程中，工人越生产越贫穷，越生产出更多物品，就越变成物品的奴隶。异化劳动不仅剥夺了人的自由和创造性，还导致了人的自我异化和社会分裂。在这种劳动状态下，人的劳动变成了一种外在的、强制的活动，无法确证和生成人的自我本质。这导致了人的个体属性与类本质的分离，使人的外化、物化、工具化成为现实。

---

[1] 《1844年经济学哲学手稿》，人民出版社，2018，第78页。
[2] 《1844年经济学哲学手稿》，人民出版社，2018，第78页。
[3] 《1844年经济学哲学手稿》，人民出版社，2018，第48页。

马克思提出的解决之道是通过共产主义来消除异化劳动，恢复人与自身的和谐统一。在共产主义社会中，人能够自由地发挥自己的创造力和个性，通过劳动实现自我发展和社会进步。他强调："共产主义是私有财产即人的自我异化的积极的扬弃，因而是通过人并且为了人而对人的本质的真正占有。"① 这表明，在共产主义条件下，人的存在与其本质相一致，个体的自由发展与社会的整体进步能够相协调。共产主义不仅扬弃了资本主义异化劳动，而且是对人的存在和本质之谜的解答。马克思认为，在未来的共产主义社会中，人的内在自由和内在和谐得以实现，人的存在与人的本质之间的对立得到和解。他描述这一理想状态为："人以一种全面的方式，就是说，作为一个完整的人，占有自己的全面的本质。"② 也就是其在后来的《德意志意识形态》中所说的："在共产主义社会里，任何人都没有特殊的活动范围，而是都可以在任何部门内发展，社会调节着整个生产，因而使我有可能随自己的兴趣今天干这事，明天干那事。"③ 因此，在马克思看来，共产主义社会是实现人的内在自由和谐统一的理想状态，是使人的个体属性和类本质得到肯定和得以实现的社会形态。

（二）人与自然的和谐统一

在马克思看来，共产主义是完成了的自然主义，等于人道主义，是人和自然之间矛盾的真正解决之道。马克思在阐述异化劳动时，借助于对象化概念，阐述了人与自然之间的生存论关系。马克思指出，"没有自然界，没有感性的外部世界，工人什么也不能创造"。④ 自然界一方面给劳动提供生活资料，也给人提供生活资料，自然界是人们维持肉体生存的手段。接着马克思又借助于"人是类存在物"的命题，阐述类生活与自然的关系。在马克思看来，类生活首先在于人和动物一样靠无机自然界生活，但人作为类存在物，是普遍的存在物，在理论领域，人可以把整个自然界作为精神的无机界，在实践领域，人可以把整个自然界作为生产实践的对象。人作为对象性存在物、类存在物，可以在其所创造的世界中直观自身。而动物作为非意识存在物，自己同自己的生活活动是直接同一的，动物只是按照它所属的种的尺度来生产，动物是片面的存在物，因而在理论和实践方面自然都是人无机的身体。马克思在阐述人的社会性时，进一步阐述了人与自然之间的生存论关系。在马克思看来，对象化是对人自身本质的确认，人的每一种本质力量的独特性都通过其对象化表现出来，对象化的独特

---

① 《1844年经济学哲学手稿》，人民出版社，2018，第77~78页。
② 《1844年经济学哲学手稿》，人民出版社，2018，第81页。
③ 《马克思恩格斯选集》第1卷，人民出版社，2012，第165页。
④ 《1844年经济学哲学手稿》，人民出版社，2018，第48页。

性也就是人自身活生生的存在的独特性。人通过思维活动和所有的感觉体验在对象世界中确认自己的存在。一方面，人改变自然，使自然人化；另一方面，人在改变自然的同时，自身自然化。"工业是自然界对人，因而也是自然科学对人的现实的历史关系。"① 因而，自然界就是人的本质，或者人的自然本质，被人类在实践中改变过了的自然界是真正的人本学的自然界，最终形成了的自然主义等于人道主义。同时，"五官感觉的形成是迄今为止全部世界历史的产物"。② 实践的过程就是人的本质与自然界的本质的丰富性相适应的过程，感性自然界对人来说，直接就是人的感性，科学唯有以自然界为基础，才是现实的科学，而历史本身就是自然史现实的、不可或缺的一部分。于是，马克思得出结论："整个所谓世界历史不外是人通过人的劳动而诞生的过程，是自然界对人来说的生成过程。"③ 这样马克思就统一了"人对人来说作为自然界的存在"和"自然界对人来说作为人的存在"。异化劳动导致了人与自然的异化，而共产主义作为人的解放的实现，真正解决了人与自然之间的矛盾，实现了人与自然的和谐。

（三）人与社会的和谐统一

在劳动异化的四个规定性中，马克思把第四个规定性确定为人与人的异化。国内有学者认为，从劳动异化的前面三个规定性推论不出第四个规定性，而我们认为是可以推论出来的。马克思指出，"人对自身的任何关系，只有通过人对他人的关系才得到实现和表现"。④ 马克思所言"人对自身的任何关系"，当然也就包括人在资本主义私有制下劳动与资本的对立关系，如果劳动与资本的对立关系只体现在个体自身，那就会把异化看作一种抽象的人性论关系，只有把这种关系看作一种社会关系，才能引申出扬弃异化是一种现实的实践活动。所以，马克思明确地说："人同自己的劳动产品、自己的生命活动、自己的类本质相异化的直接结果就是人同人相异化。当人同自身相对立的时候，他也同他人相对立。"⑤ 这里马克思已经清楚地说明了第四个异化是前三个异化的必然结果。马克思明确指出共产主义不是经济和政治性质意义上的，而是社会性质的。所以，社会性是马克思理解共产主义的重要支柱，人与社会的和谐统一是共产主义最本质的要求之一。马克思强调人是个体，强调人作为个体的自由，但马克思并不是要把"个体"与"社会"对立起来，而是要强调个体是社会存在物。

---

① 《马克思恩格斯文集》第1卷，人民出版社，2009，第193页。
② 《马克思恩格斯文集》第1卷，人民出版社，2009，第191页。
③ 《马克思恩格斯文集》第1卷，人民出版社，2009，第196页。
④ 《1844年经济学哲学手稿》，人民出版社，2018，第54~55页。
⑤ 《1844年经济学哲学手稿》，人民出版社，2018，第54页。

马克思从存在论角度对人与社会的关系进行了阐明。马克思认为，人的个体生活是社会生活的表现和确证，个体的人的需要只有在社会中成为某种符合他人的需要，才是合乎人性的需要，人向自身的复归，不是向抽象人的内在性复归，而是向人的社会性复归。马克思指出，"只有当对象对人来说成为社会的对象，人本身对自己来说成为社会的存在物，而社会在这个对象中对人来说成为本质的时候，这种情况才是可能的"。① 这就是马克思所谈的人的"底色"，人的社会性。正因为如此，马克思所谓的人与社会的和谐关系不是一种简单的机械式的调和关系，而是一种存在论关系，是人本真存在必然具备的一种状态。从这个角度上说，人与社会的和谐既是共产主义的目标，也是共产主义的价值追求。

三 从存在论视角建构共产主义社会的价值理想

马克思指出，"共产主义是对私有财产即人的自我异化的积极的扬弃，因而是通过人并且为了人而对人的本质的真正占有；因此，它是人向自身、也就是向社会的即合乎人性的人的复归，这种复归是完全的复归，是自觉实现并在以往发展的全部财富的范围内实现的复归"。② 马克思从人自身解放的角度勾画了未来共产主义社会，阐明了其价值理想即向人自身的复归。然而，马克思勾画的共产主义社会不同于费尔巴哈的人本学逻辑，是建立在坚实的历史逻辑的基础上的价值性与科学性的统一。为此，我们要注意以下三个问题，才能准确理解马克思的共产主义。

（一）自我异化的扬弃同自我异化走的是一条道路

在《手稿》中，马克思深刻揭示了资本主义私有制下，劳动的异化、人自身的异化状况、多重社会关系的异化，但同时马克思是把异化作为人类历史发展的一个特殊阶段来认识的。也就是说，马克思既看到了扬弃异化的重要性，认为只有在未来的共产主义社会才能扬弃异化现象，同时又把异化看作一种历史现象，认为其是私有制进入发达阶段后才出现的现象，而"发达的私有财产必然战胜不发达的、不完全的私有财产"③。资本主义私有制相对于前资本主义时代的私有制来说是一种历史进步。因而，马克思指出，"自我异化的扬弃同自我异化走的是同一条道路"④。在马克思看来，

---

① 《1844年经济学哲学手稿》，人民出版社，2018，第83页。
② 《1844年经济学哲学手稿》，人民出版社，2018，第77~78页。
③ 《1844年经济学哲学手稿》，人民出版社，2018，第68页。
④ 《1844年经济学哲学手稿》，人民出版社，2018，第75页。

自我异化的扬弃是自我异化发展到一定阶段的必然结果，自我异化的发展是自我异化扬弃的前提。通过自我异化，人的本质力量得到了充分的外化和展现，从而为自我异化的扬弃创造条件。这意味着，自我异化的扬弃并不是对自我异化的简单否定，共产主义是对人类历史进程中所积累的丰富财富的保存与优化。通过辩证发展的方式扬弃异化并非对人类整体文明成果的否定，而是人类自我超越与进步的体现。共产主义绝不是要返回到非自然的、不发达的原始状态，更不是贫困的代名词。相反，它旨在消除私有财产所带来的负面效应，这并非简单地批判或消灭私有制，而是要以更加先进、更为公正的所有制形式来替代它们，从而推动社会向更加和谐、繁荣的方向发展。

因此，马克思一开始就把那种单独"否定"私有财产、单纯要求"砸烂旧世界"、破坏性"扬弃私有财产的消极表现"的蒲鲁东等人的思想同自己的共产主义思想区别开来。在马克思看来，自我异化的扬弃是人的全面发展的实现，只有通过自我异化的扬弃，人的本质力量才能得到全面的发挥和实现。也就是说，异化的扬弃不仅是对异化状态的否定，更是对人的本质力量的肯定和提升。通过扬弃异化，人不仅要摆脱异化状态，还要实现自身的全面发展和自由。因而，自我异化的扬弃是历史的必然趋势。马克思认为，自我异化的扬弃不仅是个人发展的需求，也是社会历史发展的必然趋势。他指出，"共产主义则是以扬弃私有财产作为自己的中介的人道主义"。[①] 换言之，共产主义把自我异化的发展理解为自身的必要条件，异化的扬弃不仅是个人解放的途径，也是社会解放的途径，通过异化的扬弃，不仅能够实现个人的全面发展，也能够推动社会的进步和发展。

（二）立足现实运动的人性的复归

马克思认为，"共产主义是对私有财产即人的自我异化的积极扬弃，因而是通过人并且为了人而对人的本质的真正占有；因此，它是人向自身、也就是向社会的即合乎人性的人的复归"。[②] 马克思所说的人性的复归不是费尔巴哈人本学意义上的复归，有很多学者因为《手稿》中运用了许多费尔巴哈的术语而认为马克思实际上是在费尔巴哈的论题内来思考问题的。固然马克思运用了许多费尔巴哈的术语，但马克思实现了存在论革命，在《手稿》中的论述已经超越了费尔巴哈。马克思所谓的人性的复归体现了马克思主义的价值追求，但马克思所说的人性的复归是建立在劳动活动基础上的。马克思指出，"对异化的扬弃只有通过付诸实行的共产主义才能完成……而要扬

---

① 《1844年经济学哲学手稿》，人民出版社，2018，第110页。
② 《1844年经济学哲学手稿》，人民出版社，2018，第77~78页。

弃现实的私有财产，则必须有现实的共产主义行动"。① 克服异化，实现人性的复归不是一个思辨的过程、一种价值理想的追求，而是一场现实的实际活动，只能通过劳动和社会实践来改造世界，只有克服资本主义私有制的有限性，才能消除异化。德国的哲学共产主义者虽强调人的解放和自由，但夸大了哲学评判的作用，对实现共产主义的现实途径缺少认识和探索。马克思所批判的粗陋的共产主义、"真正的社会主义"和空想社会主义都看到了劳动和资本的尖锐对立，共产主义是人向自身的还原和复归，但他们都不了解私有财产的本质，更没有找到破解资本主义问题的现实出路。而马克思政治经济学的目的就在于弄清楚人类历史发展的规律，在马克思看来，共产主义运动"必然在私有财产的运动中，即在经济的运动中，为自己既找到经验的基础，也找到理论的基础"②，因而资本主义的灭亡和社会主义的胜利都是一个历史的必然过程，任何不顾客观条件的社会主义理论和实践都是对历史的反动。马克思共产主义思想的人道主义价值追求是建立在现实的历史运动基础上的，没有以现实社会实践克服私有制的有限性，就没有共产主义意义上人性的复归。

（三）实际发现和重建人—自然界存在之真

在马克思的哲学思想中，共产主义不仅是对资本主义社会的一种批判，更是一种对人类社会和自然界关系的深刻反思和重构。马克思在《手稿》中指出，"只有在社会中，人的自然的存在对他来说才是人的合乎人性的存在，并且自然界对他来说才成为人"。③ 这句话揭示了马克思对人与自然关系的深刻理解，即人的社会性和自然性是不可分割的。马克思指出，资本主义生产方式导致了人的异化，工人被迫出卖自己的劳动力，失去了对劳动产品和自身劳动的控制。这种异化不仅影响了人的本质的实现，也破坏了人与自然的关系。而提出共产主义，正是要通过消除这种异化，恢复人与自然界的统一的内在的联系，使人的本质力量得以全面发挥。

共产主义作为一种新存在论的实践，旨在重建人与自然的关系。马克思认为，共产主义能够通过实现人的本质，重建人与自然的关系。在共产主义社会中，人的社会性与自然性得到统一，人与自然的关系不再是异化的，而是和谐的。马克思在《手稿》中表达了这样一层意思：从社会主义角度来看，自然界和人依靠自身的存在才得以明确显现；人和自然界的实在性，直接成为"人对人来说作为自然界的存在以及自

---

① 《1844 年经济学哲学手稿》，人民出版社，2018，第 126 页。
② 《1844 年经济学哲学手稿》，人民出版社，2018，第 82 页。
③ 《1844 年经济学哲学手稿》，人民出版社，2018，第 79 页。

然界对人来说作为人的存在"。① 就是在这个意义上，马克思证明了共产主义就是新存在论。

除此之外，马克思在《手稿》中还提出了自然主义与人本主义的统一，强调了人与自然的不可分割性，这种统一是共产主义实现人与自然和谐共存的基础。马克思认为，只有通过共产主义的实践，才能解决人与自然、人与人、存在与本质、对象化与自我确立、自由与必然、个体与类之间的矛盾，实现人的全面解放。《手稿》中"自然主义=人本主义"的著名公式，所要表达的就是这个意思。

总之，我们可以看到，共产主义作为一种实际发现和要求重建人—自然界存在的真理，是对解决当今社会环境问题和生态危机的一种深刻回应。马克思的哲学思想为我们提供了一种重新审视和构建人与自然关系的视角，这种视角不仅具有理论的深度，更具有实践的广度。

---

① 《1844年经济学哲学手稿》，人民出版社，2018，第89页。

青年马克思是如何批判私有财产的[*]

——以《论犹太人问题》为中心的考察

孙子豪[**]

摘 要: 在《论犹太人问题》中,青年马克思在从政治解放和人的解放角度思索如何解决犹太人问题的过程中展现了他关于私有财产话题的深刻思考。在论述政治解放的过程中,马克思着重强调了以政治方式批判私有财产的不彻底性以及运用人本主义话语批判私有财产的限度。而在由政治解放转向人的解放的过程中,马克思则初步描绘了批判私有财产的可能路径。在马克思看来,一方面,我们要在吸收私有财产合理因素的基础上来批判私有财产;另一方面,我们要在批判市民社会的基础上来批判私有财产。事实上,正是在这一构想的指引下,马克思逐步与人本主义式的批判路径分道扬镳。

关键词: 青年马克思 私有财产 《论犹太人问题》 人的解放

众所周知,青年马克思对私有财产是持批判态度的。不过,如果我们仔细考察他批判私有财产的相关论述,不难发现他在不同的文本中对私有财产的批判其实存在着较大的差异。马克思一方面站在捡拾枯树者的立场上控诉林木所有者的不当行为,尤其反对林木所有者以保护财产权之名剥夺捡拾枯树者捡拾枯树枝的正当权利;另一方面,马克思又注重保护林木所有者的正当权益,坚决反对像砍伐活树这样的侵犯林木所有者财产权的行为。[①] 由此可见,此时马克思在某种程度上注重保护林木所有者的私有财产。而在《〈黑格尔法哲学批判〉导言》中,马克思则强调"无产阶级要求否定私有财产"[②]。不难看出,在该文本中马克思对私有财产的批判是极为激烈的,这种批判甚至达到了对私有财产决然排斥的地步。在马克思看来,否定私有财产是无产阶

---

[*] 本文系国家留学基金"国家建设高水平大学公派研究生项目"(202006210337)的阶段性成果。
[**] 孙子豪,中共北京市委党校(北京行政学院)马克思主义学院讲师,主要研究方向为马克思主义哲学。
[①] 《马克思恩格斯全集》第1卷,人民出版社,1995,第243~244页。
[②] 《马克思恩格斯全集》第3卷,人民出版社,2002,第213页。

级的历史使命，是无产阶级解放自身乃至解放全人类的必然要求。而到了《1844年经济学哲学手稿》，马克思一方面对私有财产持批判态度，认为私有财产与异化劳动存在着千丝万缕的联系，在他看来，在私有财产的统治下劳动是一种不自由的活动并且私有财产使人成为"异己的和非人的对象"；另一方面他又指出私有财产对人的对象性活动有积极意义，因而需要"积极的扬弃"①。可以看出，在该文本中马克思对私有财产的态度是比较纠结的。

基于青年马克思的这些论述，我们发现：青年马克思在有的文本中确实对私有财产的批判比较强烈，但他在不少文本中对私有财产也有诸多肯定性论述，而这充分反映了青年马克思批判私有财产的复杂性和多样性。②鉴于此，我们需要进一步深挖青年马克思关于私有财产的相关论述，从而更全面地把握青年马克思批判私有财产的真正意图。为了做到这一点，在本文中笔者将以《论犹太人问题》这一文本为中心，详细阐明青年马克思关于私有财产的复杂思索及其深远影响。众所周知，在《论犹太人问题》中，马克思要在鲍威尔提出的政治解放的基础上进一步实现人的解放，从而试图彻底解决困扰当时德国社会已久的犹太人问题。事实上，在马克思从政治解放转向人的解放的过程中，他也充分探讨了批判私有财产的不同路径。正是在比较和选择中，马克思逐渐形成了批判私有财产的科学构想，而这也为他后来思想逐渐成熟奠定了初步的基础。

一 以政治方式批判私有财产的不彻底性

在《论犹太人问题》中，马克思在谈论政治解放的过程中曾指出要以政治方式来批判私有财产的不彻底性。他指出，当国家取消了选举权和被选举权的财产资格限制时，"人就以政治方式宣布私有财产已被废除"③。事实上，这种以政治方式来批判乃至废除私有财产的相关做法，本质是剥离私有财产的政治属性，从而使私有财产彻底成为市民社会的构成要素。经由这种政治方式，每个公民所享有的政治权利不仅与其所拥有的财产多寡无关，而且不像中世纪那样受到出身、血缘和等级的影响。正是在这个意义上，马克思特别强调财产资格限制其实是"私有财产的最后

---

① 《马克思恩格斯全集》第3卷，人民出版社，2002，第303页。
② 事实上，萧诗美、赵凯荣等学者已经注意到马克思对私有财产的复杂态度。参见萧诗美、肖超《马克思论所有权的自由本质和自我异化》，《中国社会科学》2019年第2期；赵凯荣《论马克思的所有权理论》，《新时代马克思主义论丛》2019年第1期。
③ 《马克思恩格斯全集》第3卷，人民出版社，2002，第171页。

一个政治形式"①。

事实上，这种以政治方式来批判私有财产的做法是有其历史进步性的。毕竟，这种剥离私有财产政治属性的相关做法并非对私有财产的彻底否定，而是试图使其在市民社会中更好地发挥其作用。正如马克思所言，"从政治上废除私有财产"实际上是"以私有财产为前提"，这并没有取消作为"市民社会的特性"的私有财产。② 其实，这种对待私有财产的方式是契合近代以来市民社会的相关精神的，也能够充分激发市民的积极性和创造性。

不过，马克思并不满足于这种政治方式，他指出了这种批判私有财产的方式的不彻底性。在马克思看来，即使我们在市民社会中探讨私有财产话题，仍然无法解决私有财产带来的诸多问题。法国1793年的宪法虽然将财产权界定为每个公民任意处分自己的财产的权利，但这种自由权利更多还是一种"自私自利的权利"，一种将他人看作自身实现自由的限制的权利。③ 事实上，马克思之所以有这种看法和认识，就在于他此时更多是在市民社会一侧来思索解决社会难题的处方。④ 但问题在于，以政治方式来批判私有财产固然在国家一侧解决了私有财产问题，却放任私有财产问题在市民社会中持续存在。马克思指出，在私有财产的驱使下人会变为"独立自在的单子"，会局限于自己的狭隘权利之中而成为孤立的利己的人，从而由类存在物、社会存在物"降到人作为单个存在物所处的领域之下"。⑤

关于这一点，马克思以犹太教和日常的犹太人为例进一步加以阐释。政治解放只是要求犹太人从犹太教中解放出来，并不要求犹太人摆脱其日常生活方式。而放任犹太人的生活方式，所带来的后果恰恰是这种日常生活中的犹太人精神变成了"基督教各国人民的实际精神"⑥。换言之，政治解放只关注安息日的犹太人的行为而忽视了世俗的犹太人，因而并没有真正抓住问题的本质。如果我们不去改变犹太人的生活方式，那么我们即使废除了犹太教也没有真正解决"犹太人的实际精神"所带来的问题。⑦ 具体就私有财产而言，以政治方式来批判私有财产更多只是将问题从国家层面抛向了市民社会层面，却没有能力解决市民社会中私有财产所导致的个人的孤立性问题。在

---

① 《马克思恩格斯全集》第3卷，人民出版社，2002，第172页。
② 《马克思恩格斯全集》第3卷，人民出版社，2002，第172页。
③ 《马克思恩格斯全集》第3卷，人民出版社，2002，第183~184页。
④ 关于青年马克思从国家向市民社会转向的相关研究，可参见韩立新《从国家到市民社会——〈论犹太人问题〉和〈黑格尔法哲学批判〉导言研究》，《河北学刊》2016年第5期；陈浩《从国家向市民社会的复归——黑格尔哲学视野下的〈论犹太人问题〉》，《清华大学学报》（哲学社会科学版）2017年第4期。
⑤ 《马克思恩格斯全集》第3卷，人民出版社，2002，第184~185页。
⑥ 《马克思恩格斯全集》第3卷，人民出版社，2002，第193页。
⑦ 《马克思恩格斯全集》第3卷，人民出版社，2002，第193页。

这个意义上，以政治方式来批判私有财产其实是不彻底的。

其实，除了指出这种政治方式批判私有财产的不彻底性，马克思在《论犹太人问题》中还否定了一种更激进的政治方式。马克思指出，如果我们以暴力或革命的政治方式，即"通过废除私有财产、限定财产最高额、没收财产、实行累进税"等方式来废除私有财产，那么这不仅不可持续，而且最终还是会恢复"宗教、私有财产和市民社会"等要素。① 换言之，如果我们不内在地研究市民社会本身的相关运作机制，不基于市民社会本身来解决私有财产的相关难题，结果不仅达不到预期，而且会带来难以预料的后果。关于这一点，马克思在后来的《1844年经济学哲学手稿》中也有说明。在该文中，马克思曾批判了一种"粗陋的共产主义"，他指出，如果国家或社会试图通过强制的手段来抹平个人之间才能的差异，仅仅要求财产的平分和均等化，那么这不仅不能解决私有财产问题，反而进一步强化了私有财产所引发的"忌妒心"和"贪财欲"。② 更为糟糕的是，这种对待私有财产的方式甚至都达不到"私有财产的水平"，实质上是"对整个文化和文明的世界的抽象否定"。③

总之，虽然以政治方式来批判私有财产有其历史进步性和合理性，但在马克思看来这还明显不够。毕竟，该方式虽然在法律上保障公民享有财产权，但该方式却无法解决市民社会中人的孤立性和自私自利的难题。事实上，以政治方式来批判私有财产的做法更多只是将问题抛给了市民社会。另外，如果我们将这种政治方式激进化，试图以单纯否定的方式来强行外在地解决私有财产的难题，反而会进一步引起人的嫉妒心，导致人自私自利。更危险的是，这种方式是一种文明的倒退，远远达不到近代以来我们所想要达到的自由和理性的高度。

二 运用人本主义话语批判私有财产的限度

如上一部分所述，在《论犹太人问题》中，马克思在论述政治解放的过程中虽然承认以政治方式批判私有财产的部分合理性，但他也着重强调了这一方式的不彻底性。需要指出的是，马克思在谈论政治解放的过程中还运用了人本主义的相关话语来批判私有财产，而这充分展现了马克思关于私有财产话题的深刻思考。需要强调的是，马克思运用人本主义话语来批判私有财产是存在限度的。或者说，马克思在批判私有财产的过程中只是运用了人本主义的相关话语，我们切不可将马克思对私有财产的批

---

① 《马克思恩格斯全集》第3卷，人民出版社，2002，第175页。
② 《马克思恩格斯全集》第3卷，人民出版社，2002，第295页。
③ 《马克思恩格斯全集》第3卷，人民出版社，2002，第296页。

判理解为一种人本主义式的批判。

那么，马克思是如何将人本主义的相关话语运用到批判私有财产上来的呢？首先，在《论犹太人问题》中，马克思区分了人权与公民权。马克思指出，公民权属于"公民权利的范畴"，更多指人参与政治共同体的权利；而人权既不同于公民权，也并非一般意义上的人的权利，而是特指"市民社会的成员的权利"。[1] 简言之，在马克思那里，人权特指市民的权利。其次，马克思之所以关注人权，关注这种市民社会中市民的权利，其目的更多还在于批判市民社会的内在问题。马克思指出，虽然"市民社会的成员"被称作"人"，但这种人的权利并非如资产阶级所宣传的那种自由、平等的人的权利，而是"利己的人的权利"，是与他人分割开来的孤立人的权利。[2] 以自由这一人权为例，马克思指出，自由这一人权看似是"可以做和可以从事任何不损害他人的事情的权利"，但自由这种人权却使人成为局限于自身的孤立的单子，这种人权实际上无法把人与人结合在一起，反而是"建立在人与人相分隔的基础上"。[3] 最后，马克思将私有财产纳入人权的范围之中。在马克思看来，私有财产不仅和自由一样属于人权的一种，还跟自由这一人权密切相关。马克思更是直言："自由这一人权的实际应用就是私有财产这一人权。"[4] 也正因为如此，马克思对自由这一人权的批判同样适用于私有财产这一人权。马克思指出，私有财产这一人权看似确保了个人可以自由地使用和处理自己的财产，但其本质上仍然是"自私自利的权利"。[5]

由此可见，在《论犹太人问题》中马克思不仅以政治方式来批判私有财产，而且还利用人权来批判私有财产。在马克思看来，如果我们沉迷于包括私有财产在内的市民的权利，不仅会使人沦为自私自利的个人，而且还会与他人相分割，从而难以真正参与到共同体的生活之中。在马克思看来，市民社会的成员不仅要保持自己的个性和独立性，还要能自发地融入社会之中。马克思强调，人应当成为"类存在物"或"社会存在物"，要能够在保持个性的同时过一种真正的"类生活"，唯有如此人才是"本来意义上的人，真正的人"。[6]

需要注意的是，尽管马克思在批判私有财产的过程中使用了诸如"类存在物""自私自利""利己"等人本主义的相关术语，但我们切不可将马克思对私有财产的批判理解为一种人本主义式的批判。马克思特别强调，人权特指的是"市民社会的成员

---

[1] 《马克思恩格斯全集》第3卷，人民出版社，2002，第181~182页。
[2] 《马克思恩格斯全集》第3卷，人民出版社，2002，第182~183页。
[3] 《马克思恩格斯全集》第3卷，人民出版社，2002，第183页。
[4] 《马克思恩格斯全集》第3卷，人民出版社，2002，第183页。
[5] 《马克思恩格斯全集》第3卷，人民出版社，2002，第184页。
[6] 《马克思恩格斯全集》第3卷，人民出版社，2002，第185页。

的权利"，我们需要基于"市民社会的唯物主义"来理解人权。① 换言之，马克思并非抽象地使用这些人本主义术语来批判私有财产，他其实是基于市民社会来展开批判的。如果我们忽视了市民社会这一批判的基础，如果我们过分关注马克思使用的这些人本主义术语，那么我们极易将马克思对私有财产的批判解读为一种人本主义式的批判。在这个意义上，我们必须特别注意马克思使用这些人本主义话语的限度和背景。

与之形成鲜明对比的是弗洛姆等当代西方学者，他们仅仅试图以一种人本主义的方式来批判私有财产，而没有像马克思那样注意其限度，这也使这些西方学者的批判效果大打折扣。为了便于大家理解这种人本主义式的批判的不足，笔者将以弗洛姆对私有财产的批判为例来展开说明。弗洛姆确实看到了私有财产对个人的危害，因此他的总思路是个人应该由重占有的生存方式转向重存在的生存方式。

首先，他用重占有的生存方式刻画了资本主义社会中人所处的悲惨境地，在这种生存状态下，人被私有财产所统治，个人变成了拜物教的信徒，"我是我所占有的物""我的动力就是更多地去占有"。② 另外，在这一生存方式下，人与人之间的关系也是一种对抗性的关系，"以竞争、对抗和恐惧为特征"。③

其次，面对着重占有的生存方式所导致的诸多问题，弗洛姆设想出了一种新的生存方式，即重存在的生存方式。弗洛姆指出，重占有的生存方式并不是人们无法逃脱的宿命，并不是"唯一可接受的生活方式"，人们其实能够通过某种方式从重占有的生存方式转向重存在的生存方式。④ 而在重存在的生存方式之下，人"相信自己是活生生的人"，他能够自由地活动，充分发挥自己的创造力，甚至"与世界融为一体"。⑤

最后，弗洛姆还给出了从重占有转向重存在的生存方式的具体路径。在弗洛姆那里，他倾向于把重占有和重存在理解为人的"不同类型的性格结构"，或者说是"人性的潜能"。⑥ 在弗洛姆看来，既然重占有和重存在的差异更多是人的不同性格结构或人性的差异，那么"从根本上改变人的心态"便是从重占有转向重存在的"唯一选择"。⑦

需要指出的是，弗洛姆虽然强调通过人的性格的转变来实现由重占有向重存在的

---

① 《马克思恩格斯全集》第3卷，人民出版社，2002，第182、187页。
② 〔美〕埃里希·弗洛姆：《占有还是存在》，李穆等译，世界图书出版公司北京公司，2015，第97页。
③ 〔美〕埃里希·弗洛姆：《占有还是存在》，李穆等译，世界图书出版公司北京公司，2015，第99页。
④ 〔美〕埃里希·弗洛姆：《占有还是存在》，李穆等译，世界图书出版公司北京公司，2015，第17页。
⑤ 〔美〕埃里希·弗洛姆：《占有还是存在》，李穆等译，世界图书出版公司北京公司，2015，第7、22页。
⑥ 〔美〕埃里希·弗洛姆：《占有还是存在》，李穆等译，世界图书出版公司北京公司，2015，第13、87页。
⑦ 〔美〕埃里希·弗洛姆：《占有还是存在》，李穆等译，世界图书出版公司北京公司，2015，第152页。

生存方式的转变,但其实这种性格也并非纯粹个人的,其也有社会的维度。一方面,弗洛姆主张人的性格不是一种单纯的个人的性格,而是作为"个体心理结构与社会经济结构相互作用的结果"的"社会性格";另一方面,他强调,在转向重存在的生存方式的过程中,我们并非要取消私有财产这样的占有物,我们要取消的仅仅是重占有的倾向,因此在重存在的生存方式中依然要保留某种"功能性占有"。① 不过,弗洛姆虽然发现了社会经济结构对人的社会性格可能带来的某种影响,但他其实更侧重通过人性的转变来实现从重占有向重存在的过渡。正因为如此,弗洛姆在《占有还是存在》一书的末尾仍将希望寄托于"新人",寄希望于"人的性格发生根本变化"。②

不难看出,弗洛姆虽然跟马克思一样看到了私有财产对个人的危害,揭示了在私有财产的统治下个人的悲惨境地,但这种过分诉诸个人性格转变的做法其实无法真正使个人摆脱私有财产的统治。毕竟,以人本主义方式来批判私有财产更多还是基于空洞的道德说教,而这无法真正解决现实社会中的私有财产问题。而马克思在《论犹太人问题》中虽然也使用了不少人本主义话语,但他始终注意使用这些话语的限度。马克思指出,人不是抽象的存在物,人"是作为市民社会的特性存在的"③。因此,近代以来私有财产问题的根源是市民社会的难题,而要想真正克服私有财产的难题并不能仅仅寄希望于抽象的人性,而必须基于市民社会。换言之,马克思对私有财产的批判是扎根于社会现实的。而以弗洛姆为代表的当代西方人本主义者不仅没能看到这一点,还过分夸大人性解放的作用,这也大大减弱了他们批判私有财产的客观效果。

三 基于人的解放来批判私有财产的相关构想

在《论犹太人问题》中,马克思虽然承认了政治解放的积极意义,但也看到了这一解放的不彻底性。为了彻底解决犹太人问题,马克思指出,"只有对政治解放本身的批判,才是对犹太人问题的最终批判",并在此基础上主张由政治解放转向人的解放。④ 事实上,马克思在谈论人的解放的过程中不可避免地谈论了批判私有财产的具体方式。如果说马克思在论述政治解放的过程中指出了以政治方式来批判私有财产是不彻底的,同时也注重运用人本主义话语批判私有财产的限度,那么他在谈论人的解放的过程中则试图科学地描绘批判私有财产的可能路径。

---

① 〔美〕埃里希·弗洛姆:《占有还是存在》,李穆等译,世界图书出版公司北京公司,2015,第72、121页。
② 〔美〕埃里希·弗洛姆:《占有还是存在》,李穆等译,世界图书出版公司北京公司,2015,第156页。
③ 《马克思恩格斯全集》第3卷,人民出版社,2002,第172页。
④ 《马克思恩格斯全集》第3卷,人民出版社,2002,第167~168页。

一方面，在马克思那里，批判私有财产不意味着要简单否定私有财产，而是要在吸收其合理因素的基础上完成超越。事实上，诸如洛克和黑格尔等哲学家已经看到了财产权对个人自由和主体间承认的积极价值。洛克指出，由于"每人对他自己的人身享有一种所有权"，那么基于自身的劳动所获得的财产权就只能是专属于他本人的。① 简言之，财产权之所以重要，就在于保护财产权其实就是保护"我"对于自己的身体和劳动的专属权，从而也就保护了"我"的个人自由。而黑格尔不仅像洛克那样看到了财产权对个人的积极意义，也强调了财产权对个人间相互承认的重要价值。黑格尔一方面指出财产权体现的是"我的意志对物的优越性"，通过获得财产权"我""成为我自己的对象"，以此来强调财产权体现的是个人所具有的决断能力和特殊个性；另一方面，主张财产权能够充当人格之间相互承认的必要中介，"我"获得财产权的过程其实"包含他人的承认在内"。②

至于马克思，在《论犹太人问题》中他也引用了著名的法国1793年宪法中的关于财产权的界定，即将财产权定义为公民任意处分"自己的财产、自己的收入即自己的劳动和勤奋所得的果实的权利"。③ 虽然马克思将这样的财产权称为"人权"，虽然他认为其会导致个人的孤立性和自私自利，但他其实是在承认私有财产的积极意义基础上进行批判的。他在市民的基础上将公民的诸多特质赋予市民，而不是将市民彻底抛弃掉。如果不理解马克思的这一用意，那么我们极易肤浅地理解马克思对私有财产的批判。事实上，在青年马克思的其他文本中，这一点体现得也很明显。比如在《莱茵报》时期，马克思就指责那种偷盗已加工的树木的行为，认为这种行为破坏了树木所有者和树木之间的"人为的联系"，而这实际上是主张保护林木所有者的私有财产。④ 而在《1844年经济学哲学手稿》中，马克思指出了外在对象对人的自由活动的重要性。在马克思看来，缺乏对象会使人成为非存在物，因为"非对象性的存在物是非存在物"⑤。换言之，私有财产在一定程度上其实有利于个人进行对象性的活动。也正因为如此，马克思才会强调共产主义是对私有财产的"积极的扬弃"，是"在以往发展的全部财富的范围内生成的"。⑥

另一方面，马克思是站在市民社会的基础上来批判私有财产的。马克思指出，人权是"市民社会的成员的权利"，私有财产也是人权之一，是"自由这一人权的实际

---

① 〔英〕约翰·洛克：《政府论》下篇，叶启芳、瞿菊农译，商务印书馆，1982，第18页。
② 〔德〕黑格尔：《法哲学原理》，范扬、张企泰译，商务印书馆，1961，第61、67页。
③ 《马克思恩格斯全集》第3卷，人民出版社，2002，第183页。
④ 《马克思恩格斯全集》第1卷，人民出版社，1995，第244页。
⑤ 《马克思恩格斯全集》第3卷，人民出版社，2002，第325页。
⑥ 《马克思恩格斯全集》第3卷，人民出版社，2002，第297页。

应用"，那么我们要想实现人的解放就必须真正立足市民社会。① 毕竟，个人的自私自利是在市民社会中产生的，而要想真正解决这些问题，就必须立足于市民社会。为此，马克思在谈论人的解放时特意强调现实的个人"把抽象的公民复归于自身"②，这其实就是在坚持市民主体地位的基础上来克服其不利因素，最终使市民恢复其真正的普遍性。而以弗洛姆为代表的西方人本主义者却过分关注诸如类本质等马克思所使用的人本主义术语，主张以一种人本主义的方式来批判私有财产。诚然，在《论犹太人问题》中马克思确实使用了很多人本主义的话语，但马克思使用人本主义话语是有限度的。马克思真正批判的对象是市民社会，他固然希望个人成为类存在物，但他强调立足点必须是市民，"人认识到自身'固有的力量'是社会力量"③。

总之，马克思对私有财产的批判是在肯定私有财产的积极意义基础上的反思和批判，是立足于市民社会展开的批判。在他看来，只有基于"自己的经验生活、自己的个体劳动、自己的个体关系"④，我们才能真正实现人的解放。当然，马克思虽然科学构想了批判私有财产的可能路径，但他在论述人的解放的过程中确实还有许多需要完善的地方。比如，在《论犹太人问题》中，马克思没有过多关注市民本身所具有的形式普遍性，更多还是从孤立性和自私自利的角度来理解市民。事实上，个人在获得私有财产的过程中并非与社会完全隔绝。亚当·斯密曾用"看不见的手"的比喻形象说明了个人追逐私利背后的某种社会性。在亚当·斯密看来，在一只"看不见的手的指导"下，个人追求自己的私利产生了一个意外效果，即"更有效地促进社会的利益"。⑤ 对此，马克思其实并没有过多给予回应。

在此之后，一方面，马克思在经过深入的政治经济学研究之后对私有财产的批判变得更加有力。在《1844年经济学哲学手稿》中，马克思分析了工资、资本利润和地租等"国民经济学的各个前提"之后，指出了私有财产这个事实背后并不是亚当·斯密所主张的一种和谐的社会，而是人与人之间残酷的斗争。⑥ 另一方面，马克思后来通过考察历史上的不同的所有制形式尤其是资本主义私有制，更全面地阐明了私有财产的产生，于此马克思真正运用了历史唯物主义的方法。在《德意志意识形态》中，马克思指出，既然分工的各个不同发展阶段同时也是所有制的各种不同形式，那么要想解决私有财产问题就必须改变资本主义的特定生产关系，从资本主义私有制之中解

---

① 《马克思恩格斯全集》第3卷，人民出版社，2002，第182~183页。
② 《马克思恩格斯全集》第3卷，人民出版社，2002，第189页。
③ 《马克思恩格斯全集》第3卷，人民出版社，2002，第189页。
④ 《马克思恩格斯全集》第3卷，人民出版社，2002，第189页。
⑤ 〔英〕亚当·斯密：《国民财富的性质和原因的研究》下卷，郭大力、王亚南译，商务印书馆，2017，第30页。
⑥ 《马克思恩格斯全集》第3卷，人民出版社，2002，第266页。

放出来。① 而马克思关于私有财产的这些新论断，无疑使他对私有财产的批判变得更加具体，也更具操作性。

结　语

通过考察《论犹太人问题》这一经典文本，详细分析青年马克思批判私有财产的具体过程，不难得出以下结论。其一，我们在批判私有财产的过程中不能简单否定私有财产，而是要在承认其对个人自由和个人间相互承认的重要价值基础上来批判私有财产。唯有如此，我们才能真正解决私有财产所导致的社会问题。其二，马克思对私有财产的批判固然使用了不少人本主义话语，但他是在批判市民社会的基础上来使用这些话语的。如果我们不注意马克思使用这些人本主义话语的限度和背景，甚至误将其理解为一种人本主义批判，那么这种理解方式会使马克思的批判大打折扣。其三，彻底解决私有财产难题需要社会生产力的高度发展，而这还需要充分的时间和足够的物质基础。按需分配的确是共产主义社会的最终目标，但即使是在"共产主义社会第一阶段"，仍然会存在诸如劳动所有权等"平等的权利"。② 因此，我们一方面要坚持公有制的主体地位，从而为实现按需分配把准方向；另一方面也要尊重客观规律，通过不遗余力地保护人民群众的财产权来积蓄物质力量。

---

① 《德意志意识形态》（节选本），人民出版社，2018，第 12~13 页。
② 《哥达纲领批判》，人民出版社，2018，第 15~16 页。

·中国哲学·

真德秀的荀学观[*]

蔡方鹿　郑建松[**]

摘　要：真德秀是南宋晚期朱子后学中一位重要的学者,其荀学观在宋代理学荀学观流变史上具有总括性的意义,对于后世尤其是清代荀学的发展产生了较为重要的影响。真德秀的荀学观在大体上继承了朱子之说,参照程、朱对于荀子的人性论提出了明确批评,体现了宋代理学对于荀子人性论"贬大于褒"的总特征。真德秀也未曾全盘"墨守",能较为客观、辩证地指出荀子在外王论、道统说等方面也有一定的可取之处。他是南宋最后一位提出了较为全面、系统荀学观的理学家,也是宋代理学视域中荀学观发展史上的殿军人物。

关键词：荀学观　人性论　道统　内圣　外王

真德秀,字实夫,号西山,学者称其"西山先生",是南宋后期著名理学家。真德秀一生著述甚丰,著有《西山文集》《西山读书记》《大学衍义》《四书集编》《文章正宗》等,其中《大学衍义》与《四书集编》较为集中地体现了其理学思想。真德秀早年从学于朱熹的弟子詹体仁,对朱熹的评价甚高,称其为"巍巍紫阳,百代宗师"[①],其学说也以天理为最高的范畴,学界普遍认为真德秀属于朱子后学的范畴。后世全祖望便评价："西山之望,直继晦翁,然晚节何其委蛇也！"[②] 又言："西山则依门傍户,不敢自出一头地,盖墨守之而已。"[③] 既肯定了真氏著述颇丰,影响较大,又指出真氏之学的不足在于其门户之见,且墨守成规,这样的评价几成定论。然细考真氏之学,则可以看出,这样的评价并不是完全准确的。在荀学观中,真德秀虽大体上沿袭了朱子之说,参照程、朱提出了较为全面系统的荀学观,但也在外王论、道统说等

---

[*] 本文系国家社科基金重大项目"中国道统思想研究"（17ZDA010）的阶段性成果。
[**] 蔡方鹿,四川师范大学哲学学院教授、博士生导师,研究方向为宋明理学；郑建松,四川师范大学哲学学院硕士研究生,研究方向为宋明理学。
① （宋）真德秀撰《李自修祝词》,《西山文集》卷33,《景印文渊阁四库全书》第1174册,台湾商务印书馆,1986,第519页。
② （清）黄宗羲：《文忠真西山先生德秀》,《宋元学案》卷81,中华书局,1986,第2695页。
③ （清）黄宗羲：《文忠真西山先生德秀》,《宋元学案》卷81,中华书局,1986,第2696页。

方面提出了自己独到的看法，他提出的荀学观不仅在宋代理学视域中荀学观发展史上具有总括性的意义，而且对于后世也产生了一定的影响，如徐乾学借真德秀之言曰"西山真德秀曰：'孟、荀传旁及诸子而兼乎议论，传之变体也'"①，便是借真氏之名以孟、荀并称，以提高荀子之地位。此外，其《西山读书记》中所载有关荀子的观点还被清代沈可培、王梓材和熊赐履等学者大量引用，对于清代荀学的发展产生了较为重要的影响。

一 荀子"未知人之本性"

在人性论方面，真德秀是程朱一脉的坚定支持者，以孟子的"性善论"为宗，其言曰：

> 概天能与人以至善之性，而不能使之全其性。能使人全其性者，君师之任也……天之生民，莫不各赋之以仁义礼智之德，浑然于中，无所偏倚……然天之降于人者，初无智愚之间，而人之受于天者，清浊纯驳，随其所禀有不同焉。必赖君师之作……性本至善，因而教焉，是之谓顺。若其本恶而强教以善，则是逆之而非顺之也。观若之一言，则人性之善可知矣……至于孔孟性善之理益明，而开万世性学之源则自成汤始。呜呼！圣哉！②

在《大学衍义》中参照朱子明确提出了"天理人心之善"，认为人生而具有上天所给予的仁义礼智四德至善之性，而其后天即性之发用完全需要君师的教化。真德秀同朱熹一样，均认为人得之于天之性，是人人皆同一的至善无恶之性，没有智和愚的区别，而人与人之间后天的区别则是由于禀赋不同。然而，真德秀在这里并未按照朱熹正面主敬涵养反面剥落物欲的方式提出方法论，而是两次强调了"君师之教"的重要性，因性善而教便谓之顺，大赞孔、孟所提出的性善论是"开万世性学之源"，批评因性恶而"强教以善"的行为为"逆"，其矛头指向荀子性恶之说之意昭然若揭。

然而，真德秀所着重强调的"君师之教"与荀子提出的"立大学，设庠序，修六礼，明十教，所以道之也"③ 有着异曲同工之妙，皆着重强调了通过后天的教化来实

---

① （清）徐乾学辑《孟子列传》，《御选古文渊鉴》卷13，《景印文渊阁四库全书》第1417册，台湾商务印书馆，1986，第257页。
② （宋）真德秀著，朱人求校点《大学衍义》卷5，华东师范大学出版社，2010，第67~68页。
③ （清）王先谦撰，沈啸寰、王星贤整理《荀子集解》卷19，中华书局，2012，第482页。

现人与社会的和谐相处。真德秀又提出了向内探求的收心养性之说：

> 德性，谓得之于天者，仁义礼智信是也。收放心，养德性，虽曰二事，其实一事，盖德性在人，本皆全备，缘放纵其心，不知操存，自致贼害其性，若能收其放心，即是养其德性，非有二事也。①

其认为人所拥有的仁义礼智信这五种德性来自上天的赋予，人先天便具有向善的本性，而一旦"以物欲蔽塞之"②便会于此有损，去圣愈远。因此，他认为人从正面应该养德性，涵养操持，从反面应该收放心，剥落物欲，这些都是就"心"上下工夫，所以实为一事。真氏此说应是得于朱子在《大学或问》中所提出的"收其放心，养其德性"③一说，并可上溯至孟子的"求放心"思想。

对于孟子，真德秀《孟子要略序》言："盖性者，义理之本源。学者必明乎此，而后知天下万善皆繇是出，非有假乎外也，故此编之首曰性善焉。"④这明确地肯定了孟子的性善说，认为人所得于天之性，是一切义理的本源。对于朱子，真德秀评价："吾州子朱子之学，万世之学也。"⑤认为朱子之学是世上学术中的正学大宗。客观而言，真氏之学所受到朱子的影响不可谓不大，其所作《大学衍义》与《四书集编》无论在形式上还是内容上都一定程度参照了朱熹的《大学或问》与《四书章句集注》。在人性论问题上，真德秀也大体上因循了朱子的路径：

> 朱熹曰：性者，人所禀于天以生之。理也，浑然至善，未尝有恶。人与尧舜，初无少异。但众人汩于私欲而失之，尧舜则无私欲之蔽而能充其性尔。故孟子与世子言，每道性善而必称尧舜以实之，欲其知仁义不假外求，圣人可学而至，而不懈于用力也……臣按：性善之说，程朱尽之。其曰性即理也，乃自昔圣贤之所未言，万世言性之标准也。⑥

---

① （清）黄宗羲：《文忠真西山先生德秀》，《宋元学案》卷81，中华书局，1986，第2696页。
② （宋）真德秀：《进读大学卷子》，《西山文集》卷18，《景印文渊阁四库全书》第1174册，台湾商务印书馆，1986，第262页。
③ （宋）朱熹：《大学四·或问上》，《朱子语类》卷17，《朱子全书》，上海古籍出版社、安徽教育出版社，2002，第569页。
④ （宋）真德秀：《大学四·或问上》，《西山文集》卷29，《景印文渊阁四库全书》第1174册，台湾商务印书馆，1986，第450~451页。
⑤ （宋）真德秀：《孟子要略序》，《西山文集》卷29，《景印文渊阁四库全书》第1174册，台湾商务印书馆，1986，第448页。
⑥ （宋）真德秀著，朱人求校点《大学衍义》卷5，华东师范大学出版社，2010，第76页。

这里的"人"即普通人之意，普通人与尧舜在诞生之初都禀受了来自上天的浑然至善之理，而其差别便在于普通人会陷于个人之私欲，而尧舜则能做到无私欲之蔽，这也是孟子道性善言必称尧舜之旨意所在。真德秀也同朱熹一样，认为孟子此举是想说明仁义内在于自身，因此应下功夫向内探求，用力于求放心等"内圣"的工夫，方是圣人之学。

在这个基础上，真德秀对于荀子人性论的态度便能够可想而知。首先，他引用了朱子之说，在肯定性善的基础上区分了荀子、扬雄和韩愈的人性论思想："盖在天在人虽有性命之分，而其理则未尝不一；在人在物虽有气禀之异，而其理则未尝不同，此吾之性所以纯粹至善而非若荀、扬、韩子之所云也。"① 站在性善论的角度上与荀子、扬雄和韩愈划清界限。其次，真德秀将荀子人性论等同于"性恶"，说：

> 自荀卿子性恶之说行，为政者大抵刍狗其人而鬼魅其俗，谓不可以礼义化吁，使民性而果恶也，则凡暴君污吏之所为亦将恩之矣，弗彼之思而此焉思，有以知民性之至善而卿之言所谓贼其民者也。②

在他看来，为政者不能以礼义来教化民众、推行王道的原因正在于荀子性恶之说的流行。为政者一旦听信了荀子的性恶论，便会使民众之性也变为恶，这便是暴君污吏之所为。因此真德秀认为，荀子的性恶论不仅会使为政者远离王道，变成暴君污吏，而且会危害民众，不能让其得到礼义之教。真德秀对于荀子的性恶说还有一段专论：

> 按，《荀子·性恶》篇曰：人之性恶，其善者伪也。古者圣人以人之性恶以为偏险而不至，悖乱而不治，是以为之起礼义、制法度，以矫饰人之情性而正之，以扰化人之情性而道之，使皆出于理，合于道者也。今人化师法、积文学、道礼义者为君子，纵性情、安恣睢、慢礼义者为小人。以此观之，人之性恶明矣……子思、孟子之道即尧舜禹汤文武周公孔子之道也，而以厕于十子之间，其与前章性恶之云，皆其言之甚驳而获罪于圣人之门者也，故具列于此。③

真德秀在此所引用的《荀子》版本与通行本《荀子集解》（中华书局 2012 年版）有几

---

① （宋）真德秀：《天命之性》，《西山读书记》卷 1，《景印文渊阁四库全书》第 705 册，台湾商务印书馆，1986，第 12 页。
② （宋）真德秀：《重建王忠文公祠堂记》，《西山文集》卷 26，《景印文渊阁四库全书》第 1174 册，台湾商务印书馆，1986，第 405~406 页。
③ （宋）真德秀：《荀扬之学》，《西山读书记》卷 30，《景印文渊阁四库全书》第 706 册，台湾商务印书馆，1986，第 55~56 页。

处差异：一是"偏险而不至"的"至"，通行本作"正"；二是"使皆出于理"，通行本作"始皆出于治"并且独立成句。通过考证历代《荀子》版本，可以发现真德秀所引的版本最早出现在北宋徐积所作《荀子辩》中，究其原因，或与北宋初期便已有之的疑经改经思潮有关。徐积从性善的角度作《荀子辩》以驳斥性恶之说，认为"天下之性，未尝无孝，未尝无信，未尝无忠，而人之性果善矣"。① 因此，相对于与"偏险"对应、几乎不带有感情色彩的"正"字，他更愿意使用形容尽善尽美、极言人性之善的"至"字。从这个角度出发，便可理解为何徐积要改"始"为"使"，并且要与前句连用了。在徐积看来，荀子所认为的人之天性便是恶的，于是需要圣人起礼义、制法度以矫之，方能使恶性得到矫正而出于理、合于道。但是，需要指出的是，荀子的本意或许并非如此。当今学界已有较多的论述证明荀子的人性论思想实为性朴论或性非善论，再考之荀子言"性者，本始材朴也"②便可知应是"始皆出于治"才更符合荀子的本意，考究荀子此话之意应为：人初生之性本是"材朴"的，恶是由于后天的物欲带来的，因此需要圣人起礼义、制法度，这也与通行本的断句之义合。

真德秀不仅引用了徐积之说对荀子提出批评，而且还进一步谈到荀子"获罪于圣人之门"的原因，以及荀子在《非十二子》篇中对于子思、孟子的批评。前文已提到，真德秀同大多数理学家一样，对孟子较为尊崇，而在人性论问题上，他直接将孟、荀做了鲜明的对比：

> 孟子于滕世子之见、曹交之问，皆以是告焉。庶几其道得行，使君为尧舜之君，民为尧舜之民也。不幸邪说放纷，正理衰熄，当时之君无能尊信其言者。未几而荀卿氏出，则为性恶之说，于是李斯本之以相秦，划灭先王之礼教，一以严法峻刑毒天下，由其以人性为恶故也。片言之误流祸至此，岂不哀哉！③

在他看来，孟子接续了尧舜之道，而不幸其说不行于世，孟子之后，荀子提出了性恶之说，于是才有了秦国的焚书坑儒、严刑峻法。这样类似的论断自唐代便有之。一方面，荀子所提出的"重礼""法治"等思想确实带有一定的法家色彩，其弟子李斯践行法家思想也不能与荀子完全脱离干系；另一方面，将秦国所谓的"暴政"原因完全归结于荀子的人性论思想也是失之偏颇的，因为在《荀子》书中也有较多宣扬仁爱、

---

① （宋）徐积：《荀子辩》，《节孝先生文集》卷29，《景印文渊阁四库全书》第1101册，台湾商务印书馆，1986，第932页。
② （清）王先谦撰，沈啸寰、王星贤整理《荀子集解》卷19，中华书局，2012，第356页。
③ （宋）真德秀著，朱人求校点《大学衍义》卷5，华东师范大学出版社，2010，第86~87页。

重民等"王道"思想，且荀子并没有一味地宣扬严刑峻法，而是将儒家之礼放在了更为重要的位置："君人者隆礼尊贤而王，重法爱民而霸，好利多诈而危。"① 通过区分三个层次，可以明显地看出"隆礼"是先于"重法"的。因此，像真德秀以及部分理学家对于荀子的批评在很多时候或许都没有切中荀子的本意。

对于荀子的人性论，真德秀专门作文以辩之：

> 荀卿之论美矣，然谓义之与利人所两有，则是未知人之本性也。性之所有，惟义而已。自其物我角立，然后利心生焉。又谓尧舜不能去民之欲利，桀纣不能去民之欲义。
>
> 夫桀纣不能去民之义心者，以其秉彝之善，虽暴君不能夺也。若曰尧舜不能去民之利心，则所谓黎民于变者，果何事耶？圣人之化，所以与天地同流者，正以使民迁善远罪而不知也。若民有利心而不能去，则非所谓迁善而不知矣。夫利者人心之蟊贼，不可有也。圣贤之教学者，必使尽去此心，而后可与为善；其化民也必使尽革此心，而后可与为治。曾谓尧舜之民而犹有利心耶？卿以人性为恶，故其论若此，臣不得以不辩。②

这段辩文是真德秀针对《荀子·大略》中"义与利者"一段而发的。他首先肯定了荀子以义胜利的思想，但马上又说人之本性只有义心而无利心，利心是由于人出生后接于外物而产生，因此需要圣人的教化来革除民众的利心，民众一旦得到圣人之教便能够去除利心。真德秀站在性善的角度上否认了荀子的人生而有欲的思想，但他所提出的解决方法"圣贤之教学"却与荀子的化性起伪说没有太大的区别，因而其辩论的核心便在于人生而是否有欲（利心）这个问题上。

同周敦颐、二程以及大部分理学家一样，真德秀还将矛头对准了《荀子·性恶》篇中的"伪"，以虚伪不真之意来训"伪"，批评荀子将儒家礼义视为"伪"。当今学界对于荀子之"伪"已有了更为准确贴切的解释，在此不赘述，但在大部分理学家看来，荀子的"伪"是与人之禀于天的善性相对的概念，礼义应是出于这个善性，而非荀子之"伪"。真德秀说：

> 愚按《荀子》曰：水火有气而无生，草木有生而无知，禽兽有知而无义，人有气有生有知亦且有义，故最为天下之贵也。其论似矣，至其论性则以为恶，论

---

① （清）王先谦撰，沈啸寰、王星贤整理《荀子集解》卷19，中华书局，2012，第310页。
② （宋）真德秀著，朱人求校点《大学衍义》卷26，华东师范大学出版社，2010，第414页。

礼则以为伪，何其自相戾耶？①

他肯定了荀子的"人最为天下贵"的思想，认为人与万物的差别在于人有气、有生、有知、有义，因此人之本性才"最为贵"，这又和荀子的"性恶"说以及以礼义为伪相矛盾了。除此之外，真德秀还引二程之说："《荀子》曰：始乎为士，终乎为圣人。今学者才读书便望至圣贤，然中间至之之方，更有多少？荀子虽能如此说，却以礼义为伪，性为不善。它自情性尚理会不得，怎生到得圣人？大抵以尧所行者欲力行之，以多闻多见取之，其所学者皆外也。"②在真德秀看来，荀子也提倡由士开始一步一步做到圣人的为学之方，但荀子又持礼义为伪、性为恶之说，不懂得真正的性，因此不能真正地实现圣人之学，哪怕行尧之所行，也仍然不属于圣学的范畴。

二 对荀子外王思想的吸收与肯定

在宋明理学之后相当长的一段历史时期内，人们都较为普遍地认为理学更多地注重于"内圣"而忽略了"外王"，例如颜元著名的一句"平日袖手谈心性，临危一死报君王"③。客观而言，理学家们对于"外王"的关注确实普遍不如对于"内圣"的关注，但也并不能就此而全盘否认理学家们对于"外王"的探索。真德秀在《大学衍义》中明确划分了"帝王为学之本"与"帝王为治之序"两部分，开篇即提出"学与治无二道也"④，将之作为内圣（为学）与外王（为治）的具象化表达。前文已述，在论及为学方面，真德秀作为朱子后学毫不避讳地肯定了孟子的求放心一说，但论及为治方面，真德秀虽未曾明确提到得于荀子，但其论为治方面受到荀子的影响是有迹可循的。

首先是荀子之"治"。最为重要的莫过于这一段：

孟子曰："人之性善。"曰：是不然。凡古今天下之所谓善者，正理平治也；所谓恶者，偏险悖乱也……故古者圣人以人之性恶，以为偏险而不正，悖乱而不治，故为之立君上之势以临之，明礼义以化之，起法正以治之，重刑罚以禁之，

---

① （宋）真德秀：《天命之性》，《西山读书记》卷1，《景印文渊阁四库全书》第705册，台湾商务印书馆，1986，第12页。
② （宋）真德秀：《中庸集编》卷上，《四书集编》，《景印文渊阁四库全书》第200册，台湾商务印书馆，1986，第53页。
③ （清）颜元著，王星贤、张芥尘、郭征点校《颜元集》卷1，中华书局，1987，第51页。
④ （宋）真德秀著，朱人求校点《大学衍义》，华东师范大学出版社，2010，第1~2页。

使天下皆出于治、合于善也。是圣王之治，而礼义之化也。①

孟子将善理解为内在的人性之善，而荀子直接否认了孟子所提出的性善说，将善理解为国家天下的"正理平治"。对于"治"的内涵，荀子有两大类说法。第一类是内圣层面的：

> 治之要在于知道。人何以知道？曰：心。心何以知？曰：虚壹而静。②

> 心之所可中理，则欲虽多，奚伤于治……故治乱在于心之所可，亡于情之所欲。③

> 心也者，道之公宰也。道也者，治之经理也。心合于道，说合于心，辞合于说，正名而期，质请而喻。④

> 天地合而万物生，阴阳接而变化起，性伪合而天下治。⑤

第二类是外王层面的：

> 治之经，礼与刑，君子以修百姓宁。明德慎罚，国家既治四海平。⑥

> 故必将有师法之化、礼义之道，然后出于辞让，合于文理，而归于治……今人之性恶，必将待师法然后正，得礼义然后治……无礼义则悖乱而不治。⑦

> 君子治治，非治乱也。曷谓邪？曰：礼义之谓治，非礼义之谓乱也。故君子者，治礼义者也，非治非礼义者也。⑧

---

① （清）王先谦撰，沈啸寰、王星贤整理《荀子集解》卷23，中华书局，2012，第425页。
② （清）王先谦撰，沈啸寰、王星贤整理《荀子集解》卷21，中华书局，2012，第383页。
③ （清）王先谦撰，沈啸寰、王星贤整理《荀子集解》卷22，中华书局，2012，第414~415页。
④ （清）王先谦撰，沈啸寰、王星贤整理《荀子集解》卷22，中华书局，2012，第410页。
⑤ （清）王先谦撰，沈啸寰、王星贤整理《荀子集解》卷1，中华书局，2012，第356页。
⑥ （清）王先谦撰，沈啸寰、王星贤整理《荀子集解》卷25，中华书局，2012，第445页。
⑦ （清）王先谦撰，沈啸寰、王星贤整理《荀子集解》卷23，中华书局，2012，第421页。
⑧ （清）王先谦撰，沈啸寰、王星贤整理《荀子集解》卷3，中华书局，2012，第44页。

关于第一类，荀子认为虚壹而静的心可以知道，这便是治之要，故而他提倡以道制欲，虽然人生而有欲，但只要心认可、服从中道之理，便无伤于治。荀子的心是认识之心，居天君以治五官，故可以主动地选择合于道，便是道之公宰。而道又是"治之经理"，即是说道又是治的必经之路，治便是其最终目的。荀子还认为，先有天地合，世界由此诞生，然后万物便出现了，阴阳随即应运而生，产生了世间万物的变化。万物中的人是本始材朴的，故荀子又提倡化性起伪，而化性起伪的目的便在于天下之治。除此之外，荀子还认为"礼义之谓治"，将圣人化性起伪后制定的礼、义也作为实现治的手段，不符合礼义便是治的反面，也就是乱。荀子在内圣层面的所言，无论是心所可中理、化性起伪，还是礼义，其最终目的都是言治，这是内圣层面达到治的途径。第二类是外王层面的治，荀子认为，提出具体的礼教、刑罚的目的便是治，只有通过礼教、刑罚才能让百姓安定、四海安平。他还认为，师法之化、礼义之道可以纠正人生而所有的流于恶的倾向，并且使其最终皆"归于治"。除此之外，他还说君子是国家法律的源头，而国家法律又是治的一段，将法律的目的也归结于治。可以看到，荀子在外王层面上认为礼教、刑罚、师法、法律等的最终目的也是治，这便是外王层面达到治的途径。

荀子在内圣、外王两个层面上所提出的思想的最终目的都是实现治道之治，不管是面对心提出的要"所可中理"，还是面对士提出的入门之径，还是面对君提出的隆礼重法重民、法先后王，以及面对臣提出的谏诤辅拂和面对社会提出的明分使群等，其最终目的都指向对现实社会的治理，具有强烈的现实主义色彩。荀子对于治提出了极高的评价，说："凡说之难，以至高遇至卑，以至治接至乱。"[①] 以至高类比至治，以至卑类比治乱，可见至治在荀子思想中处于最高的地位。荀子还说："如是，则可谓圣人矣。此其道出乎一。曷谓一？曰：执神而固。曷谓神？曰：尽善挟治之谓神，万物莫足以倾之之谓固，神固之谓圣人。"[②] 荀子将圣人之道归结为一，也就是执神而固。神即是尽善之治，固便是莫足以倾之，合而言之便是尽善、稳定之治，从而荀子将其视为圣人之道，这与孟子将仁政视为圣人之道其实有着较为相似的思想内核。

真德秀所处的时代正值南宋中后期，对金主战抑或主和在士大夫群体内争论不休。真德秀同朱熹一样是坚定的主战派，对于悲观厌战、苟且偷安的士子表达了强烈的不满，批评上缴岁币、割地赔款等行为是"以忍耻和戎为福，以息兵忘战为常"[③]

---

① （清）王先谦撰，沈啸寰、王星贤整理《荀子集解》卷3，中华书局，2012，第84页。
② （清）王先谦撰，沈啸寰、王星贤整理《荀子集解》卷4，中华书局，2012，第132~133页。
③ （宋）真德秀：《直前奏事札子》，《西山文集》卷3，《景印文渊阁四库全书》第1174册，台湾商务印书馆，1986，第49页。

的不义之举,"以修德行政为实务,君臣之间,朝夕儆戒于敌情之难,保祸至之无日。搜讨军实,申饬边防,凛然若敌师之将至。如是而国势不张、外虞不弭者,未之有也"①,主张君主修德、国家收拾政务,扩充军备,整饬边防的经世致用之举。站在文人的角度上,真德秀提出了学与治同而为一之论:

> 儒者之学有二,曰性命道德之学,曰古今世变之学,其致一也。近世顾析而二焉。尚评世变者,指经术为迂;喜谈性命者,诋史学为陋,于是分朋立党之患兴,而小人乘之,借以为并中庸者之术,甚可畏也。呜呼!盍亦观圣诸圣门乎?有五经以明其理,有《春秋》以着其用。……故善学者本之以经,参之以史,所以明理而达诸用也。②

其认为儒家的道德性命等内圣之学与古今治世等外王之学本质上是同一之学,批评近世某些士子将道德性命之学作为根本而忽视治世之经术的行为,并提倡要明之以五经而用之以《春秋》,在明辨细分性理之学的同时也要参考《春秋》等史学著作以实现治世之用,认为此乃为儒家之名门正学,其内圣外王齐头并进之意昭然若揭。

在内忧外患日益严重的情况下倘若仍然空谈心性显然无法满足真德秀之所需,故真德秀一方面倡导儒家士子要做实事:"所贵乎儒者,以其真知圣贤之心,实践圣贤之道而见之于事也!"③ 不仅要学明白圣贤之心,还要践行圣贤之道。时人问学于真德秀"行有余力章与四教不同",真德秀回答说"行有余力则以学文,是以力行为先"④,将力行放在了学文之先,认为操持涵养的最终目的便在于"以实学见实用,以实志起实功,卓然有益于世"⑤;另一方面,真德秀还直言"尧舜三王为师而不杂于方外之教,必本仁义,必尚礼法,必明政刑"⑥,将礼法、政刑抬高到与仁义齐平的高度,这与荀子隆礼重法的思想较为接近。

从《大学衍义》的目录中即可看出,真德秀将学与治分为了具体的十二个点:明道

---

① (宋)真德秀:《对越甲稿》,《西山文集》卷3,《景印文渊阁四库全书》第1174册,台湾商务印书馆,1986,第25页。
② (宋)真德秀:《周敬甫晋评序》,《西山文集》卷28,《景印文渊阁四库全书》第1174册,台湾商务印书馆,1986,第436页。
③ (宋)真德秀:《戊辰四月上殿奏札一》,《西山文集》卷2,《景印文渊阁四库全书》第1174册,台湾商务印书馆,1986,第24页。
④ (宋)真德秀:《问行有余力章与四教不同》,《西山文集》卷30,《景印文渊阁四库全书》第1174册,台湾商务印书馆,1986,第472页。
⑤ (宋)真德秀:《沈简肃四益集序》,《西山文集》卷28,《景印文渊阁四库全书》第1174册,台湾商务印书馆,1986,第434页。
⑥ (宋)真德秀著,朱人求校点《大学衍义》卷13,华东师范大学出版社,2010,第226页。

术、辨人才、审治体、察民情、崇敬畏、戒逸欲、谨言行、正威仪、重妃匹、严内治、定国本、教戚属，其中属于内圣范畴的仅有三点，而其余九点皆是与"治"有关。真德秀也直言"臣始读《大学》一书，见其自格物、致知、诚意、正心、修身、齐家至于治国、平天下，其本末有序，其先后有伦"①，学是治的前提，治才是学的根本目的。

那么，如何达到"治"之目的呢？真德秀明确提到关于荀子的第一点在于礼论。宋代的部分学者对于荀子的礼论是比较肯定的，这里面也包括了真德秀。真德秀对于荀子论礼便能够直言其好处，并且在国家的政策、军事方面也认为荀子有一定的可取之处。他在《西山读书记》中对于《荀子·礼论》篇评论道："按：《荀子》书有《礼论》，其论礼之本末甚备，至其论性则以礼为圣人之伪，岂不谬哉！"②这可以明显地看出真德秀对于荀子的矛盾态度：论礼则本末皆甚备，论性则甚谬。一般而言，学界较为普遍地认可宋代荀子地位不及孟子的原因包括荀子的人性论思想以及荀子对于思孟学派的批评等，却鲜有学者提到部分宋儒在礼论上对于荀子也有赞许之声，例如楼钥所言"（荀、孟）别王霸之尊卑，明礼义之统纪"③，以及陆九渊所言"（荀子）严王霸之辨，隆师隆礼，则其学必有所传，亦必自孔氏者也"④等，他们大体上较为认可荀子之所以被归为儒家，是因为其论礼甚美的说法。

第二点在于兵论。荀子不仅注重为政者的操行，也较为看重具体规章政策的制定，而孟子相较而言则更为注重内在的修养，双方各有所侧重。就兵论而言，《荀子》有专章论之，而《孟子》仅有零星提及，这体现了二者不同的偏向与用意，荀子希望通过规范从为政者到士兵的行为，再以礼义教之、以法度制之，从而实现强国强兵，孟子则主要通过告诫统治者应该行仁政、爱民来获得群众自发的拥护，从而维护国家的安全。真德秀在论及用兵之道时也采用了荀子之说，认为统治者应该"接远人以礼，而威天下以兵"⑤。此后明朝丘濬在《大学衍义补》中进一步发挥了真德秀此说：

> 《荀子》曰：观国之强弱贫富有征验……臣按，国之强弱在乎兵，就荀子之言而反观之，是故上隆礼则兵强矣，下爱民则兵强矣，已诺而能信则兵强矣，庆赏以其渐则兵强矣，将率能其任则兵强矣。观人之国者不必观乎其卒伍，观是五

---

① （宋）真德秀著，朱人求校点《大学衍义》，华东师范大学出版社，2010，第1页。
② （宋）真德秀：《礼》，《西山读书记》卷8，《景印文渊阁四库全书》第705册，台湾商务印书馆，1986，第253页。
③ （宋）楼钥：《孟、荀以道鸣赋》，《攻媿集》卷80，《景印文渊阁四库全书》第1153册，台湾商务印书馆，1986，第277页。
④ （宋）陆九渊：《策问》，《象山集》卷24，中华书局，1980，第289页。
⑤ （宋）真德秀著，朱人求校点《大学衍义》卷2，华东师范大学出版社，2010，第34页。

者，有能有不能者，则其强弱可知也已。①

结合这两条可以看出，他是比较认可荀子的养兵之术的。站在为政者的角度上，丘濬将真德秀论兵之说总结为应做到"上隆礼、下爱民、已诺而能信"，并且还应实行奖赏，用人有度，可见其对于荀子兵论思想的赞赏。

第三点在于"王霸之辩"。对于王霸的关系，真德秀看到了荀子更注重王道的一面，他说：

  《荀子》曰：粹而王，驳而霸。臣按：荀卿以粹、驳二字而为王、霸之分，亦可谓知言者也。盖粹然出于仁义者，王也。仁而杂以不义仁，义而杂以不义者，霸也。王者纯乎道德，而霸者杂以功利，此其所以异也。荀卿之论王霸非一，独此为当于理。②

其认为荀子所认为的王道出于仁义而霸道杂以不义的思想是合乎天理的，这是因为理学家们提倡施仁义、行仁政，这也和孟子所提出的尊王贱霸的思想是一致的。

此外，真德秀还效仿荀子《乐论》篇作《问礼乐》篇，十分强调礼乐对于维持上下等级秩序的重要性，并且其十二个点中"崇敬畏""正威仪"等思想与荀子隆礼重法的思想也较为接近。其又提出"教戚属"，这与荀子重视后天教化异曲同工，他还在《大学衍义序》中提出："先之以尧典、皋谟、伊训与思齐之诗、家人之卦者见前，圣之规模不异乎此也；继之以子思、孟子、荀况、董仲舒、杨雄、周敦颐之说者见后，贤之议论不能外乎此也。尧、舜、禹、汤、文武之学，纯乎此者也。"③ 表明真德秀在关于"治"道的方面是认可包括荀子在内的古之圣贤的，甚至将荀子与子思、孟子放在同一层面，可以看到，真德秀作为一名理学家，不仅对于内圣心性之学有较为深入的探索，而且对于外王治道之学也同样有所注重，除了在礼论、兵论、王霸等思想上明确提到荀子外，其重礼序、教化等思想与荀子的思想是有一定相似之处的。

三　荀子：道统之外，儒家之内

在道统论方面，真德秀表现出了较为明显的侧重程朱一脉的倾向。他在为楼钥所

---

① （明）丘濬：《严武备》，《大学衍义补》卷116，《景印文渊阁四库全书》第713册，台湾商务印书馆，1986，第361页。
② （宋）真德秀著，朱人求校点《大学衍义》卷14，华东师范大学出版社，2010，第241页。
③ （宋）真德秀著，朱人求校点《大学衍义》，华东师范大学出版社，2010，第1页。

作的序中写道:"奏虽寝,然当邪说充塞之时,首倡学者共尊朱公。后卒,赖其言而学禁遂开,道统有续。"① 直言朱熹承续了道统,这是真德秀对于"道统"的直接论述。除此之外,真德秀在以下这则材料中虽没有直言"道统",但其所表达的道统思想是没有什么疑问的:

> 盖孔孟之道,至周子而复明;周子之道,至二程子而益明;二程之道,至朱子而大明。其视曾子、子思、邹孟氏之传,若合符节,岂人所能为也哉?天也!然四先生之学,岂若世之立奇见尚新说求出乎前人所未及耶?凡亦因乎天而已。盖自荀、扬氏以恶与混为性,而不知天命之本然。老庄氏以虚无为道,而不知天理之至实。佛氏以划灭彝伦为教,而不知天叙之不可易。周子生乎绝学之后,乃独深探本原,阐发幽秘。二程子见而知之,朱子又闻而知之。述作相承,本末具备。自是人知性不外乎仁义礼智,而恶与混非性也。道不离乎日用事物,而虚无非道也。教必本于君臣父子夫妇昆弟,而划灭彝伦非教也。阐圣学之户庭,祛世人之蒙瞆,千载相传之正统,其不在兹乎?呜呼!天之幸斯文也,其亦至矣!②

从孔孟之道的传授统绪来看,真德秀在此仅仅将周敦颐、二程与朱熹四先生列入其中,认为他们承续曾子、子思和孟子是上天的意志,其原因便在于荀子的性恶论与扬雄的性善恶相混之论以及道、佛两教对于儒家伦理纲常的否认。真德秀站在理学家的立场上对于这四者进行了驳斥,认为人性本善、日用即道、人伦即教,而性恶与性善恶相混皆非人之本性。真德秀在此将荀子"性恶论"的危害甚至上升到了与释老之害平级的"划灭彝伦"高度,认为这些都有害于孟子之后圣人之道的传承,因此真德秀将荀子排除在道统之外是毫无疑问的。

值得注意的还有这样一段材料:

> 或曰:然则仲淹之学固不得为孟子之伦矣?其视荀卿、韩氏亦有可得而优劣者耶?曰:荀卿之学杂于申、商,子云之学本于黄老,而其著书之意盖亦姑托空文以自见耳,非如仲淹之学颇近于正而粗有可用之实也。③

---

① (宋)真德秀:《攻媿先生楼公集序》,《西山文集》卷27,《景印文渊阁四库全书》第1174册,台湾商务印书馆,1986,第428页。
② (宋)真德秀:《南雄州学四先生祠堂记》,《西山文集》卷26,《景印文渊阁四库全书》第1174册,台湾商务印书馆,1986,第397~398页。
③ (宋)真德秀:《文中子之学》,《西山读书记》卷30,《景印文渊阁四库全书》第706册,台湾商务印书馆,1986,第65页。

这则材料本出自朱子的《王氏续经说》，真德秀将之全文摘录于《读书记》当中。时人问学于朱子，论及是否可以说王通也上承于孟子，以及王通与荀子、韩愈相比的优劣。从朱子的回答中我们可以看出，他认为荀子非但不能被列入道统之中，而且荀子其学甚至连儒家都算不上了，只能称得上是"杂于申、商"。而将荀子列为法家并非朱子的新见，在他之前便已有部分学者认为荀子更偏向于法家，例如晋代仲长敖便言"荀卿著书言人之性恶，弟子李斯、韩非顾而相谓曰：夫子之言性恶当矣"[1]，将荀子与李斯、韩非相联系，并认为荀子的"性恶"之说是李斯、韩非两位法家代表人物思想的直接来源，北宋范祖禹也认为"夫申韩本于老而李斯出于荀卿，学者失其渊源，承其末流，将无所不至"[2]，将荀子与李斯划为一类，这对于后世产生了不小的影响。

对于朱熹将荀子排除出儒家列为诸子，真德秀果真仅仅墨守了之吗？答案应是否定的。真德秀作为朱子后学，一方面继承了朱熹的从尧舜到周程的道统思想，另一方面又并未恪守朱熹所提出的道统谱系，在关于先秦、汉唐等时期的道统论述中提出了一部分新见。关于先秦时期，除了与朱熹道统思想相同的部分之外，真德秀还将"皋陶、伊尹、莱朱、太公望、散宜生，皆与斯道之传"[3]五位辅臣中的莱朱、太公望、散宜生三位也列入道统，以区别于朱熹将皋陶、伊尹、傅说、周公、召公列入道统的思想。关于汉唐时期的道统思想，真德秀也称赞董仲舒、韩愈"汉西都文章最盛，至有唐为尤盛。然其发挥理义，有世教者，董仲舒氏、韩愈氏而止尔"[4]，虽未有其他材料见其将二子列入道统当中，但相较于程朱对于二子有褒有贬的评价而言，真德秀对于董仲舒和韩愈发挥理义、世代传教的行为无疑更为赞赏。对于韩愈，真德秀还说："自汉以来，道术不出于孔氏而乱天下者多矣。晋以老庄亡，梁以佛亡，莫或正之。五百余年而后得韩愈，学者以愈配孟子，盖庶几焉。愈之后，三百有余年，而后得欧阳子，其学推韩愈、孟子以达于孔氏，着礼乐、仁义之实，以合于大道。"[5] 认为汉以后有韩愈和欧阳修继承了孟子之道，羽翼孔学。就道统的序列而言，相较于朱熹，真德秀将更多人列入其中，并且这些人都是对于儒家之道传承有功之人，因此体现了其道统思想更具有"实用"的特色，从而与朱熹贬低汉唐，认为周程直接从孟子那里继承道统的观点区别开。

---

[1] （唐）欧阳询：《性命》，《艺文类聚》卷21，《景印文渊阁四库全书》第887册，台湾商务印书馆，1986，第495页。

[2] （宋）范祖禹：《省试策问二首》，《范太史集》卷35，《景印文渊阁四库全书》第1100册，台湾商务印书馆，1986，第393页。

[3] （宋）真德秀：《尧舜禹汤文武授受》，《西山读书记》卷28，《景印文渊阁四库全书》第706册，台湾商务印书馆，1986，第7页。

[4] （宋）真德秀：《跋彭忠肃文集》，《西山文集》卷36，《景印文渊阁四库全书》第1174册，台湾商务印书馆，1986，第576页。

[5] （宋）真德秀：《续文章正宗》卷20，明嘉靖十一年云南孙衡刻本，第590页。

从这个角度出发，真德秀看到了荀子的传礼之功，但因其性恶之说与孟子相抵牾，故虽然不将其列入道统之内，但也并未恪守朱熹"杂于申、商"之说，而是认为荀子虽然不在道统之内，但并未脱离儒家：

> 臣不佞，窃思所以羽翼是书者，故剟取经文二百有五字载于是编，而先之以尧典、皋谟、伊训与思齐之诗、家人之卦者见前，圣之规模不异乎此也；继之以子思、孟子、荀况、董仲舒、杨雄、周敦颐之说者见后，贤之议论不能外乎此也。①

此"是书"即指《大学》。真德秀认为，《大学》是帝王为治之序、为学之本，因此是儒家极为重要的经典，它可以比肩《尧典》《皋谟》等前圣之作，也是思孟、荀扬等后贤的论学之本。在这一段论述中真德秀无疑是将荀子看作儒家的"后贤"之一，甚至能与思孟相提并论，肯定了荀子传经之功。

在道、欲的关系上，荀子在《乐论》中明确提出"以道制欲，则乐而不乱；以欲忘道，则惑而不乐"②的思想，认为人生而便是有欲的，因此要以儒家之正道来制约人天生的欲望，方能不乱。真德秀明确借鉴了荀子以道制欲的思想，提出："人虽不能无欲，然当有以制之，无以制之而惟欲之从，则人道废而入于禽兽矣。以道制欲，则能顺命，又能于怒时遽忘其怒而观理之是非。"③同样肯定了人生而便有欲望，因此需要以道心来制约人欲。虽然真德秀未曾在此明确提点出荀子之名，但其直接引用并认可荀子的思想是没有疑问的。

此后明朝丘濬受到真德秀所作《大学衍义》的影响，从真德秀"帝王为治之序"的角度出发，作《大学衍义补》，补充了《大学》中治国、平天下的相关内容，在此基础上进一步发挥了真德秀此说：

> 臣按：荀况学圣人之道未至者，其言五经似矣。庄周则非圣人之道而自为一家言者，而亦尊崇圣人之经如此，且其言简而理尽，后之总论经者皆莫及焉。然言六经而不及礼，则彼学老聃者则固以礼为忠信之薄而放荡于礼法之外者乎？荀之言则

---

① （宋）真德秀著，朱人求校点《大学衍义》，华东师范大学出版社，2010，第2页。
② （清）王先谦撰，沈啸寰、王星贤整理《荀子集解》卷14，中华书局，2012，第371页。
③ （宋）真德秀：《荀扬之学》，《西山读书记》卷4，《景印文渊阁四库全书》第705册，台湾商务印书馆，1986，第134页。

重乎礼，庄之言则遗乎礼，可见儒学所以异于老庄者，其辨在乎礼而已矣。①

这段话是丘濬就朱熹所言"庄子曰：《诗》以道志……《春秋》以道名分。庄子此语后来人如何得及"②而发的评论。《杂篇·天下第三十三》概括了六经所道何事，朱子认为此语极好，而丘濬对真德秀的看法却提出了相反的意见。他将荀子与庄子进行了对比，认为荀子是学圣人之道而未至，但庄子却脱离了圣人之道，自成一家之言。虽然庄子也十分推崇作为儒家经典的六经，但其言脱离了儒家礼教的思想，因而放荡于礼法之外，离圣人之道已远。荀子则十分重视儒家之礼，其大方向仍然朝着圣人之道，因此未曾脱离儒门。

除此之外，于《大学衍义补》中所记载的宋代官方祭祀考也可以印证这个说法：

> 臣按：自《礼》经有释奠于先圣、先师之说，唐贞观中始以左丘明等二十二人有功于圣经，以为先师，从祀先圣庙庭。至宋神宗进荀况、扬雄、韩愈于从祀，此三人者其功又不专于一经……理宗崇尚理学，列周惇颐等七大儒于从祀，后又兼秩司马光、邵雍，盖以此九儒者重明圣道，俾大明于世也。③

这段材料出自丘濬对于官方在祭祀时将孟子并配孔子、董仲舒从祀的做法所作的按语。根据他的考证，唐朝之时便有左丘明等二十二人因释《礼》有功而从祀于孔庙，此后直到宋神宗时荀子、扬雄、韩愈也因此并列从祀。再之后还有周敦颐、邵雍等九大儒从祀，可见荀子在儒家之内仍然占有一席之地。质言之，在道统论问题上，真德秀并没有墨守朱子将荀子排出儒家之说。虽然作为程、朱之后学，他在论及道统时并没有将荀子列入其中，但同时他也在客观上看到了荀子所论之礼仍是儒家之礼，以及荀子的传经之功，故而将之与庄子划清了界限，承认荀子仍然属于儒家。

真德秀一生著述颇丰，其对于"内圣"与"外王"均有较为深入的探索，这有利于中华道统思想的传承与发展。其"上隆礼""下爱民""威天下以兵"，以及赏罚有度、用人有序等思想，在一定程度上对于改变南宋晚期积贫积弱的政治局面有着积极的意义。真德秀对于荀子的态度可谓有贬有褒，而贬大于褒。在人性论问题上，他对荀子大加批

---

① （明）丘濬：《崇教化》，《大学衍义补》卷76，《景印文渊阁四库全书》第712册，台湾商务印书馆，1986，第868页。
② （明）丘濬：《崇教化》，《大学衍义补》卷76，《景印文渊阁四库全书》第712册，台湾商务印书馆，1986，第868~869页。
③ （明）丘濬：《崇教化》，《大学衍义补》卷80，《景印文渊阁四库全书》第712册，台湾商务印书馆，1986，第910页。

判，认为其"性恶"之说流毒已久，而在外王学说上，他又认为荀子论礼、兵、规制甚备，这便造成了他在道统思想上将荀子放在道统之外、儒家之内的结果，这说明他能够较为客观地评价荀子。在对于道统的理解上，真德秀相较于朱熹而言将更多的人列入了道统之中，证明其对于道统的理解也不仅仅局限于"心传说"的范围，而是更多偏向于对儒家之道传承的贡献。真德秀是宋代中晚期最后一个提出了较为全面、系统荀学观的理学学者，其荀学观一方面体现了宋代理学对于荀子人性论贬大于褒的总特征，另一方面能较为客观、辩证地指出荀子的其他思想有一定的可取之处。在南宋中晚期贬荀之风日盛的形势下，真德秀作为朱子后学还能够进行如此的评价是难能可贵的，由此也能看出真德秀的荀学观在宋代理学视域中荀学观发展史上的总括性意义。

"不违"

——颜回对孔子之"仁"的体悟与践行

李仁君　刘明华　钟弘扬[*]

摘　要："仁"是孔子思想体系的核心概念,是儒家最基本的社会伦理范畴。作为孔门十哲之首,颜回是孔子最得意的学生之一,孔子给予他"不违仁"的崇高评价。颜回坚持"不违仁"的道德操守,以身垂范孔门弟子,修己立身,安贫乐道,对儒家文化以及民族道德精神发展产生了深远影响。在积极倡导文化自信自立的今天,我们要坚持以习近平新时代中国特色社会主义思想为引领,大力传承和弘扬中华民族优秀的传统道德精神,以传统道德的光辉典范来感染人、培养人和塑造人,更好地助力新时代社会主义精神文明建设,为实现中国式现代化和中华民族伟大复兴培根铸魂。

关键词："不违"　践仁成圣　颜回

孔子思想以仁为核心范畴,以追求圣贤之道为最高目标,践仁成圣是孔子设定的理想道德实践模式。孔子的得意门生颜回,以德行著称,列于"孔门十哲"之首,曾被孔子以仁冠之,也被后世称为"复圣"。颜回的一生最可贵之处,在于实现了孔子仁学思想的两大转化,即从知识理论体系向道德信仰体系的转化,从信仰体系向实践体系的转化,两大转化把孔子之"仁"向理论和实践两个维度不断升华,对中华民族道德精神的形成和发展起到了深远的影响。颜回严守孔子之"仁"的道德要求,在"无终食之间违仁,造次必于是,颠沛必于是"[①]君子人格的价值坐标中不断地自我调适。"不违"集中彰显了颜回对孔子之"仁"的道德实践,通过对颜回"不违"的哲学透视和理论阐析,一个"强于行义,弱于受谏,怵于待禄,慎于治身"儒家道德践

---

[*] 李仁君,四川省社会科学院哲学研究所副研究员、硕士生导师,主要研究方向为儒家哲学；刘明华,四川省社会科学院哲学研究所研究生,研究方向为马克思主义哲学；钟弘扬,四川省社会科学院哲学研究所研究生,研究方向为儒家哲学。

① 杨伯峻：《论语译注》,中华书局,1980,第36页。

行者的光辉形象跃然眼前。

一 孔子之"仁"及颜回的道德体悟

孔子把"仁"作为人生追求的最高道德规范。什么是"仁"?《说文》释为"从人从二",表示人与人之间的亲密关系。"仁"也即忠恕之道贯穿孔子思想始终,正如曾子所言:"夫子之道,忠恕而已矣。"① "忠恕"是仁道的基本要求,是处理人与人之间关系的基本原则。在处理人际关系时,既要正向做到"己欲立而立人,己欲达而达人"②,又要反向做到"己所不欲,勿施于人"③,这就是仁道。孔子把"仁"提升到众德之首的地位,认为"仁"是最高的道德情感、规则和境界,是人类一切德行的总和。当然,"仁"作为一种德,是具有不同层次的,"仁"既是做人的起码要求,又是区别人与禽兽的基准线,即谓"仁者,人也",孔子用"仁"来规定人,确立了人的道德属性,实现了仁与人的统一。即仁的根本是二人一体,合起来才能称为仁,分开了就不成为仁。所以,仁是讲修身与爱人的一体化,即"我"和别人的一体化,乃至"我"和宇宙的万事万物的一体化。"我"是"自体",实现"自体"与万事万物的合而为一才是"仁"。所以,"仁"也可以表示道德本体意义层面的概念,属于最高伦理法则,要真正做到"仁"极其不易,就像曾子所言:"士不可以不弘毅,任重而道远。仁以为己任,不亦重乎?死而后已,不亦远乎?"④ "仁"是高深的、厚重的,也是恒久的,甚至要用一生来丈量和践行。

"仁"也不是抽象而空洞的纯粹概念,其有着具体化的实践主体、指代对象和行为选择。儒家思想的高明之处在于不设定虚无缥缈的彼岸世界、不设定空洞抽象的道德客体、不设定烦琐务虚的宗教仪式,而是找到了最能引起人类道德共鸣的"孝"作为支撑,即谓"孝弟也者,其为仁之本与"⑤。孝的对象是父母和祖先,是生命给予者、生活养育者、经验传授者、人格培育者,是实实在在的可感的真实客体。因此,孔子把"孝"作为仁的起点和基础,这就奠定了最具实在性、具体性和操作性的道德基石,并在此前提下架构起了儒家道德学说的基本框架,成仁成圣成贤也就成为儒家所预设的道德实践体系和理想人格追求。与"人""孝"的理论绑定使"仁"似乎成

---

① 杨伯峻:《论语译注》,中华书局,1980,第39页。
② 杨伯峻:《论语译注》,中华书局,1980,第65页。
③ 杨伯峻:《论语译注》,中华书局,1980,第123页。
④ 杨伯峻:《论语译注》,中华书局,1980,第80页。
⑤ 杨伯峻:《论语译注》,中华书局,1980,第2页。

了一种牢不可破的天道、天理，于是"只要践仁成圣，即可契悟天道"①也就顺理成章了。孔子对别人从不轻言"君子、仁人、贤人、圣人"，因此，当他的弟子子张问"仁矣乎？"，他答曰："未知。焉得仁？"②这不是因为夫子教育苛刻，而是因为"仁"在其思想中具有重要性、崇高性和神圣性。

颜回对"仁"的道德体悟是十分深刻的。在众多弟子当中，孔子唯一以"仁"许之的只有颜回。《孔子家语》评价颜回以德行著称，孔子称其仁。称其"仁"，是孔子对他的最高赞誉，孔子曾说："贤哉，回也！一箪食，一瓢饮，在陋巷，人不堪其忧，回也不改其乐。贤哉，回也！"③夸赞颜回说："回也，其心三月不违仁；其余则日月至焉而已矣。"④"吾与回言终日，不违，如愚。退而省其私，亦足以发。回也不愚。"⑤颜回之所以得到老师孔子的如此嘉奖，是因为他对"仁"的体悟深刻，能用一生践行。颜回践"仁"的具体行为和典型事例较多，如果要用一个词语来归纳，那就是"不违"。孔子之所以以"其心三月不违仁"评价颜回，是因为"不违"代表了道德行为的持久性和稳定性，所折射出的是其内心的道德体悟和道德操守。"不违"既非盲从愚顺，又非傲慢忤逆，是一种"中庸之道"，在"不违"中可以更好地消化、反思和领悟"夫子之道"，是对"中庸之为德"辩证道德观的生动实践。"不违"还体现了哲学意义上的儒家之"道"，表面上好像是对某个人的意志不违背，实质上是对上天之道、人性之命、圣人之礼、真我之心的尊重和顺应，表达了一个人要有所敬畏、有所归依、有所信仰，也就是"行有所止、欲有所制"的道德旨意。

二 颜回对孔子之"仁"的道德践行

"仁"是孔子学说的核心，也是一种道德要求。何为"仁"？孔子对颜回的答案是："克己复礼为仁。"⑥孔子生活的时代是一个礼坏乐崩的时代，争名逐利、人性膨胀成为时代潮流，所以孔子主张克制自己的欲望，恢复周礼，以成就"仁人"，并且强调"一日克己复礼，天下归仁焉"⑦，个人做到"仁"是为了天下和谐。个人时刻按"仁"的标准要求自己，整个天下就会实现长期和谐，从小到大，由短及长，自个人

---

① 牟宗三：《中国哲学的特质》，上海古籍出版社，1997，第28页。
② 杨伯峻：《论语译注》，中华书局，1980，第49页。
③ 杨伯峻：《论语译注》，中华书局，1980，第59页。
④ 杨伯峻：《论语译注》，中华书局，1980，第57页。
⑤ 杨伯峻：《论语译注》，中华书局，1980，第16页。
⑥ 杨伯峻：《论语译注》，中华书局，1980，第123页。
⑦ 杨伯峻：《论语译注》，中华书局，1980，第123页。

到全天下，只要按照这个步骤去做，"天下归仁"的目标就会实现。孔子十分强调道德主体的作用，即所谓"为仁由己，而由人乎哉"①。因为只强调道德他律，难免会陷入理想主义泥潭，道德必须依赖道德主体的内心体悟和行为操守。颜回十分好学，对"仁"的含义、目标和道德要求都有独到的认知，还就具体实践准则向老师请教，孔子用了一个"礼"字来回答，即"非礼勿视，非礼勿听，非礼勿言，非礼勿动"②，因为"礼"是"仁"的外化，要做到"仁"，所作所为就不能违背"礼"的规定。得到老师教诲后，颜回以"回虽不敏，请事斯语矣"作为回应。"不敏"自然是自谦之辞，"事斯语"这几个字的意义就特别重要了，意译之义就是"把这句话作为人生信条来践行"。孔子从不言"怪力乱神"③，不依据神的惩戒，也不凭借法的约束、人的监督，仅仅依靠内省的道德自觉，始终如一地去实践这个仿如不经意间的"诺言"，实属难能可贵。理论的价值就在于能指导实践，如果理论不能指导实践，或没有人去实践，就是一种空想或谬误。一个理论要成为一个成功的、自圆其说的理论，至少需要"三个实践者"，即过去实践者、现在实践者和未来实践者。孔子设定了理想的过去实践者，但"三代之英，丘未之逮也"，在礼坏乐崩的春秋时代，更需要坚定的现在实践者，孔子最为理想的道德实践者就是颜回。颜回也担当起了这一"光荣使命"，并以"不违"尊师之道、"不违"忠恕之道、"不违"祭祀之礼、"不违"先王"三教"作为准则具体践行。

（一）"不违"尊师之道

尊师是仁德的表现。虽然孔子没有明确说出尊师是仁的内容之一，但孔子强调尊师即孝道，而孝乃仁之根基。子夏问孝，孔子对曰："色难。有事，弟子服其劳；有酒食，先生馔。曾是以为孝乎？"④意为弟子帮老师做一些力所能及的事情，用酒菜孝敬老师，并做到和颜悦色，这就是孝，并且"孝"本身也成为"教"字的一部分，"孝、教、师"有着内在的文化逻辑，《国语》强调"民性于三，事之如一"，"事三如一"，即君、亲、师同构同体，"父生之，师教之，君食之"，对君、亲、师要同一视之，孝排在第一，统摄三者。

古人云为学莫重于尊师，讲的就是要学好知识，必须尊敬自己的老师。在这一点上，颜回可称后世楷模。颜回尊师主要表现在三个"不违"上。一是"不违"师情。

---

① 杨伯峻：《论语译注》，中华书局，1980，第123页。
② 杨伯峻：《论语译注》，中华书局，1980，第123页。
③ 杨伯峻：《论语译注》，中华书局，1980，第72页。
④ 杨伯峻：《论语译注》，中华书局，1980，第15页。

颜回十分好学，得到老师和同学的喜爱和称道，在《论语》中孔子评价颜回"闻一以知十"①，评价子贡"闻一以知二"②，并说自己和子贡都不如颜回，即所谓"弗如也！吾与女弗如也"。"子曰：'吾与回言终日，不违，如愚。退而省其私，亦足以发，回也不愚。'"③颜回好学而重师情，他在上课时表现得沉默寡言，不发表意见，在别人看来是愚钝，但下课后，颜回却认真思考，反复琢磨，精益求精，孜孜以求，追求真理而不违师情。"不违"是一种很难达到的境界，并不是表面上的不违背，而是真心诚意地认同、尊敬和爱戴，"不违"才能多闻，多闻才能广博心智。颜回能做到"闻一知十"，其诀窍就在于彰显好学和尊师的"不违"。二是"不违"师传。孔子学说是具有开创意义的，作为孔子最得意的学生，颜回并没有因为自己的好学多问而轻视老师的传授，或背离老师的传授去改弦易辙，相反，颜回认为夫子之学，道高理远，需"诚惶诚畏，竭精求索"，即所谓"仰之弥高，钻之弥坚，瞻之在前，忽焉在后。夫子循循然善诱人，博我以文，约我以礼，欲罢不能。既竭吾才，如有所立卓尔。虽欲从之，末由也已"④。即使是在孔子颠沛落魄，有不少人质疑夫子之"师传"时，颜回反而认为老师的学问之道十分高大，世人不用是世人的悲哀。三是"不违"师礼。礼是仁的外化，尊敬老师需要表现在行动上。颜回尊敬孔子，并希望能长久地陪伴在老师身边，向老师学习，照顾好自己的老师。古代认为"白发人送黑发人"是一种悲剧，也是一种"不孝"，因为"身体发肤"需要好好保存，以尽孝道。所以颜回在颠沛流离、人生多艰之时，见到自己老师，喊出"子在，回何敢死"⑤的誓言，体现了对礼、对尊师的体悟和理解。

（二）"不违"忠恕之道

"忠恕"是贯穿孔子学说的核心内容，是对仁学的具体运用。《论语》有"夫子之道，忠恕而已"的集中概括，"忠"是从"达"的视角来谈践仁之道，即"己欲立而立人，己欲达而达人"，自己想有所作为，那么让别人也能取得成功，这样做就是推己及人，待人忠厚，是忠道；"恕"是从"穷"的视角来谈践仁之道，即"己所不欲，勿施于人"⑥，自己不愿做的事情，不要强加于别人，要将心比心，理解别人，宽以待人，这就是恕道。"达则兼济、穷则独善"，两者共同构成践仁成圣的道德逻辑。所以

---

① 杨伯峻：《论语译注》，中华书局，1980，第45页。
② 杨伯峻：《论语译注》，中华书局，1980，第45页。
③ 杨伯峻：《论语译注》，中华书局，1980，第16页。
④ 杨伯峻：《论语译注》，中华书局，1980，第90页。
⑤ 杨伯峻：《论语译注》，中华书局，1980，第117页。
⑥ 杨伯峻：《论语译注》，中华书局，1980，第123页。

"忠"和"恕"这两个"一以贯之"的思想,它们既互为两面,相互补充,又相互规定,相互包含。

颜回在"不违"忠恕之道,躬身践行孔子"一以贯之"的实践主张方面做得十分到位。颜回在随孔子周游列国的时候,准备先到卫国,然后西游去宋国,这是颜回离开老师,独立行事的一次人生经历。临行前,他问老师该如何立身行事,孔子以"恭敬忠信"答之,这是老师给学生的人生"锦囊妙计",也就是要做到讲礼、尊敬、忠实、诚信才能取信于人,受人尊重,做好事情。颜回的"不迁怒,不贰过",也就是以自己的行动践行老师的忠恕之道,体现了仁人、仁事、仁万物的道德践履。

(三)"不违"祭祀之礼

祭祀是先秦儒家礼学思想的重要内容。儒家祭祀已故先人有两个原因:一是生命个体是先人给予的,先人有生育和养育之恩,尊敬先人是理所当然的;二是先人创造传承了文化,人类正是延续了这种文化血脉,积累了认识和改造世界的生存智慧,才得以绵延至今。孔子认为对已故先人要"葬之以礼,祭之以礼"① 才符合孝的标准,同时还要保持敬重之心,也就是"祭如在"。颜回在"不违"祭祀之礼方面主要表现为不以"不洁"之物祭祀先人。《吕氏春秋》中记载了一个故事,孔子望见颜回在偷吃米饭,开始佯装未见,后问"今者梦见先君,食洁而后馈",也就是说要用这锅没有动过的饭来祭祀先祖,以此来试探颜回。颜回答曰"不可",并说明因为灰尘掉入锅里,怕浪费可惜了,于是自己抓起来吃了,这样就不能用于祭祀了。这说明了颜回心境坦荡,谨慎祭礼,将孔子恢复周礼的倡导和理念化为实际行动。春秋时期,礼崩乐坏,颜回能"不违"祭祀之礼,知行合一,可敬可赞,值得珍视。

(四)"不违"先王"三教"

孔子推崇古往圣君,效仿先王之法,对于当时礼坏乐崩、纲纪紊乱,君不君、臣不臣的现象十分反感,希望通过自己的努力实现德治天下、社会大同的政治目标,他力崇古代先王之治,大呼"大哉尧之为君也!巍巍乎!"②,颜回尚"三教",即夏教忠、殷教敬、周教文。颜回以"三教"为标榜,师从孔子、遵从儒学,是忠;崇尚先王、践行仁德,是敬;勤奋好学、退而内省,是文;不违"三教",是"礼"。恢复周礼是孔子的夙愿,当季氏用天子之礼演奏舞乐的时候,他愤怒到了极点:"八佾舞于庭,是可忍也,孰不可忍也?"颜回"不违"先王"三教",虽然一生未仕,但期于实

---

① 杨伯峻:《论语译注》,中华书局,1980,第13页。
② 杨伯峻:《论语译注》,中华书局,1980,第83页。

现"承衰救弊，欲民反正道"的社会目标，他的精神是崇高而可贵的，体现了人类文明的普遍追求，具有永恒的价值。

三 颜回"不违"所体现的哲理意蕴

第一，"知、信、行"三者合一是践行道德的必要条件。颜回"不违"仁德的实践行为与其内在精神追求具有一致性，他的实践行为并不是无限地克制自己，做一个"苦行僧"式的实践者和宗教化的盲从信徒，而是以"愿贫如富、贱如贵，无勇而威，与士交通，终身无患难"自勉自慰，坚守仁德，自得其乐，并乐在其中。颜回之"乐"在于对物质生活持一种超脱、豁达的态度，这种壮志宏气、追求真理并以之为乐的精神，与孔子所言"饭疏食饮水，曲肱而枕之，乐亦在其中矣"[1] 旨趣相通，境界相同。颜回从孔子那里学到了关于仁德的相关知识，并把这种知识内化为一种信念，一种信仰，一种精神追求。在实践中，颜回又将这种信念贯穿其中，学以致用，知行合一，体现了他的实践行为与内在精神追求的一致性。

第二，道德作为一种社会现象是一个时代的折射和反映。颜回生活在奴隶制社会向封建制社会过渡时期，这个时期诸侯割据、战争不断，周天子只是名义上的天子。在这样动乱的时代，要想实现理想的政治目标谈何容易。颜回不仅有治国之志，而且有将相之才，《史记》记载了一个故事，楚令尹子西问"王之辅相有如颜回者乎"，昭王回答说"无有"，可见颜回是有"辅相之才"的，但孔子倡导乱邦不入、乱世不为，颜回选择了"用之则行，舍之则藏"，因为孔子的治国之道与当时统治阶级的治理理念格格不入，那个时代容不下孔颜、容不下儒家。即使如此，颜回不怨天尤人、不迁怒不贰过，坚持自己的政治理念，笃信仁学之道，毕生躬身践行夫子之学。从这个意义上讲，颜回的"不违"其实是一种归隐后的节操，是一份流离失所中的盼望，是对统治昏暗的无声控诉。

第三，道德是一个民族赖以生存和发展的精神支柱。颜回不违仁德，希望通过内修己德，外施爱民之政，构建一个"无伐善，无施劳"[2] 的理想社会。这一理想与孔子的"老者安之，朋友信之，少者怀之"[3] 的社会理想在实质是一致的。颜回强调的是过程，孔子强调的是结果，其目的都是希望实现社会大同，可谓言殊而旨同、殊途而同归。颜回"不违"的实践观，既是内在崇高道德的外化，也是社会时代条件作用

---

[1] 杨伯峻:《论语译注》，中华书局，1980，第70页。
[2] 杨伯峻:《论语译注》，中华书局，1980，第52页。
[3] 杨伯峻:《论语译注》，中华书局，1980，第52页。

下的结果。《左传》说"立德"为人生"第一不朽",颜回对孔子之"仁"的道德实践,是留给后世最厚重的文化遗产。对于个人而言,在"不违"中颜回做到了修己立身,独善其身;对于儒家学说而言,在"不违"中颜回不仅是一个理论家,而且成为一个忠实的实践者;对于社会而言,在"不违"中颜回为匡扶正义、为万世开太平树立了一个光辉的榜样。颜回躬身践行孔子之"仁",矢志不渝地传承着中华民族的仁爱精神和济世情怀,弘扬着中华民族安贫乐道、知行合一的民族气节,对于今天大力弘扬民族精神、建设中华民族现代文明具有重要意义。

"孔子创立的儒家学说以及在此基础上发展起来的儒家思想,对中华文明产生了深刻影响,是中国传统文化的重要组成部分。儒家思想同中华民族形成和发展过程中所产生的其他思想文化一道,记载了中华民族自古以来在建设家园的奋斗中开展的精神活动、进行的理性思维、创造的文化成果,反映了中华民族的精神追求,是中华民族生生不息、发展壮大的重要滋养。"[1] 今天,我们要在习近平新时代中国特色社会主义思想的引领下,大力弘扬优秀道德传统,以优秀道德传统的光辉典范来感染人、培育人和塑造人,持续赋能社会主义精神文明建设和高质量发展,为全面推进中国式现代化提供坚实的思想保障、丰厚的道德滋养和强大的精神力量。

---

[1] 《在纪念孔子诞辰2565周年国际学术研讨会暨国际儒学联合会第五届会员大会开幕会上的讲话》,中国政府网,https://www.gov.cn/xinwen/2014-09/24/content_2755666.htm。

熊十力对佛教"心所"学说的诠释与重构

陈 佩[*]

摘 要:"心所"学说是佛教唯识学中一套"分析排比,钩心斗角,可谓极思议之能事"(熊十力语)的精巧名相理论,它关于人类各种心理现象的细致描绘和深刻分析可以媲美现代心理学。熊十力在对这一学说从接受到怀疑,从重新诠释到系统改造的过程中所构建出的新唯识论,既是解决佛学所面临理论困境的一种进路,也是中国哲学现代转型的一种创新方案,于其间可清晰看出熊十力对佛学、儒学、西学等学术形态的比较与整合。熊十力由怀疑精神发轫的致思理路,用人道理想指引的治学旨趣,以理性探求真理的价值抉择,融会成通过儒学构筑信仰体系的文化自信,最终在其学说中表现为赓续中华文明的宏大愿景。

关键词: 熊十力 唯识学 新唯识论 心所

熊十力的哲学曾被誉为"佛学、儒家与西方三方面要义之独创性的综合"[①],尤以"《新论》不唯含摄儒家大易,其于西洋哲学,亦有借鉴"[②],在近代中国哲学史上地位突出、影响巨大。他早年就学于当时的佛教唯识学研究重镇——欧阳竟无创办的南京内学院,三年后赴北京大学讲授法相唯识学,其间撰写了《唯识学概论》等讲义,尔后"盛疑旧学",开始了"平章华梵"的理论创新工作。其早期的理论建构仍基于法相唯识学框架,兼摄《易传》和西学中的思想资源,凭依扬弃精神,成立了"新唯识论"的理论体系。他对旧唯识学"心所"说从接受到批判乃至抛弃,前后经历了极其重要的转变过程。冯友兰指出,"熊先生的《新唯识论》直接向《成唯识论》提出批评,这同法藏退出玄奘的班子有同样的意义"[③]。熊十力从他所认为的佛学内在理论困境入手,对"心所"进行新的诠释和改造,从而为其构筑现代形态的中国哲学奠定了

---

[*] 陈佩,湖南大学岳麓书院哲学系博士研究生。
[①] 转引自郭齐勇《熊十力哲学研究》,人民出版社,2011,第1页。
[②] 熊十力:《新唯识论》(语体文本),《熊十力全集》卷三,湖北教育出版社,2001,第200页。
[③] 冯友兰:《怀念熊十力先生》,见《回忆熊十力》,湖北人民出版社,1989,第30页。吕澂曾对此史实提出疑问。

基础。熊十力的这一大胆举动在《新唯识论》诞生之际，虽曾引发过佛教界、学术界的关注，但对"心所说"的论辩却并未随之深入，学界后来关于熊十力的研究对此也多略而不详。笔者试图就这一问题进行探索，以期从一个侧面勾勒出熊十力儒佛诠释理路的变迁路径。

一 "疑者悟之几"：对圣言量的批判与怀疑精神

"心所"说是佛教唯识学的基本教义，最早出现于印度佛学小乘说一切有部，后为大乘瑜伽行派所吸收，世亲从《瑜伽师地论·本地分》中择要选取弥勒所列五百种名相中的一百种，造《大乘百法明门论》一卷，该论由玄奘翻译到中国，其中第二部分为"心所有法"，常被简称为"心所"或"心数"，是指伴随心识[①]活动产生的各种心理现象的类型。唯识学家共列出"六位五十一心所"，即"一遍行有五、二别境有五、三善有十一、四烦恼有六、五随烦恼有二十、六不定有四"[②]。熊十力对这套名相系统相当熟悉，在其《唯识学概论》和《佛家名相通释》中都有详尽说明，其"深玩佛家唯识论，渐发其短不当墨守"[③]，故而在《新唯识论·明心下》中便对其中名相做了大幅修正，将原来的"六位五十一心所"裁并为"四位三十八心所"，且援引经论，参以己见，"虽其名目种类大体沿用旧说，然解释不必尽符"[④]。他在批判了旧唯识学关于每个心所都由各自种子生成的烦琐哲学之后，把心所解释为心性本体的显现流行，同时能够助成、相应心，由此开启了其对心所的创造性诠释。

"疑"心所本在"六位五十一心所"中第四位"烦恼"位中，属于"根本烦恼"或"本惑"，《成唯识论》卷六："云何为疑？于诸谛理，犹豫为性；能障不疑、善品为业。"[⑤] 意谓对于佛陀所说"四谛"教理产生怀疑，以致不能行善，因而属于"根本烦恼"，此即是使有情众生沉沦于生死烦恼大海中的根本原因之一，属染污法。熊十力并不认同这样的说法，他将"疑"从"烦恼心所"移入另一类伴随特定心识而出现的"别境心所"，这类心所法性通善染。可见，"疑"这一心理活动在熊十力这里不被看作纯粹恶的，而成为可善可恶的了。熊十力首先批驳旧说的分类"亦稍过"，接着便充分肯定了"疑"在获取真理过程中的重要作用，"夫疑者，善用之则悟之几也"，"然著察之用，往往资疑以导其先"，"夫疑之可贵者，谓可由此而启悟耳"。他批评普

[①] 心识包括眼识、耳识、鼻识、舌识、身识、意识、末那识（意）、阿赖耶识（心）八种。
[②] 〔印度〕世亲：《大乘百法明门论》，《大正藏》第 31 册，第 855 页。
[③] 熊十力：《新唯识论》（删定本），《熊十力全集》卷六，湖北教育出版社，2001，第 5 页。
[④] 熊十力：《新唯识论》（文言文本），《熊十力全集》卷二，湖北教育出版社，2001，第 107 页。
[⑤] 林国良：《成唯识论直解》，复旦大学出版社，2000，第 412 页。

通人没有怀疑精神,"于其所常行、所串习者,初时漫不加意,又或狃于传说,安于浅见,故于所行所习之当然与所以然者,未尝明知而精识也"。他呼吁世人通过"疑"的精神引导和检视理性能力的运用,审查自己固有的知识结构,抛弃对于某种思想成见的盲从和轻信,则"至此顿觉一无所知。于是自视欿然,思求其故。疑端既起,欲罢不能。思虑以浚而日通,结滞将涣而自释,然后群疑可亡,著察可期矣"①,通过怀疑的精神引导和检视理性能力的运用,才能不致自绝于真理之门。

熊十力如此强调怀疑在理解中的作用,很显然受到了当时传入的西学治学精神的影响,刘定权在《破新唯识论》中便指其"盖承西哲笛卡儿之谬,所谓以怀疑态度治学者是也"。②不仅如此,我们根据熊先生的治学经历也可发现怀疑精神在其学术成长历程中扮演的重要角色。熊十力早年"初叩佛学即专攻唯识论",对唯识论体系"悉其渊源,通其脉络,综其体系,控其纲要"。但在北大讲学期间,他逐渐"盛疑旧学",对佛教导人出世、趋入空寂的旨趣产生了怀疑,旋即悉焚旧稿,迈出了构筑自己宏阔理论体系的第一步。因此,"由疑启悟"可谓对熊先生一生"学在求真,始而学佛,终乃由疑而至于攻难"③ 的真实写照。

如果我们再从佛学内部来进行一番考察,就可以发现熊十力这种思想也并非"孤明先发"。佛教创始之初没有文字留存,更无经典系统,但在佛陀涅槃后,他的人格和话语在僧团内部经历了一再神圣化的过程,最终结集而成的经律成为判定真理的最高标准,其后数百年间大量被冠以"佛说""如是我闻"字样的大乘佛经不断问世,以致佛教的经典系统一度十分混乱。大乘佛教为此不得不立"三法印"的标准来鉴定某一理论是不是符合佛法原意,其实这更进一步确认了各类续出佛经的合法性和神圣性。瑜伽行派创始人无著为了论证"阿赖耶识"说的合理性,仍要极力从《增一阿含经》中寻找出处根据④,这一点在瑜伽行派的"因明"(逻辑学说)中表现得尤为突出。"三量"是一组关于认识能力的范畴,《瑜伽师地论》卷十五与《显扬圣教论》卷十一都规定三量为"现量""比量""圣教量"。"现量"相当于人的感官认识,"比量"相当于人的理性认知,"圣教量"又名"圣言量",强调要以佛教的圣书或圣人所教导的知识为推理依据。在这里,"圣言量"和人的感性、理性认识能力并列成为判断是非的标准,从而增强了佛教经典的权威性。这一做法遭到后来新因明创始人陈那的严厉批判,他在《集量论》中主张,"量唯二种,谓现、比二量。圣教量与譬喻量

---

① 熊十力:《新唯识论》(文言文本),《熊十力全集》卷二,湖北教育出版社,2001,第 113 页。
② 刘定权:《破新唯识论》,《熊十力全集》附卷(上),湖北教育出版社,2001,第 23 页。
③ 熊十力:《新唯识论》(删定本),《熊十力全集》卷六,湖北教育出版社,2001,第 5、11 页。
④ 可参考〔日〕平川彰《印度佛教史》,庄昆木译,北京联合出版公司,2018,第 315~317 页。

等皆假名量,非真实量","声量亦是比量所摄"。① 亦即"圣教量"必定可以化入"比量"中,即但凡不符合我们理性的推论,也必然不符合佛陀的教导,即使说法被冠以佛陀的名义,也仍然能够被怀疑,这也就意味着他实际上取消了"圣教量"的独立地位。② 然而新因明学在汉地影响颇微,把"圣言量"当作判断是非标准的做法在佛教界仍被视为理所当然。熊十力十分推崇陈那的量论,称"有陈那菩萨者,曾著《观所缘缘论》一书,虽是小册子,而价值甚大,自其论出,大乘量论始立定基础"③,且在其逻辑学著作《因明大疏删注》中未立"圣言量",他甚至直斥"佛教徒以圣言量为依据,而不务反求诸己"④。由此可见,熊十力对"疑"心所的肯定与陈那对"圣言量"的怀疑是一脉相承的,但他的这一做法同样招致佛教界的大肆攻击。当《新唯识论》甫问世之际,熊十力的老师欧阳竟无便痛责"灭弃圣言量者,惟子真为尤"⑤,并嘱熊十力在内学院的同学刘定权立论破之,刘文针对"熊君言心所中之最谬者,莫如将本惑之疑移入别境"重申"佛口亲宣,三乘共秉"的原则,"况《成唯识论》备引种种圣言,而可一概抹杀耶"⑥。由此可见对于"圣言"的怀疑,这决定了他们学术进路的根本分歧。熊十力征引佛教史的事实对此进行了有力回应:"释尊始从外道出家,若一往信彼而自不知疑,又焉得自证菩提而成佛耶?"⑦

二 "生与希望俱":对人欲的反思与价值自觉

"遍行心所"是一类伴随一切心识活动而必然会产生的心理现象,它们因贯穿所有思维过程而具有普遍意义。唯识学家认为"遍行心所"共有五种,即作意、触、受、想、思。熊十力于此基础上又引入了"欲"心所,"欲"原属"别境心所",即特定情况下才会出现的心理活动,《成唯识论》卷五中"云何为欲?于所乐境,希望为性,勤依为业"⑧,这里"欲"是指对某种意向对象的追求愿望。由于旧唯识学认为"欲""恒对于所乐境而起,于非所乐,必不希望故。故欲数是缘别境而有,非遍行也"⑨。熊十力认为这种将"欲"限定在特殊情况下的说法"不应理",为此他列举了

---

① 〔印度〕陈那造,法尊译编《集量论略解》,中国社会科学出版社,1982,第2、110页。
② 可参考〔日〕平川彰《印度佛教史》,庄昆木译,北京联合出版公司,2018,第399~401页。
③ 熊十力:《新唯识论》(删定本),《熊十力全集》卷六,湖北教育出版社,2001,第58页。
④ 熊十力:《新唯识论》(删定本),《熊十力全集》卷六,湖北教育出版社,2001,第235页。
⑤ 欧阳渐:《破新唯识论序》,《熊十力全集》附卷(上),湖北教育出版社,2001,第3页。
⑥ 刘定权:《破新唯识论》,《熊十力全集》附卷(上),湖北教育出版社,2001,第18、23、26页。
⑦ 熊十力:《破破新唯识论》,《熊十力全集》卷二,湖北教育出版社,2001,第205页。
⑧ 林国良:《成唯识论直解》,复旦大学出版社,2000,第368页。
⑨ 熊十力:《佛家名相通释》,《熊十力全集》卷二,湖北教育出版社,2001,第387页。

唯识学认为"欲"出现的三种可能情景，一为"于可欣事欲见欲闻欲觉欲知"，二为"于可欣事上未得希合，已得愿不离，于可厌事上未得希不合，已得愿离"，三为"于一切事，欲观察者便有欲生，若不欲观……即全无欲"，其中第二种情况涵摄的范围最大。这里的关键在于，旧唯识学认为在"可欣事""可厌事"之外还有一种情况，即不欣不厌，"旧说于中容境，一向无欲"，但熊十力认为这种情况其实是不存在的，因为"单就境言，无所谓可欣可厌。受领于境，欣厌乃生"。在人的一切"识起缘境"的思维活动中，必然伴随希求或排斥的愿欲，而旧说之所以设立"中容境"，是因为"领欣境久，欣相渐低，疑于非欣"，但关键在于即使是"欣相低微而欲归平淡，要非全无欲者"①，对于一种情境即使已经熟悉到浑然无觉，也不可说是没有任何希求或排斥的愿望，只是不容易觉察到而已。思维必然有它的意向对象，故而在一切心理活动中都必然有欲的直接参与并贯彻始终，故而应当归入"遍行心所"。

这一问题牵涉到熊十力理论的根本旨趣，他之所以由佛入儒，主要在于他不能接受传统佛家"耽空溺寂"的人生态度，而要追求一种刚健日新的生命精神。佛教部分宗派过分强调其出世导向，十分沉迷于无欲的清净状态，这种思想在传入中国后产生了深远影响。先秦儒家强调"克己"，孟子提出"寡欲"，但并不否定"可欲之谓善"的自然事实。后世理学家或受到佛教某些宗派出世旨趣的影响，认为"寡欲"已然不够，必须上升为"无欲"，才是究竟的修养工夫。周敦颐就直接宣称"予谓养心不止于寡焉而存耳，盖寡焉以至于无。无则诚立、明通。诚立，贤也；明通，圣也"。②甚者演变成"存天理，灭人欲"等有强烈禁欲倾向的道德教条。这些教条早就遭到李贽、王夫之等学者的严厉攻击。熊十力有感于中国人长期以来在礼教束缚下的人格压抑，在面对内忧外患时不能展现出积极昂扬的精神状态，故而大声疾呼"人生与希望长俱，若有一息绝望则不生矣"，③期待唤醒沉睡已久的国民。他后来尤其服膺王夫之"天理人欲同行异情"的人道主义思想，盛赞"率性，以一情欲"的修养工夫，试图顺着明末学者的思想进一步改变"欲"在儒学中长期沉沦的局面，彰显人的主体性存在价值。

但熊十力彰显人之有欲并非意味着要放纵欲望，而是强调必须要有"定"的修养工夫。"定"在佛学术语中可音译为"三摩地"，《成唯识论》卷五中"云何为定，于所观境，令心专注不散为性，智依为业"④，在旧唯识学那里属于"别境心所"，因而

---

① 熊十力：《新唯识论》（文言文本），《熊十力全集》卷二，湖北教育出版社，2001，第109页。
② 《周敦颐集》，中华书局，2009，第52页。
③ 熊十力：《新唯识论》（文言文本），《熊十力全集》卷二，湖北教育出版社，2001，第109页。
④ 林国良：《成唯识论直解》，复旦大学出版社，2000，第373页。

可以随心识活动表现出可善可恶的性质，但熊十力却将它直接列入"善心所"，即一种能够增长善业，顺益自己和他人的心理类型。这里的理由是，"定"可以作为一种"令心收摄凝聚"的力量，使人"并力内注，助心反缘"。①"反缘"又作"返缘"，是熊十力根据"缘"在佛学中有"虑知"之义而创设的一个概念，他认为"意识作用，不唯外缘，而亦返缘"②，这个概念虽不同于黑格尔所说的后思与反思，但都属于以思想为对象的思想。"定"心所"以其收摄凝聚的力叶助于心"，通过相随而来的对于心性本体的反思，"即是自己新生之一种定力"③，荡尽每个人心性中从无始以来所受到的各种惑染的遮蔽，返还到本心清净圆明的理想境界。

熊十力在这点上或许有明显受西方哲学影响的痕迹，但其主要目的还是会通佛儒。由于唯识学并不认同心性本净的观点，主张"集起名心"，认为心不是一个恒常不变的本体，而由阿赖耶识中摄藏的无数无量心识种子各自分别发生作用，末那识恒常将其执持为自我，从而误认为心是统一的。这些心识种子本质上有染有净，因而没有无漏种子的"住无种性"或"一阐提"永远不能成佛。与佛教在中国的其他宗派相比，这一学说使唯识宗跟儒家"性善说"最难相容。熊十力自然不能认可，所以要用"本心"说来批评"集起名心"，"夫本心者，元是寂静圆明，毫无欠缺，但惑起障之，则心不得自显，而等于亡失。此昔人所以有放心之说也"④。通过"定"的收摄凝聚作用，人皆可祛除诸惑，保育微阳，使纯净无染的本心全体呈现出来。"求其放心"之说出自孟子，这样，"定"心所与儒学修养工夫得以结合在了一起，从而避免了旧唯识学从宗教立场所做的关于"无想定""灭尽定"⑤的烦琐论证，"定"心所也就从一种可善可恶的心理状态转变、扩充为纯善的修养境界，因而所有人都可以经由自我的觉悟，实现生命的价值。从这里不仅可以看出熊十力在沟通儒、佛方面所做出的努力，也可看出其试图将唯识学纳入世俗实践的理论尝试。

三　"于真理起信"：对真理的信仰与理性方法

熊十力虽然在构建新唯识论体系时仍大体保留了旧唯识学关于"心所"的划分，甚至说"吾人理会这五十一心所时，须把他当作自家生活底内容的描写，反观愈力，愈觉真切"，但他还是表示这种分类太过繁复，"若徒从文字上粗率了解过去，便不觉

---

① 熊十力：《新唯识论》（文言文本），《熊十力全集》卷二，湖北教育出版社，2001，第129页。
② 熊十力：《新唯识论》（文言文本），《熊十力全集》卷二，湖北教育出版社，2001，第100页。
③ 熊十力：《新唯识论》（删定本），《熊十力全集》卷六，湖北教育出版社，2001，第245、246页。
④ 熊十力：《新唯识论》（文言文本），《熊十力全集》卷二，湖北教育出版社，2001，第129页。
⑤ 唯识学从宗教立场区分自宗和外道所成就的境界为"灭尽定"和"无想定"，故而"定"可区分染净。

得有意义"。① 因而颇费了一番"省并""理董"的功夫，在所保留的"心所"中，他用"解释不必尽符"的创造性诠释发挥出了自己的哲学思想。《百法明门论》与《新唯识论》中"心所"对照见表1。

表1 《百法明门论》与《新唯识论》中"心所"对照

	遍行心所	别境心所	善心所	烦恼心所	随烦恼心所	不定心所
《百法明门论》	作意、触、受、想、思	欲、胜解、念、定、慧	信、精进、惭、愧、无贪、无嗔、无痴、轻安、不放逸、行舍、不害	贪、嗔、慢、无明、疑、不正见	忿、恨、恼、覆、诳、谄、憍、害、嫉、悭、无惭、无愧、不信、懈怠、放逸、惛沉、掉举、失念、不正知、散乱	睡眠、恶作、寻、伺
《新唯识论》（文言文本）	触、作意、受、欲＊、想、思	慧、寻＊、伺＊、疑＊、解、念	定＊、信、无贪、无嗔、无痴、精进、不放逸	贪、嗔、痴、慢、恶见	忿、恨、恼、害、嫉、覆、悭、诳、谄、无惭、无愧、掉举、昏沉、放逸	
				染数＊		

注：带＊者为熊氏重点调整处。

熊十力特别对"善心所"中的"信"做出了新的诠释。"信"在佛学中是一个非常重要的概念，《成唯识论》卷六："云何为信？于实、德、能深忍乐欲，心净为性，对治不信，乐善为业。"② 窥基释此为："谓于诸法实事理中，深信忍故；于三宝真净德中，深信乐故；于一切世出世善深信有力，能得能成，起希望故。"③ 简而言之，就是对于佛、法、僧等三宝的信仰。熊十力虽然对"信"这一心所有所保留，并属其在"善心所"下，但放弃了所谓"深忍乐欲"的说法，而代之以"如理作意力"，即正确运用思维的能力。他以此区分了两种层面的"信"："一者，于真理有愿欲故"，"二者，于自力起信"。这种信仰有别于宗教信仰，更有别于世俗的迷信，其为对自身理性和真理的信仰，不是对于任何权威及其学说的盲从，"故信之为义极严格。世言迷信者，误以胜解为信，故有迷，而信实无迷"④。这可以与"疑"心所联系起来考察，熊十力在肯定"疑"的积极作用时，仍然告诫人们不可"怀疑太过"，"人生日用，不

---

① 熊十力：《新唯识论》（文言文本），《熊十力全集》卷二，湖北教育出版社，2001，第106页。
② 林国良：《成唯识论直解》，复旦大学出版社，2000，第385页。
③ （唐）窥基：《大乘百法明门论解》，《大正藏》第44册，第48页。
④ 熊十力：《新唯识论》（文言文本），《熊十力全集》卷二，湖北教育出版社，2001，第130页。

必念念生疑"①，怀疑最终的目的是要导向正确认知，所以这二者在根本上是一个辩证发展的过程。

《新唯识论》对于保留的三十八种心所都有详尽的解释，有些属于调整分类，有些属于改变性质，有些则兼而有之，但相当一部分仍未脱旧唯识学所定的义界。抑或有无法确证其用意所指者，如"受"心所中不再列举表示不苦不乐的"舍受"，将之归为乐受，这点可能在批判佛学对"苦"的泛化理解。此外，在调整其分类但并不改变其性质的地方我们尤需注意以下两个方面。

第一，将"不定心所"并入"别境心所"。"不定心所"原指一类"于善染等皆不定"的心理活动，包括睡眠、恶作、寻、伺四种，熊十力裁去了睡眠、恶作两种，将"寻、伺"纳入"别境心所"的"慧"之下。"慧"在《成唯识论》卷五中是指"于所观境，简择为性，断疑为业"②，这里的"简择"包含从感性到理性的认识活动，这种认识活动中必然少不了推理论证的过程，熊十力借用"不定心所"中的"寻、伺"两种心所来解释这一推理过程。"寻、伺"在旧唯识论那里是指"寻求"和"伺察"，亦即心对于外境的追逐，二者间还有粗、细之分，主要是一种禅定工夫，有时则被描述为一种势用猛利能令身心无法安住的心理。熊十力创造性地用"推度"来诠释二者，同时区分其浅深之别，"寻"是指"全体计画"，即推理过程中从初级综合到分析的阶段，"伺"是指"探赜索隐"，即从分析到高级综合的阶段，"由寻入伺"被描述成推理认知由浅入深的辩证发展过程，"推度创起，此全计画固在模糊与变动之中，实有渐趋分畛之势。及夫继续前展，则分畛以渐而至明确，即全计画亦由分畛明确而始得决定"③。他批判了那种认为认识是"先观其分，后综其全"的看法，指出认识在一开始一定有一个整体的综合把握作为指导，但这种初级综合在认识中尚不清晰，必待分析其各个部分而始渐趋于明朗。这种重视实证综合与分析的理性主义精神，显然受到西方科学研究方法的影响。可惜由于时代所限，这些也只能停留在纯理论的构想层面。诚如熊先生后来所叹："我相信，我如生在西洋，或少时喝了洋水，我有科学上的许多材料，哲学上有许多问题和理论，我敢断言，我出入百家，一定要本诸优厚的凭借，而发出万丈的光芒。"④

第二，将"烦恼心所"与"随烦恼心所"合并为"染数"，并将原来二十六种心所精简为十九种，除去移入"别境心所"的"疑"，被裁去的心所包括：憍、不信、

---

① 熊十力：《新唯识论》（文言文本），《熊十力全集》卷二，湖北教育出版社，2001，第114页。
② 林国良：《成唯识论直解》，复旦大学出版社，2000，第375页。
③ 熊十力：《新唯识论》（文言文本），《熊十力全集》卷二，湖北教育出版社，2001，第112页。
④ 熊十力：《与梁漱溟》，《熊十力全集》卷八，湖北教育出版社，2001，第759页。

懈怠、失念、不正知、散乱。为何会有这种裁减，熊十力本人并未作说明，一种可能的解释是，"此在心理方面说，似同时有此等层累曲折可言，但不宜剖为各个碎片而已"①。所谓染，即是烦恼，旧唯识学区分了"根本烦恼"和"随烦恼"，"根本烦恼"包括贪、嗔、痴、慢、疑、恶见六种，是令众生无法获得正确知见、造诸恶业的主要原因。"随烦恼"共有二十种，是在根本烦恼基础之上产生的枝末型心所，还可细分为"小随烦恼"十种、"中随烦恼"二种和"大随烦恼"八种，"六位五十一心所"几乎囊括了人类心理体验的绝大多数情形。这套名相系统最早起源于小乘佛教说一切有部的四十六心所，后来被大乘瑜伽行派发扬光大，其对心理现象的细致分类涉及前意识、潜意识、无意识等多个层次，个别创获可以媲美现代西方心理学。这点在清末民国的唯识学复兴运动中便早为人所重视，熊十力自然也受其影响。"或问心所之六分法，若以今日心理学的眼光衡之，果有当否？余曰：此中大体是描写生活底内容，虽对于心理学多所贡献，却不是讲心理学。"② 可见熊十力更加注重彰显唯识学在哲学层面的意义，是因其对意识现象层面的考察最终是为探究意识和现象世界的本质。正因为此，其中所涉及的有些问题在当代哲学尤其是现象学视域下仍有其阐释空间，或许正像当代有些学者所指出的那样，"在一定的意义上可以说，现象学是一门现代版的唯识学"③。

余 论

熊十力自始至终并不欣赏旧唯识学中这套包含"五位百法""六位五十一心所"的经院哲学式的烦琐说教，而且认为这是唯识学在中国不能广泛流传的主要原因。"大抵世亲以来言唯识者全走入辨析名相一途，颇少深造自得之功。奘、基介绍此学于中土，虽盛行一时而终不可久。宗门迅起代之，亦有以耳。"④ 但"心所"说作为唯识学中最为核心的思想之一，自然没有被他弃之不顾，而是相应采取别开生面的创造性诠释和重新构建。首先，经由开展对佛学乃至整个当时学术的怀疑而走上理论创新之路。其次，通过对欲望的肯定而确立人的主体性地位。再次，援入传统儒学奠定新唯识论的理论基调，同时吸收西方科学理性的某些因素。最后，希冀达到对于真理的信仰和理性的自证。由

---

① 熊仲光：《五蕴与八识及种子义》，《熊十力全集》卷五，湖北教育出版社，2001，第242页。
② 熊十力：《新唯识论》（文言文本），《熊十力全集》卷二，湖北教育出版社，2001，第106~107页。
③ "（佛教唯识论）这个学说与胡塞尔在上世纪初所创立的意识现象学非常相似，尽管在它们之间没有直接的渊源关系和借鉴关系。在一定的意义上可以说，现象学是一门现代版的唯识学。"参见倪梁康《八识规矩颂注译》，崇文书局，2021，第6页。
④ 熊十力：《新唯识论》（文言文本），《熊十力全集》卷二，湖北教育出版社，2001，第141页。

此可见，由熊十力对于"心所说"的诠释理路可勾画出他早期致思转向的大致脉络。正由于他一开始便走向了批判式的治学路径，随着他与旧唯识学渐行渐远，在他晚年所作的《体用论》等著作中，便很难找到有关这套"拼合排比，极穿凿之能事"的"心所"学说的痕迹了。

　　回顾当时整个的中国学术，都面临前所未有的理论危机，旧的学术体系已然无法适应西方思潮冲击下的艰难境遇，无论是儒学还是佛学都面临着现代转化的迫切要求。熊十力敏锐地把握到了这一时代使命，毅然走上了创造性地建构哲学体系的艰辛道路。因而，其对佛学并未采取文献学意义上的严格考证和客观态度，甚至在有些地方的理解是不太准确的，以致引发他和吕澂之间关于"性寂"与"性觉"问题的争论，他对"心所"的理解也是如此，这也间接导致他新构建的这套学说渐趋沉寂。但我们并不可因此而忽视其理论贡献，"他的佛学研究并不是为了纯学术，而是深深寄寓着其振兴中华文化的苦心和重建中国哲学的宏愿"。[1] 这种创造性的佛学研究以适应中国当时的社会文化环境为旨归，尤其体现着他沟通佛儒以应对传统文化危机的深切诉求。正如他之所自道的："吾惟以真理为归，本不拘家派，且吾毕竟游乎佛与儒之间，亦佛亦儒，非佛非儒，吾亦只是吾而已矣！"[2]

---

[1] 景海峰：《熊十力》，中国台北东大图书公司，1991，第 127 页。
[2] 熊十力：《新唯识论》（删定本），《熊十力全集》卷六，湖北教育出版社，2001，第 130 页。

·科技哲学·

从技术理性到主体的塑造：意识形态在社会再生产中的构成性作用

江任平　夏　莹*

摘　要：意识形态批判理论是马克思主义理论体系的重要组成部分，国内以往的研究重心主要放在了对意识形态的溯源逻辑上：批判意识形态是对现实的扭曲，并指明意识形态的虚幻性。但透过社会结构再生产的理路，却能够发现意识形态批判的第二重向度，即对意识形态在社会现实（经济基础、法和国家）再生产中的结构性作用。从再生产维度重新理解意识形态的做法，不再仅仅将意识形态视作扭曲的幻想，而是将之视作再生产过程中的构成性现实。在本文中，笔者借助马克思、恩格斯关于意识形态与拜物教的论述，法兰克福批判理论，以及阿尔都塞、齐泽克的意识形态理论等思想资源，层层递进地阐述了意识形态在科学技术、社会合理化状态、交往关系、主体等多个维度的再生产中所发挥的重要功能，以此从再生产的维度整理马克思主义意识形态批判理论，并丰富理解意识形态功能的理论视角。

关键词：意识形态　再生产　技术理性　拜物教　主体

"马克思的著作在意识形态概念史中占有中心地位。由于马克思，这个概念获得了新的地位，成了一种批判手段和新的理论体系中的一个组成部分。"[1] 意识形态理论在马克思主义理论体系中占据了非常重要的位置，马克思主义使意识形态批判不再局限于观念的诠释，而成为具有现实指向的批判理论。

然而，问题在于，意识形态究竟在何种意义上同社会现实相联系？或者说，在何种意义上，马克思主义的意识形态批判能成为对社会现实的批判？钟启东认为，马克思从意识形态批判到现实批判实际上就是从"副本批判"溯源到"原本批判"的

---

* 江任平，清华大学日新书院哲学专业大三本科生；夏莹，清华大学人文学院哲学系长聘教授、博士生导师，主要研究方向为当代国外马克思主义，当代法国哲学。

[1] 〔英〕约翰·B.汤普森：《意识形态与现代文化》，高铦等译，译林出版社，2005，第35页。

转换，马克思不仅指出了宗教、拜物教等意识形态的虚假特性（意识形态批判），而且"力图揭示造成这种异化和颠倒的现实根源、生成机制，力图说明各种意识形态幻想是如何被塞进人们头脑的"。① 张一兵则认为抛弃了"价值悬设"的马克思不再对意识形态作一种抽象的道德批判，而是在现实的物质生产和阶级矛盾中探寻意识形态的根据，他不再从哲学上着眼于人的某种类本质的丧失与复归、人性与非人性的逻辑矛盾，而是回落到现实的社会经济生活特别是具体物质生产所生发出来的客观对立与矛盾之中，由此，马克思实现了从"价值批判"到"科学现实批判"的飞跃。②

然而，虽然钟启东和张一兵将意识形态回溯至物质生产现实中，即诠释了意识形态的现实根源，但是其理论似乎无法回应阿尔都塞的关于意识形态的经典问题："为什么'需要'对这些实在生存条件进行想象性置换呢？"③ 换句话说，溯源环节（将意识形态溯源到物质生产现实上）固然是意识形态批判的关键环节，但是它却无法解释意识形态在物质生产现实中的结构性作用，换言之，将意识形态视作对现实的扭曲的看法无法解释为何一定的意识形态必然地会显现出来，也无法现实地说明意识形态所发挥的职能。

在本文中，笔者试图从物质现实、社会结构再生产的环节入手，考察意识形态在社会再生产环节中所承担的职能。笔者认为，关于意识形态再生产职能的理论——与溯源理论一样——是马克思主义意识形态批判理论的必要环节。我们将意识形态等再生产要素抽离出社会现实，那么就会将资本主义社会结构的维系视作全然自发和自动的，这种阐释自身就是意识形态化的，④ 而且是不符合事实的。笔者认为，科学技术、社会的合理化状态、交往关系与主体等资本主义社会结构中的关键要素都无法自我维系，因此在本文中，笔者将根据马克思原著、哈贝马斯等法兰克福学派学者的批判理论、葛兰西的市民社会理论、阿尔都塞与齐泽克的意识形态理论来详细考察意识形态在社会结构中发挥的再生产作用。

一　意识形态批判何以是对现实的批判

"道德、宗教、形而上学和其他意识形态，以及与它们相适应的意识形态便不再

---

① 钟启东：《历史唯物主义的意识形态逻辑》，《学术界》2023年第11期。
② 张一兵：《从分工到现实的世界历史——〈德意志意识形态〉中一种经济学的现实批判话语》，《江苏社会科学》1998年第6期。
③ 〔法〕路易·阿尔都塞：《论再生产》，吴子枫译，西北大学出版社，2019，第354~355页。
④ 这就相当于将资本主义社会结构视作独一自存、自有永有的，这种"批判"实质上和将资本主义社会关系视作永恒的观点是同构的。

保留独立性的外观了。它们没有历史,没有发展,而发展着自己的物质生产和物质交往的人们,在改变自己的这个现实的同时也改变着自己的思维和思维的产物。"① 根据《德意志意识形态》的这句话,似乎能够得出以下结论,即意识形态是纯粹的幻想和扭曲,应当揭开意识形态的幻想以抵达"物质生产和物质交往"的现实。在这种将意识形态视作纯粹的幻想的诠释中,出现了经典的"本质—形式"②的二分:物质性生产和交往活动是社会历史的本质与内核,而意识形态不过是幻梦般的形式罢了。

但是,如果认为意识形态是纯粹的幻想,那么这种对马克思主义的诠释必将偏离历史唯物主义本身。如果说"人们的意识,随着人们的生活条件、人们的社会关系、人们的社会存在的改变而改变"③,那么一定社会的意识形态必然会被一定的生产方式所结构性地决定,也会在一定的生产方式中发挥着自身的作用,在一定的社会形态中起到自身的构成性作用,这样才能认为:一定历史时期的物质现实整体性地、结构性地决定了意识形态,意识形态以促进再生产等方式反作用于物质现实。正如拉布里奥拉所言:"这些意识形态既然决定于生活条件,也就构成了历史的一部分。"④ 意识形态之所以"没有历史,没有发展",是因为它是在同时性的意识结构中发挥作用的,真正决定它的属性和功能作用的是历史性的物质生产活动。但一旦我们将意识形态看作纯粹的幻想,就意味着我们把一定历史时期的社会意识同社会存在割裂开来了,从而既不能理解物质生产对意识形态的规定性作用,也不能理解意识形态对物质生产(尤其是劳动力、主体的意识结构的再生产)的重要性,更不可能理解马克思主义对于经济基础、法和国家以及意识形态所作的整体性的现实批判。

独断地认为意识形态只是幻想的学说,也不符合马克思、恩格斯对于意识形态的真实来源的阐述。意识并不天然地就作为一种独立于、异化于社会的力量,而是在脑力分工和体力分工的基础上才成为一种具有相对独立性的力量的,"从这时候起,意识才能摆脱世界而去构造'纯粹的'理论、神学、哲学、道德等等"。⑤ 因此,"意识形态既不是胡言乱语,也不是历史的寄生赘瘤。它是社会的历史生活的一种基本结构"⑥,只有在分工和所有制的规定性中才能理解一定的意识形态的功能,而不能仅仅将之视作任意的幻想。

---

① 《马克思恩格斯文集》第 1 卷,人民出版社,2009,第 525 页。
② "本质—形式""质料—形式""内容—形式"对应了黑格尔《逻辑学》"本质论"中的三个环节,根据笔者的判断,这种否定性的意识形态阐述尚处于"本质—形式"的思想地平线上。
③ 《马克思恩格斯文集》第 2 卷,人民出版社,2009,第 50~51 页。
④ 〔意〕安·拉布里奥拉:《关于历史唯物主义》,杨启潾等译,人民出版社,1984,第 63 页。
⑤ 《马克思恩格斯文集》第 1 卷,人民出版社,2009,第 534 页。
⑥ 〔法〕路易·阿尔都塞:《保卫马克思》,顾良译,商务印书馆,2010,第 229 页。

同样，在资本主义时代，作为意识形态的拜物教也不是主观思想自发的产物，而是商品经济和社会普遍异化的结果，在拜物教意识形态中也再生产这种交往和生产关系。在拜物教意识形态中，人与人的社会关系被反映为商品与商品之间的关系，而商品的形而上学性质并不源于人的主观遐想，而是源于商品经济再生产自身的需求。正是因为货币和商品在现实的关系中成为价值的普遍尺度与绝对的中介，所以人们才会将商品关系反映为抽象的价值规律；反过来说也是一样，人们将货币视作私有财产的最高中介物，推动了普遍的物化和异化的实现。当马克思说"商品形式在人们面前把人们本身劳动的社会性质反映成劳动产品本身的物的性质"[1]时，他没有将拜物教意识形态的来源视作人的幻想，恰恰相反，这句话的主语是客观的"商品形式"。在这个意义上讲，拜物教意识形态和商品经济的物质生产、交换同属于一个资本主义社会体系，历史唯物主义和辩证唯物主义的批判必定不会片面地忽略意识形态，而会对意识形态要素中与经济基础、政治因素具有密切联系的整体性要素加以批判，从而实现对资本主义社会整体的批判。只有在这个意义上，我们才能充分理解马克思、恩格斯在《共产党宣言》中提到的"两个决裂"观点的意义，同传统所有制关系的决裂（在经济基础的维度上）和同传统观念的决裂二者缺一不可[2]，因为意识形态本身就是资本主义的构成性现实，而非单纯的幻想。

为了批判作为整体的资本主义社会形态，马克思主义不能将意识形态视作纯粹的幻想，那是否能够将对意识形态的批判视作对生产方式和政治统治的批判的直接延伸呢？换言之，是否能将意识形态的社会功能还原为经济剥削和政治压迫呢？选择这样的做法会面临三个不可避免的理论困境。第一，既然意识形态能够被完全还原为经济和政治的环节，那该理论就无法解释意识形态为何会在资本主义社会中出现，为何意识形态有不同于经济和政治环节的功能。第二，将意识形态直接还原为经济剥削，这就意味着将经济环节中的劳动力再生产视作自动实现的，但劳动力再生产不仅意味着生活资料再生产，同时意味着从事劳动的意愿、劳动技能知识的再生产，而这些意识形态环节无法被还原到单纯的经济活动当中（虽然其最终目的是保障生产关系的再生产），"为了使劳动力作为劳动力被再生产出来，仅仅保障其再生产的物质条件还不够……后备劳动力必须是'有能力的'"。[3]第三，将意识形态直接还原为政治压迫的做法则完全忽视了意识形态的独特作用：意识形态从来不是通

---

[1] 《马克思恩格斯文集》第5卷，人民出版社，2009，第89页。
[2] 《马克思恩格斯选集》第1卷，人民出版社，2012，第421页。
[3] 〔法〕路易·阿尔都塞：《论再生产》，吴子枫译，西北大学出版社，2019，第126页。

过强制性的压制而是通过使"人们即具体的个人'运转起来'"发挥其功能的[①]。更为重要的是，它预设了被压迫的主体的存在，但是个人正是在意识形态的征召中才得以成为主体的。

由此观之，意识形态不仅在社会再生产中具有现实的而不是幻想的作用，而且它具有不同于经济剥削和政治压迫的独特作用。但需要注意的是，这不意味着可以抽象地将意识形态视作独立于甚或是高于经济和政治环节的"现实"。将人类的历史视作意识形态的独白式的历史的做法同样忽略了意识形态同社会生产、法和国家乃至整个资本主义社会形态之间的辩证关系。正如马克思在《〈黑格尔法哲学批判〉导言》中所论述的，"反宗教的斗争间接地就是反对以宗教为精神抚慰的那个世界的斗争"[②]，对意识形态的批判并不是非历史地从纯粹逻辑的和思辨的角度来评判某种观点的对错（就像青年黑格尔派别对待宗教那样），而是要考察此意识形态在整个生产方式中发挥的结构性作用。这样一来，对意识形态的批判才会是对资本主义整个体系的现实批判。

然而，虽然马克思主义一直强调意识形态同经济和政治关系的整体的辩证关系，但是由于马克思、恩格斯生前关于意识形态的许多理论著作是论战性著作（如《论犹太人问题》《神圣家族》《德意志意识形态》），而且其理论对手正是以黑格尔、青年黑格尔派为代表的"德意志意识形态家"，马克思和恩格斯笔下的意识形态多带有否定性的特征。但根据我们上文的分析，尤其是马克思晚年对于拜物教意识形态的分析，我们可以看出马克思主义实际上肯定了意识形态在社会再生产中的独立的肯定性功能，并在社会关系当中考察了其功能的性质。但由于马克思和恩格斯生前没有详细展开对意识形态问题的肯定性和功能性的研究，霍克海默、阿尔都塞、齐泽克等理论家从不同角度阐述了意识形态在社会再生产中的结构性作用，下面我们将从三个维度阐释意识形态对社会现实的构成性作用：技术理性、交往关系和主体再生产。

二 作为技术理性的意识形态

在第二国际经济决定论和机械唯物主义的解释范式下，技术与科学是与意识形态领域无关的生产力要素，而意识形态则是对技术与科学及其关系的扭曲表述。但是，晚期资本主义的社会现实却展示出了意识形态在科学技术再生产中的重要功能，或者说，科学技术直接作为一种意识形态而结构、再生产出了整个合理化社会。按照原意

---

① 〔法〕路易·阿尔都塞：《论再生产》，吴子枫译，西北大学出版社，2019，第352页。
② 《马克思恩格斯文集》第1卷，人民出版社，2009，第3页。

来讲，技术理性指的是人们按照一定的方法在既定的条件和既有的规则体系下实现目标的理性能力，而如今它不仅指这种达成目标的科学方法，还作为晚期资本主义的意识形态在社会再生产中发挥了其独特的作用。在笔者看来，这种再生产具体表现为科学技术本身的再生产以及社会合理化状态的再生产。

庸俗的技术主义者或许会将科学技术本身的再生产视作无条件的和纯粹自因的，好像科学技术自身拥有了某种形而上学的神秘主义特性：它既作为历史的实体，即它最终能决定一切"表象"（政治模式、交往关系、思想结构等），又作为社会的主体，即它能主动地实现自我增殖。但在霍克海默、阿多诺、哈贝马斯等法兰克福批判学派学者看来，科学技术的增殖既不是中立的，又要依靠意识形态因素来实现。这种推动科学技术不断增殖、再生产的意识形态就被称为技术理性意识形态。

如果要理解科学技术再生产的有条件性（而且意识形态作为相当重要的条件），那么就需要正确认识到科学技术在社会结构中——而不仅是抽象的技术发展史中——的地位。哈贝马斯认为社会与社会中的主体都是由三个异质性的规定所结构成的，它们分别是劳动、符号与相互交往。劳动也被称为"工具的活动"或"技术活动"，"工具活动遵循有条件的绝对命令，而有条件的绝对命令本身则产生于工具活动的经验领域"①，劳动通过运用既有的手段来达到假定的目标，科学技术的发展正属于这一范畴。而符号为中介的相互交往的领域则强调不同行动主体的彼此承认，它"按照必须遵守的规范进行的，而必须遵守的规范规定着相互的行为期待，并且必须得到至少两个行动的主体（人）的理解和承认"②。在以符号为中介的相互交往的领域，法律规范和彼此承认的社会性人格得以建立。在资本主义发展的初期，社会的合法性基础正是来自以市场经济为代表的相互交往机制，它"确保着交换关系的公平合理和等价交换"③。需要注意的是，以目的理性为原则的劳动领域和以交往理性为原则的相互交往、符号并不矛盾，交往关系规范要根据劳动的所有权关系加以确认，而社会劳动必然又和相互交往与符号无法分离。

在早期资本主义的范式下，统治的合理性与意识形态根源于人们的交往活动④，而这种交往活动作为商业活动具有经济合理性，它能同时促进科学和技术的发展，因此，符号、相互交往和劳动三者之间的平衡没有被打破。但是随着经济危机频发，公平合理的合法性基础逐渐瓦解，国家和国民的首要目标从维护公平合理变为技术性地

---

① 〔德〕尤尔根·哈贝马斯：《作为"意识形态"的技术与科学》，李黎、郭官义译，学林出版社，1999，第23页。
② 〔德〕尤尔根·哈贝马斯：《作为"意识形态"的技术与科学》，李黎、郭官义译，学林出版社，1999，第49页。
③ 〔德〕尤尔根·哈贝马斯：《作为"意识形态"的技术与科学》，李黎、郭官义译，学林出版社，1999，第54页。
④ 〔德〕尤尔根·哈贝马斯：《作为"意识形态"的技术与科学》，李黎、郭官义译，学林出版社，1999，第55页。

防止灾难并实现平衡的社会福利格局,经济合法性①本身发生了转向:合法性来源从主体间的商业交往关系变为主体对客体(目标)的控制能力。在早期资本主义的意识形态下,技术与科学的发展虽然也很重要,但由于科技的目的理性并不直接来源于社会关系、主体间性(而是来自主客关系),科技发展不会如同晚期资本主义一般大规模地再生产自身。只有在技术理性意识形态下,当人们将追求某一假定目的而非相互交流视作真正的"理性"时,当人们将是否达成目标而非是否达成社会共识视作判定成败的标准时,科学与技术才取得了其意识形态般的拜物教性质,即仿佛科技的功效与合法性基础不是来自人们的交互关系,而是根植于科技自身,"这种符号本身具有了一种拜物教的特征。在这个过程中,符号所指称的是自然的周期性,而这种周期性总是表现出一种由符号所呈现出来的持久不断的社会强制作用"②。由此可见,通过技术理性的意识形态,科学技术获得了自身的拜物教般的自律性,从而自身作为绝对的目的而自立起来,因而人们不再根据交往关系而是依据科技的目的来组织资源。由此,科学技术本身的再生产才是可设想的。

技术理性是科学技术再生产的意识形态条件,而且也是以科学技术为导向的社会合理化状态的再生产的意识形态条件。这种意识形态的核心在于"无目的的合目的性",换言之,技术理性所假定的目标同人们之间的社会关系相分离而成为自立的存在,人们逐渐丧失了对这一目的本身反思的意愿与能力,在马尔库塞看来,人们的"历史合理性"就此被"技术合理性"剥夺了。技术的目的本应发源于社会关系之中,但是在合理化社会中,反倒是社会关系的组织要服从于目的的实现,在这个意义上,人们对"自动控制的秩序机器"③丧失了批判能力而落入了其意识形态之中,而正是这一意识形态又使得秩序机器得以运转。

实际上,技术理性的意识形态可以追溯到康德哲学。知性范畴如何能够应用到感性杂多之上?这一问题也是关于现代性的问题,即社会的普遍合目的性如何能够与具体经验相统一?在《纯粹理性批判》中,承担这一统一职能的是先验想象力,但是先验想象力也要遵从知性范畴的规则,知性的能力在这里俨然成为"无目的的合目的性"。在知性的能力中,"当下经验还从来不曾作为某种具有独立的时间意义的事物"④。换言之,康德真正重视的是作为经验的先验条件却又独立于具体经验而存在的

---

① 在哈贝马斯这里,资本主义统治的合法性基础就是意识形态,因此此处的转向就是意识形态的转向。
② 〔德〕马克斯·霍克海默、西奥多·阿道尔诺:《启蒙辩证法》,渠敬东等译,上海世纪出版集团,2006,第16页。
③ 〔德〕马克斯·霍克海默、西奥多·阿道尔诺:《启蒙辩证法》,渠敬东等译,上海世纪出版集团,2006,第23页。
④ 〔德〕瓦尔特·本雅明:《写作与救赎:本雅明文选》,李茂增、苏仲乐译,东方出版中心,2017,第21页。

知性，而"无论是作为感知的经验，还是作为低等概念的经验，在康德思想中都只能起着非常有限的作用"。① 在实践哲学中，康德也面临着形式主义的困难，"在自己创造的，但是纯粹是转向内心的形式（康德的道德律令）和与知性、感性异在的现实、既定性以及经验之间的不可逾越的两重性"。② 在这里，道德律令成为脱离感性活动存在的、超我般的可怖律令，成为技术理性最早的哲学隐喻。

知性范畴与具体经验在思辨中的统一，最终成为社会具体环节在"无目的的合目的性"中的统一，这种意识形态为社会上的各种合目的性提供了合法性基础。比如心理学上的泰特制和当代官僚政治中的"义务心"，技术理性意识形态使人们不再对作为目标的"心理健康状态"或"义务"本身（康德那里的道德律令）进行反思，且不重视这些目的是否与人们的交往关系相适应，而是转向了如何更好地实现这些目的。同样，"补偿纲领代替了自由交换的意识形态"③，在晚期资本主义国家的"补偿纲领"中，人们不再关注民主、交往关系等议题，而是关注如何实现特定的、技术性的社会目标（如社会福利、宏观经济平衡等），对社会问题的处理不再是公共性的议题，而是成为纯粹技术性的问题。

在技术理性意识形态的统摄之下，"技术是为未加讨论而假设的目的或者为在交往中得到了说明的目的而被组织起来的合适手段"④，技术理性的意识形态组织起并再生产了合目的性的社会状态。

无论是技术理性意识形态在科学技术再生产中的作用，还是在社会合理性状态中发挥的作用，其叙事模式大致皆为社会结构和意识形态中的技术理性（目的理性）使交往关系异化，主客关系的意识形态渗透到了主体间性的交往之中，"劳动的合理化会引起交往的非合理化"⑤（见表1）。但是这样一来，似乎就预设了技术理性领域同以符号为媒介的相互作用的领域的对立，从而后者的异化不是来自后者自身，其再生产来自外在的意识形态结构（正如技术理性意识形态同交往理性是异质的一样）。换言之，意识形态以外在的方式再生产非合理化的交往结构。然而，我们又能发现意识形态以内在于交往关系的方式再生产交往关系（商品关系），拜物教意识形态并非外在于商品关系，而是商品交换关系的必要条件（见图1）。

---

① 〔德〕瓦尔特·本雅明：《写作与救赎：本雅明文选》，李茂增、苏仲乐译，东方出版中心，2017，第22页。
② 〔匈〕卢卡奇：《历史与阶级意识》，杜章立等译，商务印书馆，1999，第201页。
③ 〔德〕尤尔根·哈贝马斯：《作为"意识形态"的技术与科学》，李黎、郭官义译，学林出版社，1999，第59~60页。
④ 〔德〕尤尔根·哈贝马斯：《作为"意识形态"的技术与科学》，李黎、郭官义译，学林出版社，1999，第93页。
⑤ 俞吾金：《意识形态论》，人民出版社，2009，第291页。

表1 劳动的合理化会引起交往的非合理化

社会系统的 具体内容 \ 三种社会系统	技术理性所组织的社会系统	以符号为媒介的交往系统	被技术理性异化的交往关系
行为导向原则	主客关系，尤其是实施计划的主体与被假定的目的	主体间性	原本应当是主体间性的领域，被异化为了主客关系（补偿纲领）
评定机制	问题的解决、目的的达成	相互交往的共识的达成	共识被忽略，技术性问题的解决成为唯一关切
社会运行的主要方式	在既定经验领域内的命令	主体间的彼此期待与交往	主体间的交往被命令活动所代替
意识形态的合法性基础	上可追溯到近代理性主义，发端于康德的形式主义，"无目的的合目的性"	商业上的等价交换与由此发展起的人格关系、所有权关系（洛克）以及黑格尔伦理观	被技术理性所侵蚀，人们丧失对目的本身的反思能力，"历史合理性"的丧失

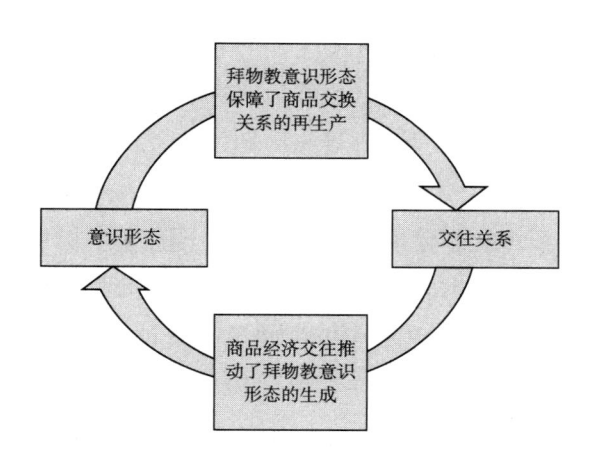

图1 拜物教意识形态是商品交换关系的必要条件

三 意识形态与交往关系再生产

当人们将某种交往关系作为理论的预设时，实际上是抽象的。比如说马克思认为，当人们抽象地谈论人口时，实际上抹杀了其内部复杂的阶级结构、经济关系、政治关系等。同理，当我们把某种去意识形态化的交往关系作为理论的预设时，实际上也就忽略了作为交往关系再生产所必需的意识形态因素。

然而，交往关系具有一定的稳定性，是以特定的意识形态为前提的。换言之，没有适当的意识形态，一定的交往关系就无法在自己的领域内保持同质性和历史中的恒定性。比如说，近现代资本主义社会的商品交换关系之所以不同于古希腊时期局部的、片面的交换关系，其中一大重要原因是等价交换、商品拜物教等意识形态保障了交换关系的再生产。如果不将承担再生产功能的意识形态作为交往关系的构成性内容，那么就无法区分偶然的交往活动和稳定的、占据主导地位的交往活动，以至于会将稳定的商品经济关系还原为偶然的、自发的利己主义活动，"它并没有考虑经济阶级的构成及其内在关系，而是满足于假定高利贷者卑鄙自私的盘剥动机，尤其是采用被法律定罪的高利贷形式的动机"。①

在葛兰西看来，市民社会不能被还原为利己主义的总和，它之所以能成为一定历史时期的稳定的社会关系，正是由于资本主义知识分子和意识形态起到了同质化的作用，保障了资产阶级社会关系的稳定再生产，"这样的阶层不仅在经济领域而且在社会与政治领域将同质性以及对自身功用的认识赋予该社会集团"。②葛兰西还论述了中世纪时期行会之间、城市之间片面的商品交换关系未能成为世界性、整体性的交往关系的原因："意大利中世纪的资产阶级无力完成从经济社团阶段向政治阶段的过渡，原因是它无法彻底摆脱教皇、神职人员和世俗知识分子（人文主义者）所营造的中世纪大都市观念，换句话说，它无力创造自主的国家，只有停留在中世纪的拘囿中，具有世界主义特色的封建氛围。"③ 在拜物教、等价交换以及启蒙价值观确立后，市民社会的交往关系才会被稳定地、整体地再生产出来。只有在意识形态的再生产功能（市民社会的联结功能）出现危机时，政治国家才会直接出场干预。

意识形态在交往关系再生产中发挥作用的最显著的表现就是商品/货币拜物教对于商品经济的支撑作用。马克思是这样界定拜物教的："商品形式在人们面前把人们本身劳动的社会性质反映成劳动产品本身的物的性质，反映成这些物的天然的社会属性，从而把生产者同总劳动的社会关系反映成存在于生产者之外的物与物之间的社会关系。"④ 换句话说，在商品交换关系中，商品/货币拥有一定的价值只是因为供需结构等社会关系赋予了它一定的价值，例如赋予了某种纸币以一般等价物的地位，但是在拜物教意识形态中，这种价值仿佛是这种商品/货币内在的而不是社会关系赋予的。马克思在《资本论》中举了桌子的例子，仅仅将桌子的价值视作使用价值时，桌子还

---

① 〔意〕安东尼奥·葛兰西：《狱中札记》，曹雷雨、姜丽、张跂译，河南大学出版社，2014，第198页。
② 〔意〕安东尼奥·葛兰西：《狱中札记》，曹雷雨、姜丽、张跂译，河南大学出版社，2014，第1页。
③ 〔意〕安东尼奥·葛兰西：《狱中札记》，曹雷雨、姜丽、张跂译，河南大学出版社，2014，第321~322页。
④ 《马克思恩格斯文集》第5卷，人民出版社，2009，第89页。

只是"普通的可以感觉的物",桌子的形而上学的神秘性源于它的商品性和交换价值。由于商品关系将劳动的社会属性、生产者同总劳动的社会关系反映为物的自然属性与发生在生产者之外的物与物的社会关系,在拜物教的意识形态下,社会劳动的不平等性与人与人之间剥削性和压迫性的社会关系都被反映为了商品之间固有的市场规律。

既然拜物教意识形态掩盖了人与人的社会关系,那么能否将拜物教意识形态与商品关系分离开呢?换言之,能否将一定的意识形态与一定的交往关系分离开呢?马克思论述说,"劳动产品一旦作为商品来生产,就带上拜物教性质,因此拜物教是同商品生产分不开的"①,这就说明了拜物教意识形态同商品关系是无法分离的,拜物教意识形态在商品关系再生产中起到了重要的作用。在笔者看来,拜物教意识形态在两个方面发挥了再生产作用,分别为对等价物的误认与对主体自身的误认。

如果在商品经济的关系中,私有者不将私有财产必然地误认为其他私有财产的等价物,或者不根据等价物之间的关系来组织社会关系,那么商品经济关系就无法稳定地维系自身。"使两个私有者发生相互关系的那种联系是物的特殊的性质,而这个物就是他们的私有财产的物质"②,换句话说,私有者并不是抽象地与另外一个私有者发生社会关系,而只是因为私有者将自己的私有财产视作他人私有财产的等价物,他期望用自己的私有财产换取他人的私有财产,正是在这种私有财产的外化下社会关系才得以组织起来。也正因此,私有者的私有财产不再与它自身保持同一,它不再单纯地呈现为使用价值,而只有作为他物的等价物才有意义,"它不表现为同自身的直接统一,只表现为同某个他物的关系……因此它成了价值并且直接成了交换价值"。③ 这就意味着,尽管拜物教是异化的状态,人与人的关系被反映为了物与物的关系,但更加重要的关键点在于,如果不经由物与物的关系,不经过拜物教意识形态的中介,市民社会中的交往关系、社会关系根本无法维系,至多流于像古希腊式的、短暂的商品交换关系而已。在资本主义私有制和分工体系下,人们之所以同彼此产生关系,不是由于他们拥有某种抽象的"交往理性",也不是因为他们具有非历史的"类本质",而是因为"在我(私有者——笔者注)心目中,惟一能向你对我的物品的需要提供价值、身价、实效的,是你的物品,即我的物品的等价物"。④ 由此观之,将物误认为"可感觉而又超感觉"之物的意识形态是商品经济的交往关系的构成性因素,而不仅仅是对它的扭曲。

---

① 《马克思恩格斯文集》第5卷,人民出版社,2009,第90页。
② 《1844年经济学哲学手稿》,人民出版社,2000,第172页。
③ 《1844年经济学哲学手稿》,人民出版社,2000,第174页。
④ 《1844年经济学哲学手稿》,人民出版社,2000,第182页。

拜物教意识形态发展不仅要依赖于私有者对于作为等价物的私有财产的误认，还依赖于私有者对于自身的误认，而这是以货币为中心的交往关系的再生产的重要组成部分。在前资本主义的共同体时代，物品不作为商品而生产，而仅仅作为个人的直接需要之物被生产出来。在这个意义上，物品与生产者之间是紧密联系的，生产者仅仅是作为特殊物品的生产者而存在，没有发展出抽象的"我思"与法权主体，比如说农民不仅在生产上，而且在人格上被束缚在土地上。在这个时期确实也会出现货币（古代罗马的金币，古代中国的秦半两、五铢钱等），但是它不会结构出一种货币拜物教。这是由于人们此时仅仅把自己想象为特定交换关系的承担者，因而仅仅把货币想象为特定交换关系的担保物，而不将自己视作一般的担保者。古代的银行与钱庄并非向一般的、抽象的借贷人的承诺，而是向特定的借贷人的承诺，"这种想象的货币只是'依赖于收款人签名的确认'。起初银行所给出的纸币只不过是银行向某个特定商人的一种承诺"[①]。这样一来，由于货币仅仅能对应于特定的主体，它无法成为一般主体普遍认可的绝对中介，货币仅仅作为以物易物的桥梁，而并不具有真正的革命性。然而在现代社会，人们将自身设想为超越特定担保关系、特定物品生产关系的一般的主体（抽象的"我思"正是哲学上的对应物），因而不再将货币视作与特定主体的担保关系，而是与普遍的、抽象的主体的担保关系。在使用货币时，私有者会将货币视作银行与空洞的、一般的主体承诺的一种担保关系，而自己可以成为这一一般的主体，"主体……去将自己想象为一个空洞'承担者'，将自身经验性的，构成其特殊'个性'的单个人的存在看作一种偶然的变化"[②]。这实际上就意味着，货币承担起一般等价物的社会职能，同时就意味着主体将自身想象为一般的而非片面的商品交换者和货币使用者。

由此看来，交往关系——尤其是商品经济下的交往关系——的维持并非自发的、无条件的，而是有特定的意识形态作为再生产的条件，而这一拜物教意识形态依赖于私有者对于等价物的误认与对主体自身的误认。在拜物教意识形态中，私有者不仅要把私有财产看作等价物，更要将自己视作一般的、抽象的商品交换者与货币使用者，这实际上涉及笔者所要谈及的第三个关于意识形态的再生产作用的问题：参与一定社会关系的主体如何被意识形态再生产出来。通过对交往关系的分析，尤其是对以货币为中心的交往关系的分析，我们看到一定的交往关系与意识形态会生产与再生产出它的主体，也就是说交往关系中的主体并非无条件的，而是具有规定性的，而意识形态就是主体再生产机制中一种很关键的规定性。

[①] 〔斯洛文尼亚〕斯拉沃热·齐泽克：《延迟的否定》，夏莹译，南京大学出版社，2016，第34页。
[②] 〔斯洛文尼亚〕斯拉沃热·齐泽克：《延迟的否定》，夏莹译，南京大学出版社，2016，第35页。

四 主体的再生产

认识主体的确立与主客二分是笛卡尔以来的近代哲学的一大预设,在认识论中,"我思"作为抽象的认识主体能够摆脱一切具体的经验性内容而自立。在康德哲学中——尤其是在他的伦理学中——先验的主体不仅同感性的杂多相分离,而且还与能思的、当下化的自我意识相分离而成为超我的形象。这样一来,先验主体的要求变为绝对和普遍的要求,即使是能思的自我(与超我相对的)也无法与之抗衡,"理性的立法所要求的是,它只需要以自己本身为前提,因为规则只有当它无需那些使有理性的存在者与另一个区别开来的偶然的主观条件而起作用时,才会是客观而普遍地有效的"[1],"一个惟有准则的单纯立法形式才能充当其法则的意志,就是自由意志"[2]。同样的趋势也出现在近代政治哲学和社会学上,天赋人权观念深入人心,仿佛主体生下来就具有自由、平等、人权等形而上学性质。

自黑格尔一直到海德格尔,这种主体意识形态(海德格尔称之为"人道主义")从不同的角度被批判。黑格尔认为,所谓的与自在之物相对立的主体实际上是不完善的精神,"特殊的个体是不完全的精神,是一种具体的形态,统治着一个具体形态的整个存在的总是一种规定性,至于其中的其他规定性则只还留有模糊不清的轮廓而已"[3]。而施蒂纳用他的"唯一者"批判了费尔巴哈式的形而上学主体,后者认为人的类本质具有爱、理性、意志力等抽象特质。人们"总是关心自己的事,然而却不把自己视为最高本质:他为自己效劳而又认为同时总是为一个更高本质效劳"[4],但是个人(唯一者)对某种形而上学人性(比如费尔巴哈的爱)的信仰不过是一种误认而已,因为在这些信仰中,"我"并没有成为抽象的人性的所有物,相反,这些精神成了"我"的所有物,"它是我的,我却并非是它的"[5]。海德格尔不仅批判了形而上学的主体意识形态,而且还批判了萨特式的人道主义意识形态[6],萨特认为"人除了自己认为的那样以外,什么都不是"[7],然而在海德格尔看来,单纯地将"本质先于存在"这一形而上学的主体意识形态颠倒过来("存在先于本质")无济于事,它仍然预设了

---

[1] 〔德〕康德:《实践理性批判》,邓晓芒译,人民出版社,2003,第24页。
[2] 〔德〕康德:《实践理性批判》,邓晓芒译,人民出版社,2003,第36~37页。
[3] 〔德〕黑格尔:《精神现象学》上卷,贺麟、王玖兴译,上海人民出版社,2013,第68页。
[4] 〔德〕麦克斯·施蒂纳:《唯一者及其所有物》,金海民译,商务印书馆,2013,第39页。
[5] 〔德〕麦克斯·施蒂纳:《唯一者及其所有物》,金海民译,商务印书馆,2013,第191页。
[6] 在海德格尔看来,"主义"——作为运思的终止与语言的荒芜——本身就是意识形态。
[7] 〔法〕萨特:《存在主义是一种人道主义》,周煦良、汤永宽译,上海译文出版社,1988,第8页。

主体（自为存在）与客体（自在存在）的二分，并且将先于本质的存在状态预设为主体的真理状态，这仍然是主体的形而上学，海德格尔因此说："每一种人道主义或者建基于一种形而上学中，或者它本身就成了这样一种形而上学的根据。"①

马克思同样批判了主体意识形态，但是，不同于黑格尔和海德格尔，马克思不是在精神的运动史、发生史或形而上学的运动史中考察主体的，而是根据主体意识形态在整个生产方式和社会结构中发挥的再生产作用来考察它的虚假性质的，"人的本质不是单个人所固有的抽象物，在其现实性上，它是一切社会关系的总和"②；不同于施蒂纳，马克思没有将主体的形而上学性质归于抽象的"唯一者"，而是在现实的关系和历史中考察主体意识形态的生成，"各个人在资产阶级的统治下被设想得要比先前更自由些，因为他们的生活条件对他们来说是偶然的"。③

庸俗的人道主义者往往会认为，存在着"未受意识形态影响"的主体与意识形态化的主体（马克思笔下的费尔巴哈，施蒂纳、海德格尔笔下的萨特）之间的对立，然而在阿尔都塞看来，这种二分本就是主体意识形态的结果，因为主体本身就是意识形态的产物，"没有不为了一些具体的主体（比如你我）而存在的意识形态，而意识形态的这个目标又只有借助于主体——借助于主体的范畴和它所发挥的功能——才能达到"④，换句话说，不存在所谓的"前—意识形态"的主体，主体这一范畴就是意识形态的效果，并且意识形态正是通过塑造主体才发挥其再生产作用的。一定的生产关系、政治生活的再生产有赖于适宜的主体被再生产出来，而这样的主体正是被资本主义国家意识形态机器所征召的。

意识形态国家机器是如何将个人质询为主体，从而完成主体的再生产的？阿尔都塞认为主体再生产依靠意识形态唤问，"把具体的个人唤问为具体的主体"⑤。唤问是以作为唤问者的大他者的存在为前提的，"只有在存在一个独一的、绝对的大他者主体即上帝的绝对条件下，才会有如此众多的、可能的宗教主体存在"⑥，上帝、义务、自由平等、民族精神等都可以成为唤问的大他者主体。这一大他者主体向个人唤问，而个人通过回应大他者而接受唤问、成为意识形态主体。但是这种"回应"未必是肯定性的回应，虽然自由主义者处于自由主义意识形态之中，但是民粹主义者同样处于自由主义意识形态之中，这是因为他们在否定性地回应大他者时已经承认了大他者的

---

① 〔德〕海德格尔：《路标》，孙周兴译，商务印书馆，2000，第376页。
② 〔德〕恩格斯：《路德维希·费尔巴哈和德国古典哲学的终结》，人民出版社，2014，第61页。
③ 《德意志意识形态》（节选本），人民出版社，2018，第66页。
④ 〔法〕路易·阿尔都塞：《论再生产》，吴子枫译，西北大学出版社，2019，第364页。
⑤ 〔法〕路易·阿尔都塞：《论再生产》，吴子枫译，西北大学出版社，2019，第368页。
⑥ 〔法〕路易·阿尔都塞：《论再生产》，吴子枫译，西北大学出版社，2019，第376页。

存在，并且承认了自己相对于大他者的结构性、符号性地位（自由主义的反对派），而这种作为大他者的镜像关系的结构位置就是意识形态主体的位置。因此，通过肯定或否定的回应[①]，小主体将自己设想为大他者的"对话人，是他的镜子、他的反映"[②]。小主体在镜像关系中的自我肯定同时设定了相对于大他者存在的小主体与相对于小主体存在的大他者。

此时我们就会意识到，意识形态唤问的镜像结构揭示了这样一个事实：无论是大他者还是小主体，都是回溯性建构的。在主体的意识形态中，大他者（上帝、义务、民族精神等）是内在一致、自有永有的，它不需要为了小主体而存在，"上帝就这样把自己定义为真正的大主体"[③]。然而，大他者只有在小主体的意识形态中才是融贯一致的，未分裂的大他者也只能存在于小主体的意识形态之中，换言之，完满的大他者形象实际上是被小主体回溯性设定的。但是这一未分裂的、自我指涉的大他者形象对于小主体自身的建构而言是必要的，因为小主体只有在大他者的镜像中才能认出自身（基督徒只有在原罪和基督中才能理解自身，康德主义者只有在道德义务中才能理解自身）。由此观之，如果大他者在小主体看来是自有永有的，那么相对于大他者而存在的小主体的位置与其意义也是永恒的和无历史的。对于基督教信徒来讲，相对于上帝而存在的背负原罪的主体是无历史的，这并不是说人类的原罪史太亘古了，而是指在完全进入意识形态叙事的小主体看来，不存在这样一个真正的历史性事件，即某一历史时刻，从没有上帝、原罪、原罪主体等叙事的时代进入拥有上帝、原罪、原罪主体的叙事时代。在这个意义上来看，"个人总是—已经是主体"[④]。

由此，小主体在大他者的镜像和唤问中得以持存，但是根据我们上文的分析，主体并非无条件的和无规定性的，恰恰相反，它只有在大他者的保证、承诺下才能获得自己的位置，只有在回应大他者的要求时，只有在"臣服、普遍承认和绝对保证"[⑤]的关系中，主体才呈现出自身的意义。因此，并不是小主体被规定为某一规范的、理性化的意识形态主体，而是小主体本身就意味着规定性和意识形态性了。主体作为某种规定性而存在[⑥]，确切地说，它作为某种社会功能的载体："他被规定为关系的简单

---

① 需要说明的是，在阿尔都塞看来，马克思主义者对于自由主义、资本主义意识形态的反抗不能停留在消极否定的层次上（如同民粹主义者一样），而是要指明"回应"的根据不在于意识形态本身，而在于现实的生产过程。
② 〔法〕路易·阿尔都塞：《论再生产》，吴子枫译，西北大学出版社，2019，第377页。
③ 〔法〕路易·阿尔都塞：《论再生产》，吴子枫译，西北大学出版社，2019，第377页。
④ 〔法〕路易·阿尔都塞：《论再生产》，吴子枫译，西北大学出版社，2019，第371页。
⑤ 〔法〕路易·阿尔都塞：《论再生产》，吴子枫译，西北大学出版社，2019，第379页。
⑥ 此处的表述是"作为某种规定性而存在"，而不是"被某种规定性的存在"，因为"被规定"预设了一种"未被规定"的抽象状态。

承担者、简单的功能载体……他必须服从于作为剥削关系、因而作为对抗性阶级关系的生产关系的规律。"[①] 这里指的功能与职能,即主体在资本主义生产方式中的职能。因此,随着意识形态国家机器将个人唤问为承担特定职能的主体,它也就为生产关系再生产了适宜的主体。这也就说明了为何意识形态没有自己的历史,对意识形态的批判也不能在观念的层面上展开,因为意识形态——作为上层建筑——虽然在一定程度上外在于经济基础,但是由于它只有在服务于经济基础再生产时才能现实化自身,意识形态塑造主体的根本作用仍然在于"保障对无产者和其他雇佣工人的剥削永世长存"[②],于是"这种外在性在很大程度上是在内在性的形式下起作用的"[③]。

然而,关于唤问的问题,齐泽克并不同意阿尔都塞的解释。齐泽克认为,没有任何一种意识形态国家机器能使主体完全落入意识形态陷阱之中,更何况,当代狗智主义[④]正是通过讥刺意识形态的虚伪性使自己落入意识形态陷阱之中的,而阿尔都塞的主体再生产理论面对狗智主义似乎是无力的。那么在齐泽克的版本中,主体是如何被再生产出来的呢?在齐泽克看来,"我思"虽然希望维系大他者的圆融一致以及自己同大他者的紧密关系,但是"我思"——这个"属于某种内在的匮乏的存在"[⑤]——本身就是大他者的"丑闻",即大他者无法消解一个无经验内容、纯粹否定性的"我思"。这一否定性被主体体验为不知道大他者的欲望(与此相反,阿尔都塞那里的意识形态主体"知道"大他者的欲望,比如上帝希望人们成为教徒等),因此陷入了欲望的僵局之中。幻象—小客体(a)正是作为打破这一僵局的因素参与到局面中来的:它作为"我思"的否定性的转喻,既不处在本体领域,又不是单纯的现象,而毋宁说是现象界的自指之物(资本主义中的货币),它将"我思"的否定性(同时就是大他者的不完满性)转喻到了现象界的某一对象上,这一对象就是"我思"的否定性的化身,"这种直观性的内容的匮乏就是我的构成,我的自我的'核心存在'的不可接近使其成为一个我"[⑥]。而这一幻象—小客体(a)的对象虽然打破了欲望的僵局,但是它有赖于主体性的否定性才得以再生产自身,而且正是由于它是否定性的转喻,它未能被完全主体化,"普遍性是'具体的',它是特殊形态的结构,这正是因为它永远不

[①] 〔法〕路易·阿尔都塞:《哲学与政治:阿尔都塞读本》,陈越编,吉林人民出版社,2003,第215页。
[②] 〔法〕路易·阿尔都塞:《论再生产》,吴子枫译,西北大学出版社,2019,第388页。
[③] 〔法〕路易·阿尔都塞:《论再生产》,吴子枫译,西北大学出版社,2019,第386页。
[④] 狗智主义是当代资本主义意识形态的集中体现,狗智主义者能够同普遍的意识形态话语保持反思性距离,认识到意识形态的"虚假性",他们臣服于普遍性的话语只是因为他们认为其他人都相信这样的话语。
[⑤] 〔斯洛文尼亚〕斯拉沃热·齐泽克:《延迟的否定》,夏莹译,南京大学出版社,2016,第10页。
[⑥] 〔斯洛文尼亚〕斯拉沃热·齐泽克:《延迟的否定》,夏莹译,南京大学出版社,2016,第12~13页。

能获得一种适应其概念的形态"①，因此，意识形态对主体的俘获是不完全的（"我思"的否定性逃避这一点），但也正是通过俘获的不完全性才实现了俘获本身（否定性的转喻）。

在齐泽克看来，幻象—小客体（a）的转喻活动尽管是不完全的，却是必要的。换句话说，尽管意识形态的确"不实"，然而它生成现实。齐泽克在解读康德对于二律背反的批判时没有简单地斥责先验幻象是虚伪不真的，恰恰相反，如果没有先验幻象，我们甚至无法完整地结构出现实生活的秩序；如果没有幻象对于否定性的转喻，我们的世界就会片段地、不连续地呈现在我们面前："关键点在于宇宙的幻象并不是我们能够'现实地'否弃的东西，如果我们的经验试图保持一种连续性，这种幻象无可逃避地成为必须的。"② 这样看来，康德所谓的"形而上学冲动"作为一种意识形态冲动（企图用意识形态来弥合现实的创伤的冲动）并非空穴来风，如果没有这样的冲动，人无法将原质般的尖锐矛盾整合起来，"形而上学……试图治愈'源初压抑'的创伤"。③ 在这个意义上，传统的意识形态诠释学批判实际上落入了意识形态之中，他们总是强调应当"透过表象看本质"④，即应当透过意识形态来看到实在的世界，然而，康德所谓的"形而上学冲动"的例子警示我们，意识形态没有掩盖任何东西，它恰恰正在结构那被掩盖的"真相"，它正在掩盖自己什么都没有掩盖的事实。

五 总结与反思

将意识形态放入社会再生产的结构中，既有利于我们正确地理解生产方式、法和国家等现实，也有利于掌握意识形态批判的方式。首先，将承担再生产职能的、一定社会条件下的意识形态抽离出社会整体而抽象地设想生产方式、法和国家像完全自律的自动机一样实现自身的做法，同将物质生产现实从观念史中分割出去的做法一样，是违背马克思主义的，就像柯尔施所说的："那种满足于以十足的费尔巴哈式的方法把全部意识形态表象归结为它们的物质和世俗的核心的理论方法，是抽象的和非辩证法的。"⑤ 基于这样的看法，笔者分三个层次递进地考察了资本主义社会结构再生产的

---

① 〔斯洛文尼亚〕斯拉沃热·齐泽克：《敏感的主体——政治本体论的缺席中心》，应奇等译，江苏人民出版社，2006，第117页。
② 〔斯洛文尼亚〕斯拉沃热·齐泽克：《延迟的否定》，夏莹译，南京大学出版社，2016，第121页。
③ 〔斯洛文尼亚〕斯拉沃热·齐泽克：《延迟的否定》，夏莹译，南京大学出版社，2016，第14页。
④ 与"透过本质看到表象"相反，本文所主张的意识形态分析思路一直是"本质是表象的表象"，即现实正是有赖于意识形态才能被不断再生产出来的。
⑤ 〔德〕卡尔·柯尔施：《马克思主义和哲学》，王南湜、荣新海译，重庆出版社，1989，第39~40页。

意识形态条件，首先沿着霍克海默、哈贝马斯等法兰克福批判理论家的研究路径探寻了当代科学技术、以科学技术为目的的社会合理化状态的再生产条件，并分析了技术理性意识形态的重要作用；其次，笔者认为所谓的生活世界与交往关系也不是无条件存在的，借用葛兰西"市民社会"的理论资源与马克思关于拜物教的论述，笔者考察了拜物教意识形态对于以货币为中心的商品交换关系的构成性作用；沿着阿尔都塞和齐泽克的进路继续前进，笔者考察了交往关系中的主体是如何被意识形态塑造的，意识形态国家机器是如何再生产出并参与到一定生产关系中并承担职能的主体的。

最后，这一研究路径也能使我们廓清"意识形态批判"的真正含义。马克思主义的意识形态批判理论并不是一种诠释学。诠释学错误地将意识形态批判解读为意识形态是对现实的生产关系的掩盖，只要我们扫除了意识形态幻象，"就可以在它们对世界的想象性表述背后，再次发现这个世界的现实本身"。[①] 诠释学批判意识形态的方式仅仅在于，指出意识形态同所谓的"现实"之间不符合的地方。然而问题在于，诠释学并不旨在考察意识形态在资本主义社会中的作用，而仅仅是用一种名为现实的意识形态去抨击一种名为虚伪的意识形态而已，这也是马克思说青年黑格尔派总是用黑格尔体系的一部分去攻击另一部分的原因。诠释学无法解释人们对现实做出颠倒的理解的原因，而马克思主义的意识形态批判理论将意识形态批判视作对资本主义社会整体的批判的关键环节，将意识形态视作资本主义社会现实再生产的必要环节。在上文的分析中，无论是科学技术、交往关系还是承担职能的主体，都有赖于意识形态的再生产，齐泽克进一步指出，没有作为幻象的意识形态，主体甚至无法结构出所谓的"现实"，那被掩盖的现实恰恰是意识形态唤问必要的环节。只有从社会再生产中把握意识形态的作用和功能，我们才能现实地、整体地实现对意识形态的批判。

---

① 〔法〕路易·阿尔都塞：《论再生产》，吴子枫译，西北大学出版社，2019，第354页。

生成式人工智能对文化安全法治体系的挑战及应对*

薛志华　梁学贤**

摘　要：以 ChatGPT、AIGC 为代表的生成式人工智能飞速发展,多维度地深刻影响文化安全的观念、内涵及保障需求,基于此背景,国家文化安全法治体系将面临一系列全新挑战。一方面,国家对内对外文化主权受到限制,文化安全主体关系的法治化有待厘清;另一方面,文化安全规则的有效性有待提升。为此,我国可探索构建新型文化安全管理体制,统筹文化安全的国内治理与国际合作,理顺文化安全主体的合作衔接机制,增强规则治理效能,以此保障生成式人工智能的发展顺应文化安全的核心要义。

关键词：生成式人工智能　文化安全法治　文化内容生产

2023 年 10 月,习近平总书记对宣传思想文化工作作出重要指示,强调"新时代新征程,世界百年未有之大变局加速演进,中华民族伟大复兴进入关键时期,战略机遇和风险挑战并存,宣传思想文化工作面临新形势新任务,必须要有新气象新作为"[①]新时代新征程,现今以 ChatGPT、AIGC 等为代表的生成式人工智能迅猛发展,其如同一把双刃剑,为我国文化安全带来了诸多利好的同时也产生了一系列冲击。本文通过研究生成式人工智能对文化安全产生的影响,分析文化安全法治体系所面临的挑战,并提出对应解决方案。

一　生成式人工智能深刻影响文化安全

文化安全是指国家文化生存与发展免于威胁或危险的状态,事关国家生命全部

---

* 本文系中央高校创新创业训练计划项目"生成式人工智能对网络信息内容治理的挑战及应对"(项目编号：202410497092)阶段性成果。
** 薛志华,武汉理工大学法学与人文社会学院特岗教授,硕士研究生导师,主要研究方向为文化哲学；梁学贤,武汉理工大学知识产权研究中心研究人员,主要研究方向为科技哲学。
① 《习近平对宣传思想文化工作作出重要指示》,新华网,http://www.news.cn/politics/2023-10/08/c_1129904890.htm。

基因的活性程度和可再生程度[①]。文化安全作为国家安全的重要组成部分，其健康与稳定表征着中华文化生存和发展的平稳协调状态，事关社会和谐稳定，事关国家长治久安。以 ChatGPT、AIGC 等为代表的生成式人工智能利用底层算法、训练模型、近端策略优化模型等技术，收集、分析、处理与生产符合人类需求的文化内容，重塑文化安全观念、丰富文化安全内涵，进一步激发新时代文化安全保障需求，多维度深刻影响我国文化安全管理体制，使我国文化安全展现出不同的时代新面貌。

（一）重塑文化安全观念

文化即人所创造的不同于自在自然和自身生物本能的东西，而人又是社会中的人，因此，文化不可避免地具有社会属性[②]。同样，基于"沃特斯社会学视角"建构的安全社会学，从"行动—理性—结构—系统"四个角度研究安全问题的社会原因、社会过程、社会效应及本质规律，安全亦具有社会属性[③]。由此可见，文化安全诞生、孕育、发展于社会，二者相互关联、相互作用，当构成社会的基本要素如人、商品、货币、信息发生改变，文化安全亦会发生连带改变，使文化安全观念不断得到重塑。

不同于二战以来因西方国家借助经济、科技优势将其价值观渗透进意识形态领域的文化安全观念重塑，也不同于传统媒体时代、互联网时代所发生的文化安全观念更新，大数据人工智能时代下的文化安全观念重塑呈现出具有复杂性、前沿性的特点。生成式人工智能的出现深刻影响社会构成要素。首先，基于深度学习和神经网络的生成式人工智能的自动化决策虽能有效提高社会各部门运行效率，但其对个体权益的压榨和对社会整体结构造成的颠覆性影响将引发系列安全问题[④]；其次，生成式人工智能技术进一步调整人机关系，文化传播中的传播者与受众之间的权利关系发生转变；最后，生成式人工智能基于算法和数据建模自动生成内容，向社会传播更多非人类个性化表达的信息内容。

（二）丰富文化安全内涵

传统的文化安全内涵主要集中在意识形态、价值观、文化传播手段、文化产业市场等领域[⑤]，而生成式人工智能的到来则使文化安全的主体和内容发生不同程度的改

---

① 吴琼、孙程芳：《人工智能时代的国家文化安全风险及其规避》，《南昌大学学报》（人文社会科学版）2023年第3期。
② 王蕊、赵磊：《同源互构：意识形态安全和文化安全的层次结构与协同互动》，《党政研究》2024年第1期。
③ 颜烨：《安全社会学的内涵及其体系深化研究》，《中国安全科学学报》2013年第4期。
④ 崔靖梓：《自动化决策拒绝权的整体主义实现》，《华中科技大学学报》（社会科学版）2024年第2期。
⑤ 蔡武进、王蕾：《我国文化安全法治建设的理论进路与现实走向》，《学习与实践》2019年第6期。

变，进而扩张文化安全的内涵。

在文化安全主体方面，生成式人工智能主体间的关系呈现出多元性的特点。从文化生产主体角度来看，以往文化创作的能动性往往掌握在少数人手中，文化生产深受知识水平、社会权力、金钱成本等因素的影响。但生成式人工智能人机协作式文化生产方式，不仅虚化了文化生产主体的概念，还大大降低了文化生产的准入门槛，社会大众群体不再仅仅是文化产品的"消费者"，更是文化创作的直接"生产者"；从侵权责任主体来看，由于侵权行为类型的多样性与复杂性，在不同场景下，生成式人工智能的运营商、网络服务提供者、用户等均有可能成为侵权责任主体，因此在规约生成式人工智能侵权行为以保障文化安全时，还应厘清主体间的多元关系。

在文化安全内容方面，生成式人工智能所创作的内容呈现出技术性与多样性的特点。生成式人工智能技术的涌现能力，使其能够理解和掌握大量人类社会知识。所谓涌现能力，是指"一种能力在较小的模型中不存在，但是在较大的模型中存在"，生成式人工智能在训练参数和数据量达到一定阈值的情况下，就会出现不可预测的涌现能力[①]。此外，生成式人工智能通过拆解传统的文化传播渠道，检索相关文献、视听资料、电子数据等全网资源，自动拼接文化资源生产出新的文化内容以供人类使用，并融入文化传媒领域，便于文化传媒工作者进行资料收集、信息梳理、构思布局，这为多样化的文化内容生产提供了加速器。

（三）激发文化安全保障需求

生成式人工智能的涌现与发展毋庸置疑是一把双刃剑。一方面，它可以扩大个人获取信息的范围，根据人类的指令在任何时间和空间内生产文化内容；另一方面，它同时将会引发前所未有的风险，进一步激发文化安全保障需求。

有学者总结出数字技术干扰意识形态构成的两大特征：一是数字技术加速弱化了主流意识形态的主导权；二是数字技术影响了意识形态话语权的平衡与公正。[②] 生成式人工智能作为新兴技术，亦具备上述两大特征，同时由于生成式人工智能的问答式应用生成的内容具有完整性、相对全面性及个性化特征，用户大多会不自觉地盲目信任、依赖其生成内容，在不知情的情况下受到错误价值观的影响。此外，生成式人工智能的违法犯罪风险亦不容忽视。为了使生成式人工智能获取大量语言知识，在预训练阶段会对模型输入大量的无标注数据，而这些数据是否合法收集、获取，又是否会

---

① 喻国明、苏芳、蒋宇楼：《解析生成式AI下的"涌现"现象——"新常人"传播格局下的知识生产逻辑》，《新闻界》2023年第10期。
② 刘黎明、李习字：《总体国家安全观视域下数字技术对文化安全的风险应对》，《文化软实力研究》2024年第3期。

被滥用和泄露，都是潜在的法律挑战。基于上述风险，社会对文化安全保障的需求将日益增长，国家、社会、组织、个人等负有的文化安全保障义务亟待切实履行。

二 生成式人工智能时代文化安全法治体系面临的挑战

（一）文化主权受到限制

第一，对内事务的最高决定权受到限制。随着生成式人工智能的发展，权力的流向逐渐发生变化，向平台流散的趋势愈加明显，间接削弱了政府的"中心化"力量。在人工智能时代，数据和算法成为新的权力生产要素，在为国家治理提供技术辅助的过程中，部分人工智能企业会获得国家委托或授予的部分权力[①]。社会权力结构在生成式人工智能的影响下，从以国家或政府为中心的单中心结构，逐渐转变为国家和政府、多个大型人工智能企业齐为中心的多中心结构，这使得国家和政府在对内事务做出决定时，需征求大型人工智能企业的建议或看法，与以往相比，对内事务的最高决定权受到一定程度的限制。此外，生成式人工智能技术赋能全民参与。在生成式人工智能的帮助下，每个人都可以成为文化创作与传播的主体，信息量级与传播频率井喷式增长，加速了"去中心化"的文化传播场域的形成。

第二，对外事务的独立权受到限制。在生成式人工智能、大数据、算法的作用下，世界各国之间的互动性与联系性不断增强，且由于生成式人工智能起源于西方国家，其与跨国资本紧密联系，因而生成式人工智能的技术风险具有跨国性的特点。该技术风险主要包括两类：一是生成式人工智能对社会带来的直接风险，如具有全球连带性的失业现象等[②]；二是生成式人工智能所造成的深层次社会变革，如人权问题等。这一跨国性特点为某些外部势力的渗透提供了可乘之机，如一些西方势力在网络虚拟空间开展"数字殖民"，借助技术手段对他国的意识形态与价值观进行控制，颠覆他国文化，严重解构一国对外事务的独立权。此外，生成式人工智能治理已成为一个全球议题，许多国际组织纷纷尝试设立科学有效的共同治理规定，典型的有《人工智能伦理建议书》《医疗卫生中人工智能伦理治理》等，当国际组织介入安全事务治理时，也有可能挑战一国的对外事务独立权。

[①] 梅立润：《技术置换权力：人工智能时代的国家治理权力结构变化》，《武汉大学学报》（哲学社会科学版）2023年第1期。

[②] 马晓悦、邹欣：《赋能与挑战：人工智能时代的国家安全》，《中国信息安全》2023年第7期。

(二)法治化的文化安全主体关系待厘清

第一,国家间关系处于权力竞争状态。国家作为文化安全的主体,负有最为宏大与核心的保护职责,统领着该国文化发展方向。历史经验告诉我们,闭关锁国、故步自封将会使一国文化滞后、堕落,开放与交流才是文化繁荣与发展的硬道理,而这也不可避免地引发国家间的交流和联系。在生成式人工智能的时代大背景之下,此种交流和联系状态集中表现为国家间对数字技术权力的竞争。有学者将数字技术权力分为三类,包括物质性数字技术权力、制度性数字技术权力与观念性数字技术权力。[①]

第二,国家、平台、公民间关系处于协作状态。国家、平台、公民均是生成式人工智能规制、运作、使用过程中的重要主体,在现有的法律框架下,三者相互配合与协调以共同保障文化安全。《中华人民共和国个人信息保护法》第十一条明确规定政府、企业、相关社会组织、公众要共同参与个人信息保护的良好环境建设,《中华人民共和国数据安全法》第九条明确规定有关部门、行业组织、科研机构、企业、个人等共同参与数据安全保护工作,且在2024世界人工智能大会开幕式上,国务院总理李强亦建议加强协同共治,推动建立普遍参与的国际机制。[②] 由此可见,多元主体"协作"是当前我国生成式人工智能治理的重要理念。但单纯以协作应对治理风险还远远不够,亟须将该种协作推向法治化,充分利用现有的法律制度框架,形成一部全面性、综合性的人工智能法,以具体明确的法律条文加以规制,否则将容易引发协作衔接效率低下、监管措施模糊、治理碎片化、责任后果承担主体缺失等一系列危机。

(三)文化安全规则的有效性待提升

第一,主流文化价值观受到冲击。党的十八大以来,以习近平同志为核心的党中央把培育和践行社会主义核心价值观作为凝魂聚气、强基固本的基础性工程,着力推广社会主流价值观。在西方资本与价值观嵌入生成式人工智能技术的形势下,数据所携带的西方错误思想观念、价值倾向更为隐蔽化[③],借助算法与推送对主流文化产生负面影响,将戏谑、腐化、暴力、色情等更易博取眼球的话题带到人们面前,削弱了社会主义核心价值观的影响力,使社会的价值认知愈发疏离与割裂。西方不断输出所谓"自由""民主""人权"思想,导致许多年轻人缺失政治信仰,经济的迅速发展

---

① 周念利、吴希贤:《中美数字技术权力竞争:理论逻辑与典型事实》,《当代亚太》2021年第6期。
② 胡永秋、杨光宇:《李强出席2024世界人工智能大会暨人工智能全球治理高级别会议开幕式并致辞》,《人民日报》2024年7月5日。
③ 王冠宇、史献芝:《新时代网络空间文化安全的治理之道》,《理论视野》2024年第3期。

也滋生了拜金主义，青年一代价值观的塑造须受到重视。击溃一个国家，最釜底抽薪的莫过于腐化其青年一辈的价值观。当前，信仰的缺失、自身文化素养的不足使得人们更易于被西方价值观所影响，而与西方价值观深度嵌合的生成式人工智能技术加速传播西方价值观，这给个人思想观念培育敲响了一记警钟。

第二，违法犯罪行为严重威胁文化安全。首先，生成式人工智能的生成机制中存在侵犯隐私与滥用数据行为。生成式人工智能的生成机制与数据密不可分，除了初期在训练阶段投喂给模型的海量数据库之外，生成式人工智能在运行过程中也会实时收集数据和语料作动态调整以便更好地满足运行目的和用户需求，但该数据收集是否经过用户同意依旧存疑，且用户在交互过程中可能会不经意透露个人隐私、商业信息甚至是商业秘密，因而在数据收集、利用等过程中，给了违法犯罪分子可乘之机[①]。其次，利用生成式人工智能实施违法犯罪行为。生成式人工智能本身所具有的工具性，使违法犯罪行为的危害性不断提升，作案手段更新颖。目前常见的利用生成式人工智能实施的违法犯罪行为主要包括编制虚假、诽谤信息引起社会恐慌，借助"AI换脸"等技术伪造他人面貌、声音进行敲诈勒索、诈骗，编写恶意代码等。最后，违法犯罪行为举证存在巨大困难。如利用生产式人工智能倒卖个人信息、进行涉黄涉赌涉人体器官交易活动，权利人在举证层面存在巨大困难，其侵权之隐秘、举证之困难都是法律救济所面临的重重阻碍。

第三，劣势交织密布制约文化产业发展。生成式人工智能的火爆发展为文化产业的转型升级带来了新的场景变革，但同时内部和外部劣势的交织密布制约其在文化产业中的核心作用。在内部劣势上，生成式人工智能的前期训练效果不佳。这主要归因于语料库的欠缺，基于生成式人工智能诞生于英语国家的背景，目前生成式人工智能的语料库大部分均为英文，中文语料库的占比极低，而高质量的中文语料库则更是少之又少，这直接导致训练质量的骤降；外部劣势集中体现为技术壁垒制约生成式人工智能优化。2024年5月，美国国会众议院通过《加强海外关键出口限制国家框架法案》，目的在于限制外国对手利用美国的人工智能技术和其他技能技术，即那些能够使用户的能力快速提升的方法。这一法案的通过无疑展现出美国试图建立科技壁垒并进行垄断的意图，力图阻止本国人工智能公司助益别国生成式人工智能的发展。目前我国生成式人工智能面临的小储量内存困境与芯片壁垒如同硬铁板阻挡着生成式人工智能产业的发展，进而直接影响生成式人工智能时代下文化产业的转型升级与繁荣发展。

---

① 郑曦、朱溯蓉：《生成式人工智能的法律风险与规制》，《长白学刊》2023年第6期。

三 文化安全法治体系转型的建议

（一）统筹文化安全的国内治理与国际合作

首先，深化文化素养教育，提高公民数字素养。当下，文化传媒领域过度追求热点、流量，以收视率为唯一衡量标准，对偏离主流价值观的暴力、色情等博关注的低俗文化纵容过度，失之偏颇，而生成式人工智能一旦被人类过度使用，则会使人类独立完成工作的能力大大减弱，甚至产生思维惰性、造假、剽窃等严重后果，久而久之，生成式人工智能越智能，人类则越"不智能"，制约个体、社会、民族的文化创新，因而文化素养教育的重要性尤为突出。文化素养教育旨在确定人的主体地位，着重发挥人的主观能动性，矫正当下文化发展方向和大众过度依赖人工智能技术的倾向，相关措施包括输出传统主流意识形态与价值观，提升大众与数字智能时代相适应的人工智能素养。前者需坚持以习近平文化思想为指引，深刻理解习近平文化思想中的"七个着力"，大力培育和践行社会主义核心价值观，以先进文化为生成式人工智能发展的方向标，增强人们辨别真伪信息的洞察力；后者则可进一步细分为两个层次，一是对人工智能技术的理性理解与运用，二是对人工智能可能引发的社会、法律、道德伦理等问题的深层次思考与辨析。人工智能素养教育需从小抓起，多元合作，鼓励在学校开设依年龄段调整难度的人工智能素养课程，引导学生适应人工智能技术带来的社会变革，培养对人工智能问题的敏感性与批判思维。

其次，寻求构建"政府主导，行业自治"的文化安全管理体制。不同于其他传统行业的安全治理，生成式人工智能作为一项高新技术，其安全风险具有隐藏性、复杂性与未知性的特点，传统的自上而下社会治理方式已无法满足现实需求，而应结合生成式人工智能的技术逻辑，构建一个发挥政府主导作用、倡导行业自我治理的文化安全管理体制。对于政府而言，应积极牵头发挥主导作用，谋求技术发展与技术监管的平衡。一方面，鼓励相关人工智能企业开展技术研发与创新，通过提供宽松的政策环境与科研资金支持、设立企业专项基金、减免税收降低研发成本、培养和建设人才队伍等措施来支持企业取得进一步突破；另一方面，政府须强化在算法备案等环节的监督与问责，落实各方的责任与义务，牢牢把握文化安全这个底线。同时，政府也应当积极引导企业与行业协会发挥能动性作用。对企业而言，政府应持续引导企业构建内部的风险管理制度体系，不断提升在风险管理、内容审查、算法监督等业务方面的操作水准；对行业协会而言，政府应牵头鼓励其发挥在行业标准制定层面的作用，探索制定统一的人工智能技术行业标准，形成国内统一的大监管环境①。

最后，推动全球范围的合作共享。当前世界各国人工智能技术发展迅速，对人类文明与社会发展均产生深远影响，人工智能治理早已成为全球面临的课题，而解决这一课题的关键就在于合作和共享。2024年7月1日，第78届联合国大会协商一致通过了中国主动提出的加强人工智能能力建设国际合作决议，为我国探索寻求建立公正有效的人工智能治理体制提供有效支撑。我国可继续借助联合国、"一带一路"、金砖国家、上海合作组织等全球性或区域性合作平台，通过对话与合作凝聚共识，在尊重各国自主发展的权利的同时，保障各个国家在生成式人工智能开发、利用、治理等方面享受平等的权利和机会，努力在技术交流、风险管理、理念创造等多个层面达成合作，不断提升生成式人工智能技术的安全性、公平性、可靠性，使生成式人工智能技术造福人类。

（二）理顺文化安全主体的合作衔接机制

一方面，推进国家间人工智能应用的安全合作机制的完善。国务院总理李强在2024世界人工智能大会的发言中多次强调合作的重要性，唯有国家间相互合作与共同努力，才能充分发挥人工智能的潜力，给人类带来更多福祉②。生成式人工智能虽进入了快速发展阶段，但对于技术弱国而言，这一现象只会不断扩大与技术强国之间的数字鸿沟，给本国发展带来更大挑战。因此，安全合作机制的要义首先在于弥补数字鸿沟，技术强国应积极主动提供技术支持、分享知识等，而技术弱国则可以通过提供数据、劳动力等方式换取该帮助③。其次，生成式人工智能目前已被广泛应用于医疗、物流、制造业等众多领域，国家间可通过构建数据和情报共享机制针对特定领域展开紧密合作，并同步推进有关技术标准和成果检验的统一评判制度，进一步激发生成式人工智能的赋能作用。最后，安全合作机制还应重点打击各种不法行为与不正义行为，着重防范恐怖主义、极端势力和跨国有组织犯罪集团利用人工智能开展不法行为，借助惩罚、制裁等规制手段维护人工智能发展的安全局面。

另一方面，完善国家与平台间的监管与激励机制。刚性色彩浓厚的自上而下单项监管措施早已不适应当下快速发展的人工智能时代，应以刚柔并济、激励相容的监管理念取而代之。激励相容理念旨在借助特定的制度设计实现多方主体利益目标之间的

---

① 薛志华：《生成式人工智能对网络信息内容治理的挑战及应对》，《中国广播电视学刊》2023年第10期。
② 陶力：《以"全球治理"的名义 世界人工智能大会走向产业革新》，《21世纪经济报道》2024年7月5日。
③ 蔡翠红：《国家间权力关系视域中的人工智能国际竞争与合作》，《当代世界》2024年第5期。

兼容性[①]。我国政府既需要鼓励发展我国的生成式人工智能技术，争取在全球人工智能领域赢取一席之地，同时也需要警惕生成式人工智能对文化安全带来的冲击与挑战，避免在技术发展的浪潮下损害社会主义核心价值观。首先，政府应当提供更为包容的政策环境给我国本土企业以推动人工智能技术研发，在监管层面应当排除不合理的制度设计促进数据的合理流通使用，体现对产业创新的尊重和对新技术的包容态度。其次，对技术的包容并不意味着对技术价值观引导的排除，通过行政指导、前置的合规计划等划清技术发展不能逾越的价值观红线，保障技术为我们所用，在我国文化安全的环境下高速发展。最后，秉持以人为本、智能向善原则审视人工智能平台的行为，反对一切歧视性、排他性、非法性的数据训练，在激励相容的柔性理念下保留刚性的问责制度，实现刚柔并济的监管。

此外，构建国家与公民间的引导与保障机制。公民是关联人工智能技术的最庞大群体，深刻影响着人工智能的发展走向，因而国家应给予公民正确的价值观引导，保障其在人工智能时代所应享有的合法权益。国家应重视公民的网络道德和科技伦理教育，积极利用数字素养教育、科学技术等手段，引导公民成为一名具有全球理念、能够合法合理合规且理性使用人工智能技术的数字公民，在文化安全的视域下大范围地开展数字德育，在网络虚拟空间建立正确的文化秩序。同时，人工智能的飞速进步扩大了社会层面的数字鸿沟，尤其体现在城市与乡村差异等领域，造成了公平正义危机问题。国家应倡导人工智能企业开发相应的智能产品，在全国范围内推进不同年龄、不同地区的人工智能技术应用教育，缩小数字差异，保障公民在智能化时代所享有的数字权益，促使人工智能顺应国家文化安全的发展。

（三）增强规则治理效能

首先，加速推进文化安全立法。迄今为止，我国文化传媒领域法律治理主要依靠《中华人民共和国民法典》《中华人民共和国著作权法》《互联网用户公众账号信息服务管理规定》等法律法规，尚未出台一部专门针对文化安全的法律。虽然国家网信办、中国网络社会组织联合会等国家机关、事业单位相继出台的部门规章、行业自治章程等规范性文件进一步细化落实了各领域内的文化传媒活动要求，但仍存在立法缺乏系统性、针对性等问题。法治是规制低劣文化、维护文化安全的根本途径，一部专门规制文化传媒活动的法律对于文化安全法律体系的构建具有里程碑式的意义，对于新闻传播行业从生产端、传播端到用户端的依法治理具有"定海神针"般的作用。因

---

① 薛志华、黄凯男、苏雅文：《论我国金融数据出境安全评估机制的完善路径》，《长江论坛》2023年第6期。

此，需推动文化政策法律化，统筹整合现有关于文化安全领域的法律法规，废除不合时宜的旧法，针对新现象立新法。在这一过程中需特别重视文化安全立法的协调性与系统性，协调性体现为所立法律与已存的宪法、法律、行政法规与部门规章的层级和效力应具有良好的衔接性[1]，能够协调法律体系的运作进而发挥制度的治理机能，系统性体现为文化安全立法应运用系统思维去分析文化安全的本质和内在联系，从整体上把握文化安全的发展规律，构建一个全面科学、系统完备的统一文化安全法律体系。

其次，建立关于文化安全规制的域外适用制度。中国作为世界人口大国，拥有丰富的劳动力资源和广大的市场潜力，给世界各国的人工智能技术带来众多的发展机遇。当国外的新兴人工智能技术纷纷涌入中国市场，一套具有域外适用效力的制度是维护我国文化安全的可靠保证。目前我国存在少量有关文化安全的域外适用法规，如《中华人民共和国网络安全法》第七十五条明确规定对境外势力危害我国关键信息基础设施并造成严重后果的应予以必要的制裁，《中华人民共和国个人信息保护法》第三章系统规定了个人信息跨境提供的规则等[2]，但这些法律法规的适用范围都较窄，无法全面针对人工智能背景下产生的问题进行规制。欧盟《人工智能法案》提供了优秀的范例，该法案具有较强的域外适用效力且适用范围广泛，只要在欧盟市场投放或投入使用其人工智能系统，抑或其人工智能系统产生的结果发生在欧盟境内，无论其实体是否在欧盟境内，均受该法案的约束[3]。中国可借鉴欧盟的做法，建立更具前瞻性、时代性、先进性的文化安全域外适用制度，对于行为发生在中国境内或结果产生在中国境内的活动进行管理。

最后，合理界定平台企业责任。2024年5月23日，全国网络安全标准化技术委员会发布《网络安全技术生成式人工智能服务安全基本要求（征求意见稿）》向社会公开征求意见，在此之前《生成式人工智能服务管理暂行办法》已于2023年8月15日正式施行，这意味着随着人工智能技术赋能的领域和服务的生态范围不断扩大，国家对于人工智能的规制日益重视，而平台企业的法律责任亟须进一步细化和明确。《生成式人工智能服务管理暂行办法》明确规定了平台的网络信息安全义务和未成年人保护义务，但在具体的责任模式上，鉴于人工智能内容的多样性与复杂性，应根据具体内容具体场景合理界定平台企业责任。平台企业可分为技术开发者和服务提供者两部分，在界定责任时可适度引用过错责任原则[4]。对于未尽到安全保障义务的情况，

---

[1] 刘玉拴：《发达国家文化安全法治建设比较》，《行政管理改革》2018年第8期。
[2] 刘蓓：《智能社会中技术治理与法律治理关系论纲》，《上海师范大学学报》（哲学社会科学版）2022年第2期。
[3] 戚凯、崔莹佳、田燕飞：《美欧英人工智能竞逐及其前景》，《现代国际关系》2024年第5期。
[4] 王利明：《生成式人工智能侵权的法律应对》，《中国应用法学》2023年第5期。

技术开发者与服务提供者均应严格承担侵权责任；假若侵权行为出现是由技术开发者的疏忽或设计缺陷所导致，则可以把侵权责任归于技术开发者，服务提供者无须或减少承担侵权责任。此外，避风港原则对于界定平台企业责任亦有一定影响，由于生成式人工智能的算法需处理大量的数据，且目前仍处于技术发展阶段尚未达到成熟期，平台企业难以对生成式人工智能自动生成的内容提前进行审查，因而在涉及生成虚假信息侵权的情形下，可以适当运用避风港原则。当然，在生成式人工智能生成大量虚假信息的情况下，平台企业应主动进行敏捷管理，有义务及时删除虚假信息内容。

结　语

生成式人工智能给我国文化安全法治带来了新的主题和任务。迈入生成式人工智能新时代，我国文化安全法治体系面临一系列新挑战，为了更好地促进文化安全事业发展，应做出全面而系统的革新：首先，应统筹文化安全的国内治理与国际合作的二元格局，重视提高公民数字素养；其次，理顺国家间、国家与平台间以及国家与公民间的合作衔接机制；最后，在完善规则制度层面，加速推进立法，完善域外适用制度，并厘清平台企业的责任。

·薪火相传·

使自己的学科有所进展
——读费希特的《论学者的使命》

谢桃坊[*]

摘　要：德国古典哲学家费希特于1798年出版《论学者的使命》，他认为学者既然选择并接受了崇高的任务，便应将它作为一种使命去努力完成。这使命即以毕生的精力去推动自己学科的进展。学者有职责传播自己获得的知识，阐明真理，并予以验证和澄清，以促进人类文化的不断进步。他的这种学科意识，对于我们从事学术研究工作是有很大启发意义的。

关键词：费希特　学科　学者使命　学科分类　学术传播

科学分为自然科学和社会科学两大类，文学、经济学、社会学、法学、历史学、哲学等属于社会科学学科。用学科来划分人类知识可以使知识专门化和系统化，每一学科分为两级，第二级以下者则为研究方向。费希特在《论学者的使命》中，对于学者的使命和学科在学术研究中的意义作了精彩的论述，在今天看来，它对我们从事学术研究仍有很大的启发意义。

费希特在德国古典哲学史上是一位承先启后的哲学家。1794年担任耶拿大学教授，1805年担任爱尔兰根大学教授，1806年在柯尼斯堡从事著述活动，1810年担任柏林大学第一任校长。费希特主要著作包括发表于1794年的《全部知识学的基础》《知识学导论》《论学者的使命》、1800年的《论人的使命》，以及1807年的《对德意志民族的讲演》等。《论学者的使命》是他1794年在耶拿大学的讲演稿，当时在知识界引起很大的反响，进步人士都予以支持和赞扬。"要是我接受了这一崇高任务，我将永远不会完成；因此，就像接受这个任务确实是我的使命一样，我确是永远不会停止行动，因而也永远不会停止存在。"[①] 费希特认为学者选择了科学作为自己的职业，

---

[*] 谢桃坊，四川省社会科学院文学研究所研究员，主要研究方向为词学、宋诗、敦煌学、市民文学、客家学、国学、蜀学等。

[①] 〔德〕费希特：《论学者的使命》，梁志学、沈真译，商务印书馆，1980，第32页。

便是接受了崇高的任务,这个目标是非常遥远的,即使竭尽一生也是难以达到的,因为这是一个崇高的理想的境界。学者在这条漫长的道路上只能渐渐地接近它,因而是一个永远不能完成的任务,然而其意义在于它具有某种永久的价值。费希特认为科学是人类发展的一个分支,而科学的每一分支也应得到发展。每一位学者都希望发展自己所选择的那部分科学,虽然这也是许多从事专业工作者的共同愿望,但学者的愿望尤为强烈,因为他们以推动自己的学科的发展为崇高的使命。费希特说:

> 我不是说每一个学者都应当使自己的学科有所进展,要是他做不到这一点呢?我是说,他应当尽力而为,发展他的学科,他不应当休息,在他未能使自己的学科有所进展以前,他不应当认为他已经完成了自己的职责。只要他活着,他就能够不断地推动学科前进;要是他在达到自己的目的之前,他遇到了死亡,那他就算对这个现象世界解脱了自己的职责。这时,他的严肃的愿望才算是完成了。[①]

这在学术史上第一次阐释了学者发展自己的学科的重大意义,它应是出自学者自己的天职,为此可以不计功利,不畏艰难,不计成败,尽力发展自己的科学。它与学者的生命同在,只有当生命结束时,学者的职责才算解脱。这才是真正的学者。

关于学者所需求的知识,费希特从哲学家的角度将之概括为三种:第一种是哲学知识,即根据纯粹理性原则提出的知识;第二种是历史哲学知识,即建立在经验基础上的知识;第三种是纯粹的历史知识。从学术史来看待这三种知识:第一种知识是每一学科的基础理论,属于一级学科的基本原理;第二种是二级学科的学术发展史;第三种是专业研究方向的具体的学术问题的研究,或者可以称之为第三级学科。这三者构成一个系统,相互联系,但各自又是独立的。然而我们治学如果对本学科的基本原理无知,仅见到某些个别的事实或现象则不可能形成学科观念;若缺乏学科的历史知识,则难以见到学科的发展现状和未来的发展方向。学者具备了这三个方面的系统知识后,依据个人的资质和兴趣可以选择其中某一级学科为自己的专业,如果能全面地具有各级的宏博的知识则是此学科的通才。

现代学术趋于细密的专业研究,故通才极为罕见,但作为一个学者必须具备本学科的系统知识。费希特为此指出:

---

① 〔德〕费希特:《论学者的使命》,梁志学、沈真译,商务印书馆,1980,第38页。

他应当熟悉自己的学科中那些在他之先已经有的知识。要学到这方面的知识，他只能通过传授，不管是口头传授，还是书面传授，但只凭纯粹理性根据去思考，他就根本不可能发展这些知识。① 他应当不断研究新东西，从而保持这种敏感性，并且要尽力防止那种对别人的意见和叙述方法完全闭塞的倾向，这种倾向是经常出现的，有时还出现在卓越的独立思想家那里。②

这表明人类知识有一个承传、发展和创新的内在的关系，只有通过不断努力学习而获得，而且只能在前人已有的知识积累上进一步发展。他不赞同那种仅凭纯粹理性思考的学者，因为他们将自己封闭起来，仅在个人主观意念中冥思，既不接受前人的知识，也不学习新的东西，因而必然丧失对学术的敏感。学者的创新能力是依靠对学术的敏感的。他强调对别人意见的重视和判断，还强调应注意别人所使用的叙述方法以求自己在行文表现方法上的规范和创新：这样才可能避免故步自封的闭塞倾向。这应是学者在本学科取得成就的宝贵的经验。

学者应当发展自己的学科，但笔者在治学过程中深感某些学者因有自己建立的较为广博的知识结构，当其在某一领域里从事多年的专业工作之后，必然因熟识或疲惫，而缺乏对学术的敏感，从而丧失新的创造活力，难以产生灵感。这时可以向自己较为熟悉并感兴趣的新的学术园地转移，因有了新的感受而产生灵感，遂向邻近的学科发展。这样往复一段时间之后，确实可能恢复创新活力而取得意想不到的学术成就，而学术视野亦因之而扩展。当重新回到原有的学科时，很可能又有新的发现而产生新的课题。然而学者应有自己的专业定位，发挥专业的优势，志于推动本学科的发展。某时期的学术转移或跨向新的学科，仅是插曲而已，但如果多几支插曲，可以使主体永远保持新的活力而达到新的学术境界。这实际上有助于本学科的发展，可能促使学科取得新的成就。

关于学者怎样才能够和怎样传播自己的知识，这是学术的社会化问题。费希特说：

当学者获得他应有的信任时，他才能指望这种对其诚实和才能的信任。此外，所有的人都有真理感，当然，仅仅有真理感还是不够，它必然予以阐明、检验和澄清，而这正是学者的任务。③

---

① 〔德〕费希特：《论学者的使命》，梁志学、沈真译，商务印书馆，1980，第38页。
② 〔德〕费希特：《论学者的使命》，梁志学、沈真译，商务印书馆，1980，第38~39页。
③ 〔德〕费希特：《论学者的使命》，梁志学、沈真译，商务印书馆，1980，第39页。

他坚信阐明、检验和澄清真理是学者的任务，对此他充满信心地说："我的使命就是论证真理，我的生命和我的命运都微不足道，但我的生命的影响却无限伟大。"① 他的这种为真理而献身的精神，的确是伟大的，令我们感佩。他在此著中主要是论学者的使命，使我们在治学时树立学科观念，这已达到了其讲演的目的，然而关于真理的论述并未充分展开，但关于学者怎样传播自己的知识，即怎样实现阐明真理的任务，仍应为我们所关注。

追求真理是人类最高远的目的，我们只能逐渐接近它，这是一个致知穷理的漫长的过程，而人的真知却是有限的，许多学者为此都做过艰苦的探讨。人们首先要解决的是：怎样去获取真知？这关系到近代的科学思想方法论。1902年，梁启超发表《近世文明初祖二大家之学说》，他认为："为数百年来学术界开一新国土者实推培根与笛卡尔。"② 英国哲学家弗郎西斯·培根是现代实验科学的创始者。古希腊哲学家亚里士多德在论逻辑方法的《工具论》里曾提出，演绎方法是从一般性前提出发，这可以使辩论很有力量，而归纳是从个别出发，其结论则更令人相信。他是将归纳法列为三段论的一种推理形式，或者是作为三段论的变形。在吸收了近代实验科学经验的基础上，培根重新阐明了归纳法的意义。他提出了著名的"四假相"说：一是族类假相，出于对人类种族、家族和宗派的认识；二是洞穴假相，出于个人本性局限的认识；三是市场假相，出于交际联系所形成的认识；四是剧场假相，出于哲学及各种教条的认识。为了不受这些假相的蒙蔽，培根认为有一个简单的方法："我们必须把人们引导到特殊的东西本身，引导特殊东西的系列和秩序；而人们在这一方面呢，则必须强制自己暂时把他们的概念撇在一边，而开始使自己与事实熟悉起来。"③ 科学家进行研究，既要重视特殊东西本身，还要排除若干复杂的特殊事例，这时便可采用真正归纳法，确定享有优先权的事例，从而形成归纳的一些支柱。由此，"对归纳的精订工作，研究工作随题目的性质而变化，发现一些具有优先权的性质，确定研究的界限，就人的联系来看，议论事物，考虑提出原理的等级"。④ 这种归纳绝不同于简单的枚举的归纳，其结果不仅用于说明一些所谓第一性原理，也用于阐明和发现较低的原理和中级原理。

勒内·笛卡尔是法国哲学家、科学家。他在《方法论》里提出了"我思故我在"，阐述了我们正确地引导理性追求真理应遵循的科学方法。他告诉我们追求科学真理的

---

① 〔德〕费希特：《论学者的使命》，梁志学、沈真译，商务印书馆，1980，第41页。
② 梁启超：《饮冰室合集·文集》卷十三，中华书局，1936。
③ 〔英〕培根：《新工具》，许宝骙译，商务印书馆，1984，第17页。
④ 参见谢桃坊《国学研究与科学方法》，《古典文学知识》2019年第1期。

方法有四项基本原则:一是自明律,只有不容怀疑的、完全明晰清楚的事物才是真实的;二是分析律,在面对难题时,将难点分解成若干组成部分;三是综合律,从比较容易的地方推论至较困难的部分,先易后难;四是枚举律,通过举例、比较等考察经过和结果,确保没有任何的漏洞。四项探求真理的指导性原则使人类思维发生了革命性的变化。笛卡尔将科学研究的过程分为两个阶段:第一阶段用演绎法,第二阶段用归纳法。认识通过直观演绎进入归纳;归纳由个别达到一般,这是直观所不能达到的。他在晚年说:"几何学家达到最困难证明时使用那些简单容易的推理系列,当时已使我想象:人类认识的一切对象都是这样互助依存的,只有我们避免做出错误的推断,遵循这事物至另一事物前后相继的秩序,那么就没有什么东西不可及,也没有什么东西隐而不露,不为我们发现。"[1]

实证是科学的基本特征。近代自然科学因采用实证方法而发展迅猛,诸如物理、化学、生物、天文、地质等学科莫不如是。自然科学的实证研究方法构成一个严密的体系,被称为科学方法。法国哲学家奥古斯特·孔德,是实证主义哲学的创始者,他将自然科学的实证方法运用于他提出的"社会学"(实指社会科学)。他说:"实证一词指的是真实,与虚幻相反……主要在于以精确对照模糊……精确的含义使人想起真正哲学精神的恒久倾向,即处处都要赢得与现象的性质相协调并符合我们真正需要所要求的精确度。"[2] 自然科学的研究方法向社会科学研究渗透,亦成为社会科学理论构建的方法论,而由于研究对象的不同,社会科学在应用自然科学的研究方法时有其特殊性。社会科学的研究涉及人类的领域,因而预言的可能性受限于人类行动的决断范围,但是自然过程的齐一性又使准确的预测成为可能,此即科学进步的重要原因。[3] 当我们回顾了科学方法的发展趋势之后,这些理论的概括现在对于从事学术研究工作仍然具有指导意义,它补足了费希特关于阐明真理的方法。然而我们在具体的研究工作中所定的每个课题皆应采取与课题性质相适的方法,例如使用理论的、历史的、实证的、思辨的、比较的、统计的、演绎的、归纳的、类推的方法等。无论使用何种方法,都必须符合逻辑,尤其应求得合理的内在逻辑结构,力求叙述形式充分达意,并且有学术的个性与风格,以尽可能将所获得的真知予以充分与细密的表达,逐步追求更高的学术境地。

我们怎样认定某一理论或学说所阐述的是真理或谬误呢?如果那是真理、真知,它就具有很高的学术价值;如果是谬误、邪说,它也有一定的借鉴和参考意义,但应

---

[1] 〔法〕笛卡尔:《探求真理的指导原则》,管震湖译,商务印书馆,1981,第115页。
[2] 〔法〕奥古斯特·孔德:《论实证精神》,黄建华译,商务印书馆,1996,第29页。
[3] 参见谢桃坊《国学研究与科学方法》,《古典文学知识》2019年第1期。

予否定和批判。学术史上的真知与谬误，总是受社会和时代的价值观念影响而时有变化，真理总是相对而存在的，并非永恒不变的、绝对的，这需要经历若干时代人们客观的不断的认知和判断。费希特为我们提出了一种判断真理与谬误的见解，他说：

> 为了揭示真理而驳斥相反的谬误，并无多大的好处。一俟真理通过正确的推论，从它固有基本原则中推导出来，一切违反真理的东西即使不加以明确反驳，也毕竟是错误的，如果获得一定了解，而鸟瞰全部必经之路，那么也很容易发觉那是些偏离这条道路陷入谬见的歧途，并且很容易向每个迷路者十分肯定地指出他由以误入迷途的出发点。因为任何真理都只能从一个基本原理推导出来。每个特定的课题应当有什么基本原理，这是由一门彻底的知识学所必须阐明的。怎样从这个基本原理得出更进一步的结论，这是由普通逻辑指明的。[1]

他认为凡是从基本原理推导出来的符合逻辑的见解即是符合真理的，无须对此谬误进行反驳，其已自显其误。然而费希特忽略说明所根据的基本原理是什么，又怎样辨识它是否为正确的？仅依凭普通逻辑的推导无法证实所谓的基本原理是真理还是谬误。因此，笔者以为中国儒家提倡的格物、致知、穷理以求真知，是一个不断重复的求知过程。学者在此过程中博学、慎思、明辨以求获得真知是可能的。我们每选择一个课题，即是探索一种真知，但这种探索又可能因诸多观念与认识的蔽障而误入歧途，以致成为谬误。这种结果是不由作者主观意识决定的，需要学术界的历史的验证与评判，只能做到努力认真以避免蔽障而已。

1981年初春，笔者到四川省社会科学院从事专业学术研究工作时，于成都人民南路口新华书店，购得新出版的费希特的《论学者的使命》，读后给我留下深刻的印象，而今重读后仍获益匪浅。我钦佩他以论证真理为使命的宏大理想，特别赞同他认为学者都应当使自己的学科真的有所进展，而且认为这是学者应尽的职责的观点。这在某种程度上使我牢固地树立了学科的观念，给了我信心和力量，敦促我数十年来为推进我的学科的发展而努力工作。

---

[1] 〔德〕费希特：《论学者的使命》，梁志学、沈真译，商务印书馆，1980，第43页。

哲学之路：对谈周翰森教授

周翰森　杨怡静*

按　语：Thomas Johansen，中文名周翰森，现为挪威奥斯陆大学哲学系古代哲学教授。专治古希腊哲学，尤其是柏拉图与亚里士多德的自然哲学、心灵哲学。2024年夏季，周教授受梁中和教授邀请，前往四川大学哲学系，于国际周课程期间开设了为期两周的课程。在此期间，他的新书《柏拉图的自然哲学》中译本于成都发布，反响良好。杨怡静，四川大学哲学系硕士毕业，奥斯陆大学哲学系博士在读，师从周翰森教授。此次访谈于国际周课程之余在成都进行。周教授分享了自己从哲学博士生走向哲学学者的学术生涯的经历，对古代哲学研究的理解，以及给予今日博士生与本科生的建议。

摘　要：一名哲学博士生如何转变角色成为专业的哲学学者？有志于哲学的年轻学生，应该如何明智地规划职业生涯，从而能够在学术分工的体系下成为专业的哲学工作者？在过去三十年里，学术界对于博士生的培养有什么变化，如今的博士生又当如何应对当下的挑战呢？在这场访谈中，奥斯陆大学的古代哲学教授周翰森分享了自己从学生向学者角色转换的职业生涯的路径、古代哲学的治学经验，以及对有志于从事专业哲学工作，成为"年轻哲学家"的年轻学者与学生们的建议。

关键词：古希腊哲学　历史与哲学　学术共同体　学生与学者

杨怡静：首先，周翰森教授，欢迎来到四川大学！目前为止，您在这里的体验如何？

周教授：非常棒。我非常喜欢这里。我喜欢和学生交谈，也喜欢听他们谈论中国哲学。在此开课期间，我讲授了古希腊的幸福理论。我也很幸运地参加了梁中和教授

---

* Thomas Johansen，中文名周翰森，挪威奥斯陆大学哲学系古代哲学教授，专治古希腊哲学，尤其柏拉图与亚里士多德的自然哲学、心灵哲学；杨怡静，四川大学哲学系硕士毕业，奥斯陆大学哲学系博士在读，师从周翰森教授。

组织的新书发布会，他组织翻译了我的书《柏拉图的自然哲学》。新书发布会的反响很不错，观众提了很多有趣的问题。这是此次访问的众多亮点之一。我也很喜欢当地的文化，无论是博物馆、寺庙，还是美食，都让我感受到了四川独有的风情。

杨怡静：听起来很不错！那么我们来谈谈新书发布会吧。《柏拉图的自然哲学》是您多年前写的一本书，可以追溯到您真正成为"年轻哲学家"的时候。回想起来，您是否仍然认同您当时所写的内容？

周教授：是的。虽说今天来看，我可能会写一本不同的书，但这并不意味着我不再同意我当时的观点。我认为当时对我来说写这本书是件好事。如你所言，这可以追溯到我还是一名学生的时候。《柏拉图的自然哲学》是紧接着我博士毕业后的项目，当时我集中在研究柏拉图的专著《蒂迈欧篇》。通常来说，博士刚毕业后的这段时期会是职业生涯中相对而言非常困难的阶段，因为如果你想成为一名学术哲学家，你就必须要在博士生涯的基础上有所延续。这通常会意味着你需要发表一系列出版物、文章，甚至可能是一本书。就我而言，当时，我已经在剑桥的古典学研究系列中出版了博士论文的修订版。对我而言这很幸运。彼时我尚且在古典学领域工作[①]。我的导师是剑桥大学的迈尔斯·伯恩耶特（Miles Burnyeat）教授。他对我帮助很大。不仅仅在学识上，更重要的是他培养了我在职业生涯早期站稳脚跟的能力。所以我想对未来的学生说，一定要谨慎选择导师，首先要考虑这个人是否值得你学习，你是否认为他研究过你所感兴趣的领域并对此有所建树。其次，你也可以在一定程度上考虑实用性，比如导师是不是该领域的核心人物，他们是否能够帮助你搭建在学术圈内的人际网等。但有时你也得考虑其他因素，比如说，如果你的导师非常忙碌，那么让他们同意指导你也会很困难。所以你可能需要有点耐心，或者调整你的工作来适应你的导师。

杨怡静：是的。

周教授：所以关键是要建立一种良好的合作关系。一方面，学生们要意识到，他们是在与成熟的学者打交道；另一方面，这位学者或专家同时也是一位老师，他会给予你空间来发展你自己的想法，帮助你建立自己的学者形象。你不是重复去做老师已经做过的事情，而是要发展出属于你自己的、具有一定原创性的、对知识界的独特贡献。也就是说，作为一个有志于学术的博士学生，为了最大化程度地达到目标，你会想要与一位专家合作，但这个专家最好是还没有做过你要做的事情。这是最好的组合。我认为，就我而言，我很幸运地找到了这种平衡，因为我研究的是亚里士多德感知理论的一个分支，而迈尔斯·伯恩耶特在这一领域很有名，他写了一篇论文《亚里士多

---

① 在英语世界中，古代哲学的研究通常被下设在古典系或古典系-哲学系联合项目中，而非哲学系。

德的心智哲学今天仍然可信吗?》。在其中,他给出了否定的答案。他主张亚里士多德的感知理论假定我们的感官具有感知的能力,而感知实际上不需要感官发生任何实质性的变化。这在今天看来相当神秘。因为我们当然会认为,当我们看到光时,神经系统经历了一系列物理变化,但据我的老师说,亚里士多德并不这么认为。这之后的问题是,那我们为什么还需要感官呢?于是这个问题被提出了,而我的博士论文就是在尝试回答这一问题。如此一来,我当时的博士论文所研究的题目符合他的兴趣,却并不是他本人已经做过的研究。所以,我的意思是,一般而言,理想的状况是,你的导师对你所研究的领域熟悉,对你的工作感兴趣,但还没有具体做过你要处理的问题。如果你与一个自己领域内的"大牛"一起工作,因为他们通常已经发展出较为固定且成熟的观点,所以你会更难找到自己的位置。

杨怡静:是的,是的,确实如此。所以……

周教授:让我补充一点。我想说,我获得博士学位已经是很多年前的事了。我于1994年获得博士学位,30年后,我认为至少在西方,教师和学生尤其是博士生之间的关系以及他们之间的互动方式发生了很大变化。我认为现在的博士生地位更高,状况更好。这主要体现在他们如何获得认可方面。我认为,现在的博士生比我们那个年代融入学术界更深入。至少在我那个年代,在大多数研究型大学里,学生都只是坐在那里学习和听讲。而现在,博士生在学术活动中相比以前而言参与度更高,他们受到的待遇也更平等了。尤其是在北欧,以及英国的牛津、剑桥等大学里更是如此。这是一个非常不同的环境。这也意味着,我认为你可以尽早开始思考自己的学术方法,并且积极地向学术界展示你的工作。你不用再等那么久,直到你的导师认可你的工作后才开始进入学术界。现在不是这样了。

杨怡静:您认为现在的博士生有更多的主动权与能动性?

周教授:是的。学生与教授之间的关系更平等了。不像以前那样等级森严。

杨怡静:您认为这对未来的学术界是一件好事。

周教授:是的,很大意义上是这样的。不过,我认为,在哲学学术界,我们仍然需要某些所谓的大人物或学术权威。他们通过其工作的质量和原创性在哲学领域内建立了可供大家参考的坐标系。他们之所以如此重要,是因为围绕着他们,学术领域得以统一,我们有了共同的可供讨论的对象,建立了公共话语空间。因此,我们可以谈论大卫·刘易斯,也可以谈论索尔·克里普克。我们对于他们的观点可能持有不同意见,但他们的观点都是众所周知的。每个人都知道,这些观点为该领域设定了标准。在自然哲学领域,也存在着这样的学者。我的意思是,剑桥、牛津或普林斯顿大学的学者们,比如英国的格雷戈里·弗拉斯托斯(Gregory Vlastos)、约翰·库珀(John Cooper)、迈尔斯·伯恩耶特和大卫·塞德利（David Sedley），他们中的有些人至今仍在世。萨拉·布罗迪（Sarah Broady）最近去世了。这些都是大家熟知的学者，他们为古代哲学研究树立了标杆。如果你不了解他们的研究，别人就不会把你当回事。所以，我认为学术权威的建立对于整个学术环境的建设而言具有意义。当然，这些权威人士拥有权威，也就意味着拥有权力。因此，他们处于强势地位，某种程度上，他们可以决定谁得到工作。你得到工作的最佳机会是去那些权威人士担任教授的大学，然后与他们共事。然后，他们对你的认可会帮助你找到一份工作。以前的学术界就是这样运作的，但现在已经不是那样了。现在一切都更开放了。只要你的博士研究本身是优秀的，你可以在几乎任何一所大学取得博士学位并且有机会找到工作。你不再需要去剑桥、牛津或普林斯顿。在某种程度上，如今更被看重的是你的工作本身，而不是谁教了你、教了你什么以及他们能提供什么帮助。与此相关的是，今天的博士生们被期待更早地发表论文，参加会议、提交论文。这给博士生带来了更大的压力，因为找到自己的方向、了解自己在做什么、阅读和掌握相关研究领域内的关键文献并形成自己的观点都需要时间。在这种情况下，仓促发表论文并不是一件好事。你不会想发表糟糕的东西，或只是为了发表文章而发表文章。对吗？

杨怡静：因此，从这个意义上说，学术界已经发生了变化，博士生们更加平等，与此同时，他们也被迫提高效率。其中的一个弊端就是，大家可能急于发表论文，而我们知道，研究哲学需要大量思考的时间。如果过于着急，就无法真正完成一个好的项目。那么，对于那些不想沦为论文生产者的学生，如果真的想发表一些原创作品，您有什么建议吗？

周教授：这是个好问题。我的意思是，推迟发表是一方面，但不能推迟太久，否则不利于丰富你的学术简历。你可以尽早做的一件事是去参加学术会议，并在会上呈现你的研究成果。学术会议可以很好地让你理解你的研究处于什么阶段、你的研究质量以及可以期待什么样的反馈。另一方面，同样重要的是，要懂得在合适的地方发表论文。要现实一点。譬如说，你的第一篇文章不必发表在《牛津古代哲学研究》上。它不必是拒稿率很高的顶级期刊。所以在职业生涯的初期，我不建议博士生们为了在顶级期刊的发表而花太多时间准备论文，或是投稿给那些审核周期长达一两年的期刊。一个好的策略是投稿给那些发表过类似主题文章的期刊，更理想的状况是通过发表的方式加入正在进行的学术讨论。除了期刊发表，也还有其他途径，比如投稿给某些论文集。即使论文集的最终出版也会十分缓慢，但至少论文的被接收意味着你的工作得到同行的认可。而这对处于早期职业生涯的哲学学者是很有帮助的。当然了，这一切都取决于你的工作质量，所以我认为参加学术会议在各方面而言对于有志于学术事业的博士生而言都非常重要，因为你可以借此完善自己的论文，熟知业内现状，并且建立属于你自己的人际网。

  此外，对于今日的博士生，让我有些担心的事情是，他们会因过分关注自己的博士论题而忽略了自己是在接受哲学教育，从而变得狭隘。今天的博士生们应该更多地了解除了他们研究的课题之外的其他哲学领域的面貌，与研究其他哲学领域的同事进行更多的交流。而且实际上，这对于他们的论文研究也是有益的。只有更多地接触到多样的哲学工作方法，才能够更好地理解当下学术环境中哲学的运作方式。所有这些都会以某种方式对你的工作产生积极的影响。如果你过于狭隘，你永远不知道什么会激发你的灵感，你只会被已有的东西所启发。但是如果你有广泛的兴趣，那么你就可以从不同领域的哲学中获得灵感。我认为一个称职的博士学生应该这样做。

  杨怡静：也就是说，今天的博士生应该要求自己通过不断接触学术环境来提高他们的能力，并从各种资源中获得反馈。

  周教授：是的。我的意思是，最糟糕的事情就是闭门造车。你必须走出去。你必须与人交谈，进行对话。你必须学会如何应对与自己立场相左的观点。你必须习惯于解释或阐明你认为对你来说可能是清晰的东西。我认为，你练习得越多，作为哲学家的水平就会越高。这应该是每个哲学练习生的最终目标。譬如说你，你可能不会一直研究泰奥弗拉斯托斯，五年后你可能会研究其他东西。那你可以为此做好准备。你需要制定特定的学习策略，以便有能力应对新的领域，理解你现在正在做的事情与其他人正在做的事情之间的联系，以及下一步你想做什么。当我开始研究《蒂迈欧篇》时，是因为我在学生时代接触过相关的研究。这不是我的本行。我本可以在职业生涯的其余时间里继续研究亚里士多德的感知理论，成为这个专题里的专家。但我从不希望只研究古代哲学中的一个问题或一个小的方面。我所钦佩的学者们，比如迈尔斯·伯恩耶特或迈克尔·弗雷德（Michael Frede），他们对古代哲学史甚至一般意义上的哲学史都有着非常广泛的兴趣。我的老师迈尔斯·伯恩耶特写过关于伯克利和笛卡尔的文章，他是一位非常优秀的古代哲学研究专家。迈克尔·弗雷德则对古代哲学有着非常广阔的视野，他将古代哲学置于整个历史哲学的语境中。

  杨怡静：是的。从这个意义上说，您的哲学之路是从围绕亚里士多德感知理论里的感官概念开始的，随后您进行了关于柏拉图的自然哲学的写作。您的第三本书围绕亚里士多德《论灵魂》，随后您的兴趣转向了"幸福"，在奥斯陆大学组织了围绕"幸福"概念的跨学科研究项目。最近，您还写了关于泰奥弗拉斯托斯《植物志》中有关植物个体性的文章。我想问的是，在这趟哲学旅程中，是否有某些基本的疑问或根本性问题促使您不断转换研究项目。

周教授：我的哲学旅程，尤其是从亚里士多德转向柏拉图随后又回到亚里士多德学派这一路线，与我对古代哲学的写作方式的理解息息相关，与柏拉图和亚里士多德文本所呈现的写作的方式息息相关。在古代哲学领域中，你不能真正将一个哲学主题与其他主题完全割裂开来。虽然我的哲学生涯从亚里士多德感知理论中的感官概念起步，但它其实已经预设了一个前提，即对亚里士多德《物理学》的了解。然后，我对柏拉图的自然哲学也产生了兴趣，因为在柏拉图的写作中我们可以看到一些亚里士多德在自己的自然哲学中用到的概念的前身。在剑桥求学期间，我已经读过《蒂迈欧篇》，当时我就对它产生了兴趣。柏拉图写作的方式与亚里士多德截然不同，于是你不禁会好奇，我们是否能够通过对对话的重构来构建柏拉图式的理论。有些人可能会认为，实际上无法真正重构出柏拉图的哲学，因为文本能呈现给我们的就是哲学对话和哲学戏剧。我并不完全赞同这种观点。然而，没有人会认为亚里士多德的哲学是哲学戏剧。很明显，亚里士多德在试图发展哲学理论。这种写作方式上的不同让我很好奇。在对柏拉图的研究告一段落后，我再次回到亚里士多德，因为我一直在牛津教授心灵哲学，在教学期间，我对亚里士多德所属的"功能心理学"产生了兴趣。在牛津大学任教期间，我对迈尔斯·伯恩耶特所提出的关于感知中是否存在必要的质料变化的问题也逐渐发展出了我自己的看法。所谓教学相长，有时候你的教学会促进你的研究，反之亦然。我的第三本围绕亚里士多德《论灵魂》的专著，以及最近即将出版的亚里士多德《形而上学》阿尔法卷评注就是这样诞生的。这都得益于我在牛津教学期间所开设的课程。

杨怡静：很有意思的是，我们知道亚里士多德《形而上学》与《论灵魂》的开篇都采用了论辩的方法来整理前人的理论。您是如何理解这种写作方式的呢？

周教授：这个问题问得好。我们知道，亚里士多德的大部分作品都是以某种形式的"文献综述"开篇的。他从考察前人观点出发，构建出一个"领域"，并对其中既有的观念表示赞同或进行批判。如你所言，他在《论灵魂》的第一卷中就是这样做的。而《形而上学》的第一卷相较而言则有同有异。最主要的是，亚里士多德在《形而上学》中以此借力，发展了四因说，作为对万物基本原理的解释，并且利用它来提出属于亚里士多德自己的问题。在他的述说中我们看到，不同的哲学家对这四种原因中的每一种都有一定的理解，或者说是尝试性的理解，也许最多理解一两种，但没有人理解全部四种原因。实际上，他们也没有真正以正确的方式理解其中任何一种原因。这也与这样一个事实有关，即要理解其中任何一种原因，就必须理解所有原因。而这个结构关系是在亚里士多德那里被构造出来的。有些人认为亚里士多德的"学述"有点像把各种观点放在一起，然后从中提取正确观点。事实并非如此。亚里士多德的工作远不止于此。此外，很有意思的是，在"学述"中，我们看到亚里士多德对自己的老师柏拉图的深入讨论。例如，亚里士多德有时会用"我们认为"这样的表述来展开对"形式"的讨论。一种可能的解读是，他将自己置于学园环境中。因此，他的工作不仅仅有对先辈的批判，某种程度上也可以理解为亚里士多德在学园中的自我批判。这使我们多了一个从柏拉图主义或非柏拉图主义者出发看待他的视角。

杨怡静： 我记得在《形而上学》中，他评论说，所有前苏格拉底哲学家都试图理解世界的原理，但他们缺乏正确的方法。

周教授： 是的。最重要的是用正确的方式提出问题。所以，亚里士多德对所谓的自然哲学家的评价是他们都对原因感兴趣，但他们感兴趣的是事物生成的原因，他们并没有真正区分事物生成的原因和事物存在的原理。所以，从某种意义上说，他们谈论的是将形而上学简化为物理学，谈论一切可变的事物。这使得形而上学被简化成与物理学本质上相同的研究。亚里士多德反对这种观点，而他的前辈们，至少是那些自然哲学家们，很显然没有真正正确理解这个主题。柏拉图是一个例外，因为柏拉图理解作为永恒性存在的理念或形式，但柏拉图的问题是他拒斥变化。亚里士多德则在这些自然哲学家和柏拉图之间建立了辩证法，在他们之间找到某种平衡。他提出，作为存在的存在本身（qua being）是可以理解和研究的。这就是形而上学的工作。

杨怡静： 您的论述让我想起了杰西卡·莫斯（Jessica Moss）在《柏拉图的认识论》这本书里对柏拉图哲学中概念间关联的分析。我们可以看到的是，同为哲学家，对"理念"或"形式"概念的运用在柏拉图或亚里士多德那里会有所不同。对于亚里士多德来说的形式概念，与柏拉图哲学中的形式概念相比，拥有不同语境下的含义或内涵。亚里士多德发展出了一种不同于柏拉图哲学的新哲学。从这个意义上说，您是否同意每个哲学家都有自己的核心概念，并将其作为他们进行哲学工作的工具？

周教授： 这是一个有趣的问题。尤其是将概念作为工具而理解，我对此有两点看法。我们可以说，每个哲学家都在重新发明概念。每个哲学家都有自己的概念，用来解释现实或实在。但随之产生的问题是，在今日学术环境下，我们如何与在对基本概念的理解上都不同的人协同开展工作。如果我们不能就基本术语和概念达成一致，这对哲学来说并不是一件好事。在奥斯陆大学哲学系目前正在开展的"幸福"研究项目里，哲学家们与不同学科的领军人物开展合作。我们的团队中有哲学家、心理学家、社会学家。我的一个心理学同事就曾评论道，研究"幸福"的困难之一在于每个人都想定义自己的概念，就像每个人都只想用自己的牙刷。因此，就同一件事进行辩论非常困难，因为我们的起始点或预设就不相同。如果你认为柏拉图和亚里士多德之间存在这样的分歧，那么，最终会形成某种概念相对论。那么我们如何构建他们之间的关联？我想，在概念分歧中，重要的是把握共性与差异。譬如对于同一个"形式"语词，去理解亚里士多德与柏拉图的相似之处，同时也要关注其差异。由此，我们才能建构出哲学对话。一般而言，我们对"形式"的理解是什么，这可以追溯到苏格拉底……

杨怡静：事物的定义。

周教授：没错。柏拉图和亚里士多德的观点大致相同。至于形式在哪里、如何发挥作用、形式究竟能对事物的定义提供怎样的解释，大家则各有意见。我认为这对于亚里士多德重述哲学史也是必要的。他是早期希腊哲学最重要的来源。我们刚刚讨论了亚里士多德如何对待柏拉图，但同样的问题也适用于亚里士多德如何对待他的其他前辈。在这里，我们更困难，因为我们几乎没有原文文本来佐证。除了关于泰勒斯（Thales）的记录外，我们真的什么都没有，其中很多记录来自亚里士多德本人。因此，我们不同程度地缺乏这些早期哲学家的许多关键证据。我认为我们必须依靠亚里士多德本人来重构他本人也在批评的那些哲学家。许多学者曾由此陷入困境，因为他们必须同时评估作为来源的亚里士多德和作为批评家的亚里士多德。哈罗德·切尼斯（Harold Cherniss）就曾提出，由于亚里士多德持批评态度，将他作为前苏格拉底的史料来源是完全不可靠的。亚里士多德对柏拉图和前苏格拉底学者的所有批评都是不公平的。但接下来你会问，切尼斯教授，你究竟有什么证据来反驳亚里士多德，从而证明亚里士多德对前辈们不公平呢？大多数时候，你只能依靠亚里士多德本人。因此，将作为来源的亚里士多德与作为评论家的亚里士多德区分开来几乎是不可能的。对此，在我对《形而上学》阿尔法卷的翻译和评注中，我提出的立场是，亚里士多德作为前苏格拉底哲学家来源的可信度实际上比我们想象的更高。对亚里士多德来说，可信度非常重要。因为他需要借此建构一种能将其置身其中的哲学史。他认为自己的历史地位是在早期概念发展过程中逐步形成的。这是他的历史观。即使亚里士多德的观点是错误的，也不是因为他故意为之。他希望自己对过去的描述是正确的，这样他才能对其进行批判，才能加以利用，才能使自己的哲学从那里开始自然发展。因此，如果你持有这种历史观，就不能随意构建自己的历史，然后随意批评它。再说一遍，这并不意味着亚里士多德一定是对的。但我认为，你可以捍卫他的观点，认为他对前人的描述比迄今为止其他的描述要好得多。这就是我对亚里士多德作为历史学家的看法。

杨怡静：那么，当您作为历史学家阅读亚里士多德时，您阅读他构建知识史和定位自己的方式时，是否有某个特别的概念或特别的问题是您特别关注，从而使您与其他学者区分开来的？

周教授：这涉及创新的问题。在古代哲学领域，要想完全创新是非常困难的，古代哲学的研究已经进行了2500多年。而在当今学术界内，研究的热点与难点也在不断更新。我认为我的工作的热情就在于试图与我的同事以及我所钦佩的学者之间建立某种对话，我试图以某种方式参与这些辩论。

杨怡静： 我认为这对学生来说也是非常有用的建议。您在写作时试着参与学术共同体中正在进行的对话。我也曾困惑于应该为谁写作以及如何参与当前的学术对话。我认为这对刚开始工作的年轻博士来说是非常有用的建议。但正如您所说，在古代哲学中做到完全原创非常困难。这是一门传统学科，有着两千年的悠久历史。

周教授： 没错。但我更想指出的原创性，是指对于既有材料的新发现新解读。我不记得看过多少次阿弗罗蒂西亚的亚历山大或辛普利丘的评注，总能在其中发现一些历久弥新的观点和解读。有时候，回到古代会带给当代学者意想不到的灵感，生发出一些新的、有助于今日讨论的见解。

杨怡静： 是的。我认为这也是一个很好的建议，学生可以回到古代评注中去重新理解所研读的核心文本。那么您怎么看待古代哲学研究的历史性与哲学性的交织呢？

周教授： 从某种意义上说，古代哲学的从业者是历史哲学家。但要想成为优秀的历史哲学家，我们必须研究那些优秀哲学家的哲学。这意味着你必须既对古代哲学的内容熟知，同时也要有能力重构对你而言重要的哲学论题。你的重构必须代表这些观点的哲学复杂程度。要做到这一点是非常困难的。你必须提出哲学问题，为什么亚里士多德这么说？他的理由是什么？你必须从哲学角度去思考这个问题。历史与哲学之间没有明确的界限，这是研究古代哲学的魅力之一。柏拉图和亚里士多德至今仍被阅读，在我们的哲学课程中占据核心地位，是因为我们可以继续前进，不断提出那些难题，并不断找到新的答案。

杨怡静： 这是一场非常有意义的讨论。我想中国读者也会从您刚才分享的内容中学到很多。那么最后，您对当今有志于哲学学术的中国大学生们有什么建议吗？

周教授： 我的建议有很多，但最重要的一点是，我希望学生们能够更好地学会如何争论与辩护。你可以在任何地方开展哲学练习，与你的朋友或老师。将自己放置于相反的观点中，并且学会如何捍卫自己。不要害羞，不要退缩。哲学就是争论和讨论。你最终写出来的东西会反映出这一点。如果你习惯讨论，你的写作也会更好。因为哲学写作某种程度上就是与相反的观点进行某种较量。学会提出问题并且论辩。这样，当你写作时，你会逐渐成为一名更好的哲学家。

杨怡静： 是的，非常感谢。我也受益匪浅。

· 贺麟研究 ·

会通中西的道德理想主义

——吴宓与贺麟对儒家思想的现代化建构

邵友伟[*]

摘　要：近代以来，随着中西文化的碰撞与融合，部分学人认为中国文化亟须走一条会通中西的路线，以此为走向现代化的路径。同为近代思想家的吴宓与贺麟，二人既有相同的中学背景，又都有留学经历和西学背景，基于此二人在以道德主义会通中西上有许多共性，但在学术旨趣和治学方向上有一些区别，吴宓研究和讲授西方文学，贺麟研究和讲授西方哲学，贺麟对儒家思想的认同体现在其哲学体系中。吴宓深受中国传统的孔孟思想以及柏拉图、白璧德、马修阿诺德等西方思想家的影响；贺麟的学统主要来自陆王心学、斯宾诺莎和以黑格尔为主的德国古典哲学。以儒家思想为根本，吸收西方思想的精华，建构新的思想体系和人生观，是二者的共同价值追求。

关键词：吴宓　贺麟　道德　理想主义　儒家思想

关于中西会通，开始于鸦片战争之后的洋务运动，代表人物张之洞系统阐述"中学为体，西学为用"，开中西会通之先河。后来以康有为、梁启超为首的维新派通过"移花接木"的方式改良政治制度，企图从社会文化和政治体制方面进行中西会通。继之而起的是新文化运动，新文化运动所倡导的全盘西化与后来的东方文化派曾就文化本位问题展开一系列争论。吴宓和贺麟接续中西会通这一问题，与全盘西化派和东方文化派所不同的是，其都选择了一条折中路线，即用道德理想主义的方式会通中西文化。

---

[*] 邵友伟，哲学博士，渤海大学马克思主义学院讲师，主要研究方向为伦理学、中国哲学。

吴宓与贺麟是师生关系，吴宓的思想与选择的道路对贺麟的人生选择产生了很大影响。[1] 作为学衡派的代表人物，吴宓先生被冠以"文化保守主义"的头衔。贺麟作为翻译家和新儒家的代表，其新儒学理论对中国文化的现代化提出了新的发展方向。吴宓保守主义思想主要活跃于20世纪20年代，贺麟的新儒学思想主要活跃于20世纪三四十年代。但作为会通中西的典型思想家，二者存在很多的共性和联系。吴宓思想之"旧"与贺麟新儒学思想之"新"都是在会通中西这一前提下展开的。

一 以儒家思想为根基

吴宓与贺麟的思想都以儒家思想为根基，同时会通中西方思想精华。吴宓认为"中国之文化，以孔教为中枢，以佛教为辅翼"[2]，在他看来中华文化的精髓在于儒家思想，佛教不占主导但也是不可或缺的。在他看来，孔教即指儒家思想，并非宗教。他对儒家思想的赞扬体现为对儒家思想道德原则的认同，他说："孔孟之人本主义，原系吾国道德学术之根本。"[3] 他信奉孔教，"本于我之智慧思考、我坚信孔子之学说"[4]。可见他对于孔子乃至儒家思想并非盲目的认同，而是进行了理性的道德判断。他说："孔子者理想中最高之人物也。其道德智慧，卓绝千古，无人能及之，故称为圣人。"[5] 为了巩固儒家思想的根基地位，吴宓认为应该从五个方面[6]来巩固儒家思想的主导地位。

第一，"克己复礼"。吴宓所说的"克己复礼"与孔子所提倡的恢复周礼有着本质的区别。这里所说的"克己复礼"，即通过"以理制欲"的方式克制自我。以理制欲即"人能以理制欲，即谓之能克己，而有坚强之意志"[7]。在他看来，"以理制欲"是

---

[1] 1924年吴宓在清华开设讨论翻译课，讲解翻译原理和技巧。有时课堂上只剩下贺麟、张荫麟、陈铨，他们因此被称为"吴宓门下三杰"，三人也经常到吴宓的住处谈学问。贺麟毕业时，吴宓赠诗"学派渊源一统贯，真理剖析万事基"之句。参见张祥龙《贺麟先生与他的清华国学院导师》，《中共中央党校学报》2010年第4期。另外从学术角度来看，《国风》是《学衡》的后继，《思想与时代》又是《国风》的后继。原《学衡》作者有多人为《思想与时代》写文章。吴宓作为《学衡》的主要作者，贺麟作为《思想与时代》的作者，二者在思想上有很多联系，参见白欲晓《寻绎儒学现代开展的一条流脉——以贺麟纪念唐君毅文为线索》，《东南大学学报》（哲学社会科学版）2020年第4期。
[2] 徐葆耕编选《会通派如是说——吴宓集》，上海文艺出版社，1998，第15页。
[3] 徐葆耕编选《会通派如是说——吴宓集》，上海文艺出版社，1998，第23页。
[4] 徐葆耕编选《会通派如是说——吴宓集》，上海文艺出版社，1998，第15页。
[5] 徐葆耕编选《会通派如是说——吴宓集》，上海文艺出版社，1998，第111页。
[6] 吴宓先生在《孔子之价值及孔教之真义》《我之人生观》两篇文章中都提到了三点即"克己复礼""行忠恕""守中庸"，这是其道德实践的方法。郑师渠先生认为，吴宓先生的道德实践准则有五点，除上面提到三点外还包括"穷则独善其身，达则兼善天下""行而无著"。后两点出自《我之人生观》一文，吴宓先生对于事业进退问题的解决答案。参见郑师渠《论吴宓的道德观》，《北京师范大学学报》1996年第6期。
[7] 徐葆耕编选《会通派如是说——吴宓集》，上海文艺出版社，1998，第95页。

道德修养的关键，可以让自己不自欺并且时时省察。他认为如果能够"克己"就不会因为个人的私愤而迁怒于社会。吴宓认为克己是修身的基础，相当于儒家思想的格物、致知、诚意、正心诸环节；"复礼"体现为随时随地尽自己的责任和义务，做事恰到好处，有一个内在的自觉，而非体现在外在的形式上。

第二，"行忠恕"。吴宓提出"忠以律己，恕以待人"，即对于自己严责，对于别人宽容，也即儒家思想所提倡的"严于律己，宽以待人"。他认为"忠"还体现为将人类的优点赋予己身，"恕"体现为谅解人类的弱点怜悯他人。就人我关系而言，宁可人负我，不使我负人。

第三，"守中庸"。"守中庸"即是守"中道"，守"常道"。不走极端，务实而不务虚，把握好过与不及的度。吴宓认为"中庸"是"人界"所独有的，也是人文主义价值观和理想信念不可或缺的。

第四，"穷则独善其身，达则兼善天下"。吴宓认为二者是一体的，并不是相互分离的。这种"善"是一种品质，不因为我们所处的境遇而改变。人生的穷达不仅指所处的环境和地位，同时也指个人志向是否实现。

第五，"行而无著"。这里的"行"体现为人需要有作为，即使环境糟糕，即使因为天命而中道夭折，也要让自己尽心去做，让自己安心。"无著"体现为三点：一为尽心竭力，不计成败得失；二为做事正当，不结党营私；三为以公心行事，不谋私利。

贺麟同样认为儒家思想是中华文化的主干，中华文化的复兴即是儒家思想的新生。就学术渊源来说，贺麟说："我的思想都有其深远的来源，这就是中国传统的文化和儒家思想。"[①] 可见贺麟骨子里充满了对于中国传统文化和儒家思想的认同，因此，他对儒家思想的复兴充满了热忱。具体而言，贺麟提出了自己的三个主张[②]。

第一，肯定五伦观念的新价值。贺麟认为五伦观念是中华文化纲常礼教的核心，是中国古代社会稳定的前提。他认为五伦观念在体系架构上是完善的，但在具体细节上也存在很多值得修正和商榷的地方，并提出这主要表现为四个方面：首先，五伦观念因为过度重视道德的作用，一定程度上阻碍了宗教、科学和艺术的发展；其次，五伦观念走向了信条化和制度化，损害了个人的自由与独立；再次，五伦观念因亲疏关系之爱具有狭隘性，他提出"普爱说"，即重视物的价值，具有宽容的胸怀；最后，

---

① 贺麟：《文化与人生》，商务印书馆，1988，序言第 2 页。
② 拙作将贺麟新儒学思想体系的道德理想主义分为三个方面，即"肯定五伦观念的新价值""重视学术的引导作用""对儒者气象的推崇"。参见邵友伟《贺麟对儒学思想的现代建构》，硕士学位论文，黑龙江大学，2019。

五伦说长久以来是被三纲说钳制的，而三纲最后走向一种片面的、失衡的状态，即重视君、父、夫，忽视臣、子、妻。

第二，重视学术的引导作用。贺麟指出学术"本义为知识的创造，亦即理智的活动，精神的努力，文化的陶养之意"①。在抗日救亡的关键时刻，贺麟认为抗战建国与学术建国是相辅相成的。在当时的形势下若想取得战争的胜利，除了军事和经济因素外，还包含精神、道德等方面的引导。同时，贺麟认为学术自由是实现精神自由的前提，通过知识的引导改变当时迷信武力和急功近利的社会心态，这一思想植根于儒家的道统与学统对社会风气的引导和对文化的传承。

第三，对儒者气象的推崇。贺麟认为："凡有学问技能又具有道德修养的人，即是儒者。"② 这里所指的儒者等同于儒家传统意义上的君子，也即品学兼优的人。儒者是具有礼教和诗意的绅士，在做事态度上，真正的儒者是合理性、合时代、合人情的。贺麟对儒者气象的阐扬对个人的修养、社会的安定、文化的繁荣都大有裨益。

吴宓与贺麟都从价值理念和精神气质角度肯定并继承了儒家思想，又摒弃儒家思想长久以来形成的弊病。二者在价值理念方面是儒家式的，但对时代的审视却极富有现代性。吴宓和贺麟都将道德理想主义放到了首要位置，所不同的是，吴宓主要对儒家精神进行继承和修正，如"克己复礼""行忠恕""守中庸""穷则独善其身，达则兼善天下""行而无著"这几点都是对儒家经典的弘扬，吴宓通过对儒家精神性的把握对其进行了现代化的解读。贺麟对儒家思想的继承主要体现在创新上，他提出的"肯定五伦观念的新价值""重视学术的引导作用""对儒者气象的推崇"等意在提升儒家思想的道德引导作用。

二 吸收西方文化精华

吴宓和贺麟都肯定西方文化有优点和长处，提倡吸取西方文化之精华促进中国社会的发展与进步。吴宓认为"西洋之文化，以希腊罗马之文章哲理与耶教融合孕育而成"③。可见他认为西方的精华在古希腊哲学和基督教。他说"今取以与柏拉图、亚里士多德以下之学说相比较，融会贯通，撷取精粹……如是，则国粹不失，欧化亦成"④，新文化的发展方向为"自当兼取中西文明之精华，而熔铸之，贯通之"⑤。这种熔铸和

---

① 贺麟：《文化与人生》，商务印书馆，1988，第22页。
② 贺麟：《文化与人生》，商务印书馆，1988，第11页。
③ 徐葆耕编选《会通派如是说——吴宓集》，上海文艺出版社，1998，第15页。
④ 徐葆耕编选《会通派如是说——吴宓集》，上海文艺出版社，1998，第23页。
⑤ 徐葆耕编选《会通派如是说——吴宓集》，上海文艺出版社，1998，第15页。

贯通既包含对中华文化核心内容的选择，也包含对西方思想精华的借鉴，"吾国古今之学术、德教、文艺、典章，皆当研究之，保存之，昌明之，发挥而光大之。而西洋古今之学术、德教、文艺、典章，亦当研究之，译述之，了解而受用之"。① 吴宓打破了中西文化的界限，他将人的行为方式和价值理念分为三级，也即三界。②

首先，"天界"。"天界"即"以宗教为本，笃信天命，甘守无为，中怀和乐，以上帝为世界之主宰，人类之楷模"。③ 这里的潜台词是上帝是全知全善的，上帝作为道德的楷模是值得人去效法的。需要人类把握天命，减少欲望，虔诚地信奉上帝，不顾及人世的功名利禄。"天界"表现在婚姻方面，自礼拜堂牧师成礼或祭天祀祖之后，在宗教意义上结为夫妻。吴宓认为这种结合因为依据教律，所以具有稳定性，也不会因疾病或者其他原因而离异。

其次，"人界"。吴宓以"人界"为人的处事原则，"以道德为本，准酌人情，尤重'中庸'与'忠恕'二义"。④ 认同"人界"理念的人，既要兼顾道德，又要兼顾人情；既要不过度，又要不缺乏；既要严于律己，又要宽以待人。因为人的内心都具有同理心，也即孟子所说的"四端"，所以道德仁义和礼乐政刑才能够施行。遵守此种道德规范的人，往往能够以理制欲，也即上文提到的"克己"。他认为中国的孔孟思想和古希腊的苏格拉底、柏拉图、亚里士多德的思想便是如此。"人界"理念表现在婚姻方面，即需要遵从社会风俗，按照社会惯例，既不出奇，也不委屈。此种婚姻可以离婚，但需要遵从忠恕信义之道。

最后，"物界"。遵从这种原则的人，"不信有天理人情之说，只见物象，以为世界乃一机械而已"。⑤ 吴宓对这一思想的批判，源自当时流行的进化论，表达了对"物竞天择，适者生存"的忧思。从当时的世界形势来看即西方的军事、工业、文化要强于中国，西方的现代化已经受到物欲的影响。"物界"表现在婚姻方面，即凭着人欲来处理夫妻关系，甚至像禽兽一样不必有婚嫁，通过人的喜好和欲望来处理婚姻关系。

相对而言，贺麟对西方文化的借鉴思路更加清晰，他说："儒家思想是否复兴的问题，亦即儒化西洋文化是否可能，以儒家思想为体，以西洋文化为用是否可能的问

---

① 徐葆耕编选《会通派如是说——吴宓集》，上海文艺出版社，1998，第15页。
② 吴宓将人立身行事分为"三级"，即"天界""人界""物界"，将耶稣和佛教分在以宗教为本的"天界"，将孔教分在以道德为本的"人界"。参见徐葆耕编选《会通派如是说——吴宓集》，上海文艺出版社，1998，第20页。
③ 徐葆耕编选《会通派如是说——吴宓集》，上海文艺出版社，1998，第20页。
④ 徐葆耕编选《会通派如是说——吴宓集》，上海文艺出版社，1998，第20页。
⑤ 徐葆耕编选《会通派如是说——吴宓集》，上海文艺出版社，1998，第20页。

题。"① 他认为应该用西方思想的优点补充和改进儒家思想。贺麟认为儒家思想的新发展离不开与西方思想的融合,提出在三个方面展开,即对理学、礼教、诗教的西化改造。

以西方的哲学发挥儒家的理学。儒家的理学应在形式上借鉴西方哲学。贺麟认为苏格拉底、柏拉图、亚里士多德的哲学与孔孟、老庄、程朱、陆王的思想是可以融合的。西方哲学的体系性、逻辑性较中国古代哲学更为清晰,如此,经西方哲学渗透后的理学既保留了道德性和哲理性,又具有了体系性和逻辑性。

以西方的宗教发扬儒家的礼教。贺麟认为西方的宗教特别是发源于古希伯来文明的基督教一直是西方文明的主干,基督教是西方文化繁荣、工业发达、科技进步的内在根源。中国的礼教所提倡的道德原本是有仪式感和精神理念的,但随着时代发展和思想的更迭,礼教缺乏生机与活力,变得片面强调道德,成为只重视道德的礼教。因此,贺麟认为发扬儒家的礼教,应该借鉴基督教的精神内核,以丰富中国人的精神内核,但必须去除基督教的糟粕。

以西方的艺术发扬儒家的诗教。贺麟认为诗歌和音乐是艺术的最高表现形式,先秦儒家本就非常重视礼、乐的教化作用,"乐者为同,礼者为异,同则相亲,异则相敬。以礼教中,以乐教和"②,可见在先秦儒家思想那里礼乐是相资为用、缺一不可的。西方的建筑、雕刻、绘画、小说、戏剧都在不同程度上用不同的艺术手法表现了民族精神和时代风貌。所以新儒学的发展应该在保持民族性的基础上,采用多种形式来宣扬儒家的诗教。

在对西方思想的借鉴上吴宓是分而析之的,但也有所取舍,同时将之和中国传统思想相比附。贺麟对西方思想的借鉴重在西方文化对儒家思想的补充上,"贺麟对儒家思想作了全新的升华,在儒家思想的伦理基础上,灌注以自由理性之西学精神,实现二者的交融汇通"③。吴宓和贺麟都认识到西方哲学与基督教对西方社会的影响,西方哲学、基督教值得儒家思想借鉴。所不同的是,吴宓侧重"物"对社会和人的影响,贺麟侧重通过西学来恢复和改善儒家思想。

三 中西会通的体系建构

吴宓与贺麟都从自己的道德理想主义出发,将中西方文化内涵自觉融入自己的哲

---

① 贺麟:《文化与人生》,商务印书馆,1988,第 6 页。
② 胡平生、张萌译注《礼记》,中华书局,2017,第 981 页。
③ 林慧川:《贺麟与战国策派:抗战中国文化重构的德国谱系》,《天府新论》2022 年第 5 期。

学体系和人生观当中。二人的体系建构都凸显了儒家的道德理想主义，同时又具有很明显的中西会通的痕迹。吴宓就改进国民道德，沟通东西学理提出"发挥国有文明，沟通东西事理，以熔铸风俗，改进道德，引导社会"。① 这与《学衡》杂志的办刊宗旨"论究学术，阐求真理；昌明国粹，融化新知"是一致的。就个体的道德修养来说，他提出"遍读古今各家之书，一一理解而领会之，历行东西各派之教，一一辛苦而体验之。……悉所心感，然后静思孰计，融贯归纳，而作成一种人生观"。② 在《人生问题大纲》一文中，吴宓提到六条从个体道德修养出发建立的会通中西的价值理念。

一多并存。吴宓认为宇宙间的事既有"一"，又有"多"。这里的"一"是宇宙间可以长久存在的东西，曰情曰仁，也即儒家的道德理想——情智双修。总体而言，"一"即不变的、永恒的，"多"即变动的；"一"是本，"多"是末；"一"是终（目的、计划），"多"是始（方法、施行）。从方法角度而言，"一""多"并存取自古希腊的柏拉图和佛经的体例。而古今的思想家对这一问题都有所涉猎，只是名称各异。比如"曰本末始终可也，曰道器体用可也，曰理曰气可也，曰观念曰物体可也，曰形式曰质料可也，曰绝对曰相对可也，曰灵魂曰肉体可也，曰一曰多亦同是"。③ "本末终始"取自《大学》，"道器体用"取自《周易》，"理气"取自宋明理学，"观念"与"物体"取自康德，"形式""质料"取自亚里士多德，"绝对"与"相对"取自黑格尔，"灵魂"与"肉体"取自基督教。吴宓认为"一"与"多"是并存的，体现在人身上即肉体和灵魂相依存。

真幻互用。"入幻以求真，明真以识幻，不胶执，亦不流荡"④，很多事情并不是非对即错、非黑即白的。有无、是非、真假都应该从不同的角度看，既要保留生活的真实，又要保留心境的澄明。

情智双修。最高的仁爱与最高的理智是合一的，并不互相违背，圣贤是兼具仁爱与理智的。没有智慧的仁爱是"愚痴"的，没有仁爱的智慧是"残刻"的。一般人会分为四类：重情而有善（仁）、重情而有恶（不仁）、重理而有善（智者）、重理而有恶（不智者）。

知行一贯。人的思维和行动是浑然一体、不可二分的。人的行动思路和做事风格都是有迹可循的，从这个意义上来说知行是一致的。

人我共乐。要使人际关系和谐，既要利己，也要利人，利己与利人在最高层面上

---

① 吴学昭整理注释《吴宓日记》，生活·读书·新知三联书店，1998，第410页。
② 徐葆耕编选《会通派如是说——吴宓集》，上海文艺出版社，1998，第85页。
③ 徐葆耕编选《会通派如是说——吴宓集》，上海文艺出版社，1998，第117页。
④ 徐葆耕编选《会通派如是说——吴宓集》，上海文艺出版社，1998，第124页。

都是为了个人的道德与幸福。这里所说的人我共乐与上文提到的"行忠恕"是一致的。

义利分明。在义利之辩中应该把握中庸的原则，在辨清义利的前提下，取舍应符合时宜。从是非善恶处着眼是符合义的，从苦乐得失着眼则是符合利的。吴宓认为，正确的义利观应该以幸福为准则，而不能以快乐为准则，义利原则不是绝对的，最高的义是中国古代的舍生取义。

贺麟的新儒学思想体系既吸收了儒家思想的精髓，又融汇了西方古典主义哲学的内涵。在他的哲学体系当中，既体现道德理想主义，又体现中西会通的有体用论、知行观和唯心论。

体用论。贺麟将体用观分为常识层面的体用观和哲学层面的体用观。从常识的角度来看，"体"是主要的，"用"是次要的。从哲学的角度来看，"体"指的是形而上的本质与内核，"用"指的是形而下的形象与外延。对于身与心的关系，心与理的关系，贺麟从体用的角度进行了归类。在对身心关系的分类上，心为身之体，身为心之用；在对心与理的关系分类上，理为心之体，心为理之用。贺麟从低级的用到高级的本体这一范式借鉴自亚里士多德，而其中纯理念为体、现象界为用则吸收自柏拉图。贺麟认为在中国哲学里朱子持理为体，以气为用，无极与太极为形而上之理，阴阳五行为形而下之气。

更进一步，贺麟从文化的角度来谈体用论，认为文化的体用关系离不开四个概念，即道、文化、自然和精神。这四个概念不是一体一用的关系，而是复合的体用关系。道是本体，精神是主体，文化是精神的产物，精神是文化的体。"道虽是文化之体，但它本身是绝对的，抽象的，它要想转化为文化，必须经过精神这一中介。"[1] 贺麟所说的精神的概念取自黑格尔的绝对理念，在黑格尔那里绝对理念是其思想的本体。贺麟认为文化源自精神，文化又包含了真、善、美，而真、善、美又涵盖哲学、科学、道德、宗教、艺术、技术这些领域。在他看来真、善、美是文化的主要构成部分，同时也是精神的显现，而三者的体用关系又是可以进一步划分的。贺麟认为哲学和科学都是真理的显现，但哲学阐发的是宇宙人生的全部真理，科学则阐发部分真理；哲学重价值，科学重自然，哲学是真理在价值方面的显现，科学是真理在自然方面的显现。宗教和道德皆表现善的价值，都是向善的，但宗教追求的是神圣的善，道德追求的是人本之善；宗教重视的是外在的形式规范，道德强调的是向内的道德自律。宗教与道德互为体用，宗教以道德为体，道德以宗教为用。技术和艺术同样如此，艺术和技术

---

[1] 柴文华：《现代新儒家文化观研究》，生活·读书·新知三联书店，2004，第290~291页。

兼具实践性与审美性，但二者在对美的追求方面是不同的，艺术重美感，而技术重实用，二者是美的一体两面，所以说，艺术是技术之体，技术是艺术之用。

知行观。知行观在中西哲学史上都是非常重要的概念范畴，斯宾诺莎持知行平行说，朱熹则主张知先行后，知重行轻，王阳明认为知行是统一的，是作为一个整体而存在的。贺麟为了探究知行的关系，对知行关系从概念上做了一个界定，就"知"和"行"的范围来说，"知"代表一切意识活动，"行"代表一切生理活动。凡是和意识相关的活动，如分析、联想、推断都属于"知"的范畴；凡是涉及生理动作的移动、劳动等都属于"行"的范畴。"知"和"行"是人的两种不同的活动，是人的一体两面。"行是生理的，或物理动作；知是意识的，或心理的动作。"① 知是有动静的，行也是有动静的。为了确切地表明知与行的区别，区别二者的细微之处，贺麟在知与行之前引入了"显"与"隐"两个概念，认为显"行"的动作是肉眼能够看到和觉察到的，显"行"为明显的物理动作，隐"行"则是不明显的物理动作，是肉眼无法觉察到的，表现为静坐等不易觉察的活动。显知就是比较明显的意识活动，如思考、想象、推理等；隐知则表现为下意识的活动，像出于人的本能的良知良能，不虑而知的知识。更进一步，以知行的内容而言可以分为自然的知行合一和价值的知行合一。自然的知行合一就是有低层次的"无知"，必有低层次的"妄行"；高层次的明察秋毫的"知"必有真切笃实的"行"。自然的知行合一更多强调的是"知"与"行"简单的、直接的联系，价值的知行合一则表现为隐含的、间接的、长效的影响。二者的另一个不同："照自然的知行合一说，知行不能互为因果，互相解释；但照价值的知行合一说，则知行可相互决定，互相解释。"②

自然的知行合一即以纯意识活动为知，以纯物理行动为行，与价值的知行合一相比更接近常识层面。自然的知行合一割裂了二者之间的联系，将"知"理解为求知，即系统的理论的学习；将"行"理解为做事，即以目标为导向，不假思索。用自然的知行合一的眼光看，看到的只是显现的部分，比如我们通常认为的穿衣吃饭是行，而读书思考则是知。价值的知行合一并不是出现在知行活动产生之时，是知行活动完成之时进行整体的反思。因为价值的知行合一是抽象的、间接的和长效的。价值的知行合一不仅有"知"对"行"的指导的作用，也有"行"对"知"的反馈，知行的关系是相互的，都是为了人的行为符合道德原则服务的。从价值的维度看，"知是行的本质（体），行是知的表现（用）"。③ "行"若不以"知"为宗，为主宰和本质，则

---

① 贺麟：《五十年来的中国哲学》，上海人民出版社，2012，第140页。
② 贺麟：《五十年来的中国哲学》，上海人民出版社，2012，第147页。
③ 贺麟：《五十年来的中国哲学》，上海人民出版社，2012，第149页。

容易偏离最初的信念，变为纯粹的物理活动。因为"知"是一种未发之中，包含着事先的准备工作，既有自我的反思，又能吸取历史和现实的经验和教训。若"知"的准备无所不用其极，有意义和针对性，"行"若不遵循，那样的"行"只会是妄行。知为体行为用、知为主行为从，这是说行为的成效、层次、高低都需要向"知"上去反求。与"行"相比，"知"具有逻辑的先在性和行动的可能性。"知"确立行动的目标，"行"对"知"加以履践和发挥，将"知"的计划落在实处。贺麟认为，在中国哲学史上将价值的知行合一践行得最完善的是朱熹和王阳明，朱熹的知行合一是理论上的、合逻辑的，王阳明的知行合一则是直觉的、以本心为尺度的。

唯心论。贺麟的唯心论又被称为理想主义，与传统唯心论不同的是，他的唯心论的归宿是道德理想主义。贺麟梳理归纳近代唯心主义在西方的发展历程，来证实唯心主义的不可或缺，并通过唯心论推导出理想主义实现的可能性和途径。贺麟综合了近代唯心论的基本特征，认为唯心论所说的"心"，不仅指心理意义上的心，同时也包含逻辑意义上的心。心理意义上的心是可以通过物理的方法去研究的，可以结合人的感觉、幻想、思虑、行为以及人的喜怒哀乐爱恶欲等。"普通人所谓'物'，在唯心论者看来，其色相皆是意识所渲染而成，其意义、条理与价值，皆出于认识的或评价的主体，此主体即是心。"[1] 心具有主导作用，物处于被支配的地位。贺麟意在表现心所具有的客观的、理性的评价标准，而不是主观相对性的评价标准，认为"心"具有"人同此心，心同此理"的共性标准。一般说来，"心"是支配人的心灵的器官，因此，离开心的支配作用，"物"的色相、条理、价值和意义都无从谈起。因此，心理意义上的心在哲学上是连接心与物、主观与客观、内在与外在的核心和基础。

贺麟指出逻辑意义上的心就是"心即理也"，是一种超越经验的、具有普遍原则的准则，"此心乃经验的统摄者、行为的主宰者、知识的组织者、价值的评判者"。[2] 也就是说，逻辑意义上的心具有能思的功能，即心具有判断是非、善恶、美丑的能力。进一步来看，心不仅具有总结经验、指引行为、组织逻辑和评判价值的作用，还具有认识客观真理、涵养真理并将其内化于心的作用。贺麟所说的"理"，并非客观的外在事物的道理，而是与主观息息相关之理，因此他所说的逻辑意义上的心更接近王阳明的"心即理"。王阳明说："人之所以为学，心与理而已矣。心虽主乎一身，而其体之虚灵足以管乎天下之理。理虽散在万事，而其用之微妙实不外乎一人之心。"[3]

从心与物合一、心与理合一出发，贺麟认为心与物是不可分割的整体，但为了方

---

[1] 贺麟：《近代唯心论简释》，商务印书馆，2011，第1页。
[2] 贺麟：《近代唯心论简释》，商务印书馆，2011，第1页。
[3] （明）王守仁撰《王阳明全集》卷二十六，上海古籍出版社，1992，第970页。

便研究，将二者分离开，"灵明能思者为心，延扩有形者为物"。① 贺麟继承了斯宾诺莎的心物平行论，认为心是主宰，物是发散；心是体，物是用；心为本质和核心，物为表现和形式。唯心论是为了与唯物论相区别而命名的，但唯心论的确切的定义应该是惟性论。任何事物都有其本质和精华，物有物的本性，人有人的本性。惟性论价值实现的途径即物尽其用、人尽其才，以自我的价值实现为旨归。贺麟所阐扬的唯心论及其价值实现方式继承了起源于孟子的儒家心学思想脉络，孟子说："尽其心，知其性，则知天矣。"（《孟子·尽心章句上》）因此，贺麟得出："唯心论即惟性论，而性即理，亦即性理之学。"② 从个体的层面来看，唯心论重在强调个体价值的实现，从社会层面来看则是追求普遍的共相的理，即道德理想主义，"就知识之起源与限度言，为唯心论；就认识之对象与自我发展的本则言，为惟性论；就行为之指针与归宿言，为理想主义"③。道德理想主义就是以个体的自我价值的实现为基础，将个体的价值实现拓展到整个社会。

从吴宓和贺服麟二者的思想体系来看，二者都是以儒家思想为根基，同时吸收西方思想家的精华。吴宓对儒家道德理想主义的坚持体现在其"一""多"不分，"一"即儒家的仁爱。而知行、义利都属于中国传统的伦理道德范畴，情志双修、人我共乐也与儒家的道德理念相一致。贺麟的理论建构亦以儒家道德理想主义为主体，其体用论以真善美为旨归，知行观的落脚点为价值的知行合一，以本心为尺度，唯心论则是以道德理想主义为归宿。

结　语

综上所述，任何思想都有其时代特色和价值选择，吴宓与贺麟的思想也不例外，他们的思想切中时弊，并且坚定地选择儒家思想作为其思想的根本。以历史的眼光看，他们对于儒学思想的现代建构产生了很大影响。无论是吴宓还是贺麟都坚持以儒家的伦理道德为根本，同时结合了现代启蒙主义精神；二者都以儒家思想为根本，借鉴西方哲学的体系，建构契合现代社会现实的思想体系。但二者的道德理想主义还是有一定的区别。吴宓对儒学思想的继承体现为对儒家原典的解析和继承，如他的"克己复礼""行忠恕""守中庸"等概念直接来自《论语》《孟子》等经典。在吸收西方思想的精华方面，吴宓重在分析宗教、伦理道德与物化等的区别。在体系建构上，吴宓意

---

① 贺麟：《近代唯心论简释》，商务印书馆，2011，第1页。
② 贺麟：《近代唯心论简释》，商务印书馆，2011，第4页。
③ 贺麟：《近代唯心论简释》，商务印书馆，2011，第5页。

在切己、修身方面着手，以个体修养为切入点，结合时代潮流，并且会通中西。与吴宓所不同的是，贺麟试图在继承儒家思想的前提下解决当时的社会问题，如对五伦观念的新认识、重视学术的作用、对儒者的推崇。在吸收西方思想方面，贺麟重在使两者能够有机融合，使儒学重新焕发活力。在体系建构上，贺麟想通过共识性的哲学范畴突破中西的界限，以道德理性主义为体，以中西文化为用。因此，继承儒家思想、会通中西，以道德理想主义为旨归，是二者体系建构的一致性特点。

贺麟故居[*]

——精神家园构筑者的家园

成都贺麟教育基金会

一 "家园"说的缘起

"坚持把马克思主义基本原理同中国具体实际相结合、同中华优秀传统文化相结合"[①]，是习近平总书记的重要论述。尤其是"马克思主义基本原理"与"中华优秀传统文化"的结合，极大地丰富和拓展了马克思主义中国化的基本内涵，是马克思主义中国化的新高度、新境界、新要求，是对马克思主义中国化的原创性贡献。

众所周知，马克思主义理论体系主要包括马克思主义哲学、马克思主义政治经济学以及科学社会主义三大组成部分。细分而论，若追溯马克思主义三大组成部分之一的马克思主义哲学，作为更具超越性和科学性的哲学体系的创建者——马克思、恩格斯无疑是站在了"巨人"的肩膀上来重新打量这个世界，进而成为近代哲学发展的集大成者，而这里的"巨人"应该至少包括黑格尔。黑格尔的哲学思想为马克思主义哲学的创建提供了"合理内核"，即贯穿黑格尔哲学始终的辩证法思想。

说到黑格尔，说到黑格尔法哲学在中国，就不能不提及当代著名哲学家、哲学史家、教育家、翻译家、"新心学"创立者的贺麟先生，因为贺麟是学界公认的中国当代"黑格尔哲学研究专家"，享有"东方黑格尔研究之父"的美誉。"他是大规模、有系统地将包括黑格尔哲学在内的西方哲学经典翻译后引入到中国的、具有开创性的第一人。"（已故著名哲学家、贺麟先生早年弟子张世英先生语）同时，倾其一生主张对中华优秀传统文化吐故纳新，"华化西学"，"使西洋学问中国化"，从而谋求"西洋哲学中国化"与"中国新哲学之建立"，推进"儒家思想新开展"的贺麟先生，其"文化哲学观"令世人称道。19世纪末至20世纪上半叶，中国从文化复兴到寻求民族复

---

[*] 本文由成都贺麟教育基金会供稿。
[①] 习近平：《在庆祝中国共产党成立100周年大会上的讲话》，人民出版社，2021，第13页。

兴的思想努力，是近代中华民族自觉、自救、振兴历程中独特的精神现象。贺麟从这一脉络出发，提出了"儒家思想新开展"的命题。即从会通中西哲学思想的角度，来探讨儒家思想新开展的途径问题，在充分吸收西方文化精华的同时，分辨其利弊，择其优而用之，是自觉地、主动地吸收、融化、批评和再造西方文化，而不是消极被动地、亦步亦趋地模仿西方文化。他主张中国传统文化现代化的最终目的是要在主体价值认同的基础上，创立一种发展的、流动的、开放的活文化、真文化，并与外来文化融合共进。他从文化哲学的角度，试图向人们传导一种开放式的、具有自尊自信的传统文化观。不难看出，在中国现代哲学的发展过程中，贺麟先生在哲学思想的建构、西方哲学的研究和译介、哲学教学和研究机构的组建和主导、哲学教育的开展和哲学人才的培养方面，都做出了卓越的贡献。贺麟先生首倡中国哲学世界化和世界哲学中国化，把中国哲学中的格物致知、正心诚意、修齐治平与西方哲学"打通人与自然社会、追求真善美的努力"统一起来，把做人、做事、做学问统一起来，以求知行合一，无愧为现当代中国哲学界一代宗师。"他（贺麟）的中国传统文化的功底非常深厚，后来游学欧美，又研究得很广博。"（著名哲学家、贺麟先生弟子汝信语）联系习近平总书记关于"两个结合"的重要论述，人们不免惊叹贺麟先生的学术中这种近乎完美的契合。

如果说"头顶的星空和心中的道德"，是以康德为代表的哲学家们为人类构筑的精神家园，那么人们不禁好奇：精神家园的构筑者的家园会是怎样的景象？是怎样的文化沃土，能孕育和滋养出像贺麟先生这样的大家？

这般好奇心实则很好被满足。只要您从成都市中心出发，向东驱车40多公里便可到达那片"净土"。这里，当地人习惯称之为"贺家老院子"，如今它的正式名称叫作"成都贺麟故居纪念馆"，贺麟先生正是出生于此，从这里的乡间小道走进文翁石室、走进清华学堂、走向世界，终成一代大师的。

二 贺麟故居概貌

贺麟故居位于龙泉山城市森林公园东麓，地处金堂县五凤古镇，距成都中心城区45公里。故居始建于清乾隆八年（1743），占地19.74亩，为颇具川西民居特征的木结构和土木结构横向并联式四合院落群，共有住房、作坊80余间，建筑面积3400平方米。其中住宅部分房屋51间，面积约1800平方米，"乾泰亨五色染坊""乾泰亨烧坊""乾泰亨糖坊"（漏棚）三个作坊，面积约1600平方米。

贺麟故居自2011年开始，在地方政府的支持、相关部门以及古建筑专家的指导下，由贺麟先生亲属自筹资金，陆续进行了保护性修缮和外部环境打造。其后，贺氏亲属再度筹资，对贺麟故居按民办公益博物馆标准进行了进一步规范化建设，并于2014年正式对外免费开放。来自全国各地的游客络绎不绝，到此参观故居，感受这里深厚的文化氛围。2015年，成都贺麟故居纪念馆在成都市民政部门完成注册登记，纪念馆主要按院落历史使用功能进行保护展示，还原历史生活情境。大致区域分为纪念区、读书研究区、农耕文化区、作坊区等。现有藏品包括具有珍贵学术价值和文物价值的手稿、书籍、图片、器物、家具等，其中包括贺麟先生手稿《黑格尔小逻辑提纲》、贺麟先生哈佛大学学位证书等一批珍贵文物。自此，这座"精神家园构筑者的家园"让更多的人有机会了解贺麟先生的生平与学术成就，也为推广传统文化、促进文化交流提供了一个重要平台。金堂贺氏家规家训在首届"天府好家规"评选活动中位列榜首，在四川省社会科学院的策划和指导下，由金堂县纪委牵头成立的"五凤溪家风文化学院"于2019年落户于贺麟故居。一座以贺麟故居为核心的人文教育高地在成都东部新区展露雏形。

现在，就让我们一起走进贺麟故居，去探寻精神家园构筑者的故事。

三　贺氏门庭与家风文化

贺麟故居依山而建，门前杨柳沟，后山柑橘林，都曾铸就贺麟儿时的诸多美好记忆，在其后来的代表作《文化与人生》中被多次提及。跨过杨柳沟的小木桥，在翠竹掩映下，行至已斑驳的石阶尽头，便可窥见贺麟故居的大朝门。大门入口牌匾上刻篆书"心园"二字，乃著名书画家张幼矩先生的墨宝。为何冠以"心园"二字呢？书者后解其缘由有三：一是贺麟先生立志将中国儒学世界化，将世界哲学中国化，推动了中西文化的交流，在这个过程中，可谓呕心沥血；二是贺麟先生取得如此成就得益于诗书传家的祖训，这方山水是贺麟先生的"心脉之源"；三是贺麟先生立足中国传统文化，总结吸收前期新儒家的主要思想，融合西方哲学，创立了"新心学"思想。为了纪念这位"新心学"大师，故而以"心园"名之。正如诗中所云："五凤溪边引兴长，春花秋实沁心香。青山绿水偏多意，此地有人添国光。"

"心园"牌匾下，是一对荷花门簪，"荷"谐音"和"。古人将抽象的理论具象化、符号化，用以教育族人。此门簪是先人训导家人牢记"家和万事兴"的家训。两边的撑弓木雕图案是"出将""入相"。荷花又名莲花，"莲"和"廉"谐音，寓意后人若能出将入相，当以清廉自勉。这些都是近300年前的老物件。

跨入大朝门拾级而上，才正式进入这座老宅。这座贺氏老宅始建于清乾隆八年（1743），距今已有近300年的历史，整体建筑风貌体现了从前乡间士绅家族实用、简朴的生活理念。因具有历史人文价值、建筑价值，贺氏老宅现已被列为成都市文物保护单位。老宅第二进院落是典型的川西民居风格的建筑，房间目前作为纪念馆的展厅，第一个展厅便是贺氏家规家训陈列室。2017年，贺氏家规在由中共四川省纪委、中共四川省委宣传部主办的首届"天府好家规"评选活动中名列"十佳天府好家规"榜首。"三百年带经而锄，十四代耕读种德。父诏其子，兄勉其弟，血脉延续，锄头与经书，浇灌出子孙的诗书天地，言传与身教，滋养着贺氏的文明家风。"（"天府好家规"评委会评语）贺氏家族近300年来遵循"锄经种德"的家风祖训。

展厅的墙上展示的正是贺氏家族的20条家规家训。家训前言写道："我贺氏家族，素以儒中门第诗礼传家著称于世。家训源出旧谱，历五代宋元而至今。时过境迁有所增删，精华不变。望我宗亲务必父诏其子，兄勉其弟，身体力行。"贺家本是唐礼部侍郎、集贤学士贺知章后裔。据贺氏族谱记载，贺麟先祖于康熙三十一年（1692）举家从湖南迁徙，最后落户四川省成都市金堂县。贺氏家族十分重视家风建设和子弟教育，在悠悠历史长河中，贺氏不断完善其家规家训，由古时的27条演变成为今天我们所看到的20条，如爱国家、孝父母、崇忠信、重教育、端志趣等。

贺氏家族尤其重视教育。入川后，贺氏创建宗祠，当时共定章程八则，其中四则与读书有关。例如，家规强调贺氏读书人参加祭祀活动不受名额限制，可悉数参与，并且在第八则还规定了奖学金制度以及族人应履行的奖助学义务和经费来源等，鼓励家族读书人发奋图强。同治三年（1864）贺氏家规规定了"族中英俊子弟，当教以诗书，愚顽子弟当教以耕种"等内容，家训要求族人"重教育"，阐释了"子女教育，必自幼小。我族重视，家族兴旺。他族仿效，族族如斯，则家兴国盛矣"的道理，同时还指出要"崇正学"，因为贺氏先祖认为"儒教为万世不易之正宗，故读书明理，孝悌忠信，礼义廉耻，皆由此出。富贵功名，皆由此进"。

展厅中还陈列着两块年代久远、字迹斑驳的木匾，一书"锄经"，一书"种德"。木匾为嘉庆十九年（1814）九月贺麟先生烈祖父（曾祖之曾祖）贺景升公七十大寿时制作的家训匾。锄经，典出《汉书·倪宽传》："受业孔安国，尝为弟子都养，时行凭作，带经而锄，休息辄诵读，其精如此。"种德，典出《书·大禹谟》："皋陶迈种德，德乃降，黎民怀之。"孔传："迈，行；种，布。"王守仁在《传习录》中说"种树者必培其根，种德者必养其心"，意思是要注重培养品德。

"锄经种德"四个字，代表着贺麟所在的贺氏一脉家风家训的精髓，意即边劳动边读书，无论条件多么艰苦都要坚持读书，也可以理解为，我们不仅要有书本知识的积累，也要重视实践经验的积累。制作悬挂这一对匾额，就是教育后人要勤耕苦读，注重德行。另外，展厅里还陈列着一块题为"芝兰室内有余香"的匾额，典出《孔子家语·六本》："与善人居，如入芝兰之室，久闻而不知其香，即与之化矣。"一般认为可能还有一匾与之相配，但估计现已流失。此匾教育后人"慎交友，交益友"，表达的意义与贺家现行家训相同。

这里还展出有道光二十一年（1841）版的《祠规八则》和同治三年（1864）版的《贺氏家规二十七则》，涵盖孝父母、尊师长、勤职业、睦邻里、禁烟赌等内容，还包含家族奖学助学制度。家训源出旧谱，创自唐宋间，代有增删，目前通行的《贺氏家规家训》版本系20世纪90年代版。

穿过系列展厅，便来到"先哲堂"。"先哲堂"。"先哲堂"三字匾额系省政协原副主席、贺麟先生弟子章玉钧先生所题写，先哲堂正中，是一尊贺麟先生半身铜像，为2012年贺麟诞辰110周年之际，由清华大学校友会出资委托中央美院师生所做，后安放于贺麟故居。先哲堂的四周，分别展列古今中外的哲学大家和思想先贤，并附以他们的生平与学术成就介绍。

先哲堂的右侧，便是贺麟生平陈列室。向西穿过陈列室，是另一四合院，大院正中的房间，为贺氏家祠。从家祠中陈列的族谱上，不难寻见到贺氏族人耕读传家、文脉延续的踪迹。自清康熙三十一年（1692）贺氏子龙公入川算起，至第十代便是贺麟。贺麟先生的曾祖父贺道四牵头在镇上兴办了凤仪书院（光绪后期改为"安凤义塾"）。光绪三十二年（1906）正月，贺麟先生祖父贺学从等又在五凤溪王爷庙内创办了"五凤乡高小国民学校"。贺学从亲任学董，"所延校长教员俱称职，学校日有起色，造就子弟甚众"。宣统元年（1909）贺麟先生的父亲贺松云以"职官"兼任校长，进一步优化了乡中子弟读书的条件。这块"职官"的匾额，至今仍悬挂在贺麟故居第二进院西头的门廊上。

穿过"职官"门廊，古朴典雅、中规中矩的贺麟故居亦别有洞天。这是一个相对封闭的小院，小院正中一棵古木参天而立，树影倒映在一口巨大的红砂石鱼缸里。鱼缸的左侧，便是贺麟当年与原配刘自芳结婚时的新房，右侧则是名为"蕴香斋"的书房，鱼缸前方正对着的是绣花楼的二楼窗户，据西南交通大学建筑学专家纪富政教授研判，该绣花楼款式在现今川西地区保存完好的极少，其建筑美学价值极高。小院的角落，与蕴香斋书房相望的，便是一间私塾。想必早年的贺麟，便是在这方天地里"读最好的书"、"与古人为友"、神交宇内的吧。

四　故居的修缮与保护

在这座乡村院落群，有如绣花楼这般的亮点其实还有很多，如后花园、贺麟双亲居室、乾泰亨烧坊、谷仓、碾房等，它就是一个浸润着浓浓中国儒家"耕读传家，诗书继世"色彩的、不可多得的乡村活化样本。贺麟故居作为一座历史悠久的建筑，不仅见证了贺氏家族的生生不息与文脉赓续，更见证了贺麟先生的成长与成就。贺麟故居作为一处重要的文化遗产，不仅具有历史价值，在学术和文化层面也有着重要的意义。作为贺麟的成长和生活之地，故居见证了他从一个普通少年成长为中国哲学界重要人物的全过程。它不仅仅是一处居住地，更是贺麟思想和学术探索的发源地。

贺麟故居的保护和修缮工作得到了各级政府和社会各界的高度重视。故居被列为当地的文物保护单位，多次的修缮和保护，确保了其历史风貌的完整性。修缮工作中，专家们注重保留原有的建筑风格和历史痕迹，同时进行必要的现代化改造，以适应当代的使用需求。故居的开放也为研究贺麟生平及其学术成就提供了重要的实地资料。通过参观故居，研究人员可以更加直观地了解贺麟的生活环境和个人风貌，这对于深入研究贺麟的思想和学术贡献具有重要意义。同时，故居也成为广大游客了解中国现代哲学和教育史的重要窗口。此外，还定期在贺麟故居举办各种学术交流活动和文化讲座，这些活动不仅促进了学术界的交流，也为公众提供了一个学习和了解贺麟思想的平台。通过这些活动，贺麟的学术思想得以传承和发扬，故居也逐渐成为一个重要的文化交流中心。

贺麟故居的保护工作复杂而细致。保护团队需要在确保历史真实性的基础上，对故居进行必要的修缮和维护。故居所在地区气候条件复杂，这对建筑材料和结构提出了更高的要求。因此，保护工作中采用了先进的技术和材料，以确保故居的长期稳定和安全。同时，故居的开放和发展也需要与时俱进。在现代化发展的背景下，如何平衡传统文化的保护与现代需求，是一项重要的挑战。为此，相关部门在故居的开放过程中，引入了现代化的展示和服务设施，如采用数字化展示系统，设立互动体验区，这些措施不仅增强了游客的观感和体验感，也增强了故居的文化传播能力。在未来的发展规划中，贺麟故居将继续致力于提升其在文化和学术界的影响力。通过进一步的修缮和现代化改造，故居将更加适应新时代的需求，为更多的游客和学者提供优质的参观和研究条件。此外，故居还计划与更多的学术机构和文化团体合作，举办丰富多彩的文化活动和学术交流，推动贺麟思想的广泛传播和深度研究。

总之，贺麟故居作为贺麟人生的重要见证，不仅保留了他成长和生活的痕迹，也承载了他在哲学和教育领域的巨大贡献。通过精心的保护和现代化的开发，贺麟故居将继续发挥其在文化传承和学术研究中的重要作用，为后人了解和学习贺麟的思想提供宝贵的资源和平台。

五　贺麟思想的当代价值

深入研究贺麟先生"新心学"哲学思想体系，具有重要的当代价值。主要体现为以下四点。

第一，探讨人的主体性和内在体验：随着社会变革和现代化进程，人们对个体主体性和内在体验的关注越来越高。新心学强调个体的独立性和内在世界的重要性，对于探索个体在现代社会中的角色和意义具有启发作用。

第二，跨文化对话和融合思考：新心学不仅传承了传统儒家思想，还吸收了西方哲学思想，尤其是对黑格尔哲学的研究，具有跨文化对话和融合思考的特点。在当今全球化背景下，这种跨文化的思维方式对于推动文化交流和理解具有积极意义。

第三，关注现代社会价值和伦理问题：新心学思考现代社会的价值观和伦理问题，探讨个体在社会中的责任和义务，对于引导个体更加注重社会责任感、道德选择和社会和谐具有指导意义。

第四，推动传统文化创新发展：新心学在传承传统文化的基础上进行创新，对于推动传统文化的现代化发展具有重要意义。通过深入研究新心学，可以促进传统文化在当代社会中的再现和传播。

总体来说，贺麟先生的新心学在当代中国具有启发性和指导意义，有助于推动个体主体性的发展，促进跨文化对话和理解，引导现代社会价值观和伦理观的建构，推动中华优秀传统文化的创造性转化和创新性发展。同时，贺麟故居的修复与开放，能够让更多的人了解这位伟大的哲学家，感受他的思想与精神，从文化渊源上去体验这位毕其一生为中国人构建自己精神家园的哲学大师的心路历程。

·附录·

贺麟故居大事记

2016年，贺麟故居被列入成都市历史建筑保护名录，被列为成都市文物保护单位。在当年的中国西部国际博览会举办期间，中国社会科学院与来自该届中国西部国际博览会主宾国德国的哲学家参访团一道在金堂县五凤镇贺麟故居为"中国哲学小镇"揭牌。

2016年，贺麟先生的女儿、清华大学原党委书记贺美英女士，将贺麟先生生前位于北京干面胡同中国社会科学院宿舍的部分遗物捐赠给成都贺麟故居纪念馆，并将贺麟先生的50万元现金遗产捐赠给成都贺麟教育基金会，作为"中国贺麟青年哲学奖"原始基金。

2017年，由中国社会科学院举办、以成都贺麟教育基金会为颁奖平台的"中国青年哲学论坛暨首届贺麟青年哲学奖颁奖仪式"在金堂县举行，论坛决定将金堂县确立为"中国贺麟青年哲学奖"永久颁奖地，并在贺麟故居设立"贺麟哲学研究基地"。同年11月以"爱国际""重教育""慎交友""倡简朴"等为主要文化特征的金堂县"贺氏家规家训"被挖掘整理出来，位居四川省"天府十大好家规"之首。

2018年，贺麟故居纪念馆应邀赴德国柏林出席"亚太文化周"主题活动，贺麟先生当年留学德国时的德文手稿也得以在此次活动中向德国公众展出，引发热烈反响。

2019年，四川省内首个以家规家训及中华优秀传统文化教育为核心内容的"五凤溪家风文化学院"在贺麟故居正式挂牌，并在四川省社会科学院的指导下，有序安排教学及培训。

2021年11月，成都贺麟故居纪念馆被中共成都市委、成都市人民政府确立为成都市爱国主义教育基地。2021年12月，在由中共成都市委宣传部、成都市文化广电旅游局主办的"星耀蓉城·天府文化在身边"评选活动中，成都贺麟故居纪念馆入选十大"聚力之星"。

2022年，在纪念贺麟先生诞辰120周年纪念活动举行之际，贺麟先生"北京中国社会科学院旧居复刻工程项目"在贺麟故居落成。

2023年3月，四川省纪委监委公布了全省15处家风展示场馆，坐落于成都贺麟故居纪念馆的"金堂县五凤溪家风文化学院"榜上有名。截止到2023年底，在成都贺麟故居纪念馆挂牌授牌的各类基地单位50余个。

图书在版编目(CIP)数据

青年哲学论丛. 第一辑 / 邓真主编. -- 北京：社会科学文献出版社，2025.5. -- ISBN 978-7-5228-4959-1

Ⅰ.B2-53

中国国家版本馆 CIP 数据核字第 202570WE14 号

青年哲学论丛(第一辑)

主　　编 / 邓　真

出 版 人 / 冀祥德
组稿编辑 / 李建廷
责任编辑 / 卫　羚
文稿编辑 / 田正帅
责任印制 / 岳　阳

出　　版 / 社会科学文献出版社·人文分社(010) 59367215
　　　　　地址：北京市北三环中路甲 29 号院华龙大厦　邮编：100029
　　　　　网址：www.ssap.com.cn
发　　行 / 社会科学文献出版社 (010) 59367028
印　　装 / 唐山玺诚印务有限公司

规　　格 / 开　本：787mm × 1092mm　1/16
　　　　　印　张：10.75　字　数：208 千字
版　　次 / 2025 年 5 月第 1 版　2025 年 5 月第 1 次印刷
书　　号 / ISBN 978-7-5228-4959-1
定　　价 / 128.00 元

读者服务电话：4008918866

版权所有 翻印必究